政治文化与政治文明书系
主 编：高 建 马德普

行政文化与政府治理系列
执行主编：吴春华

本书是天津市哲学社会科学研究规划项目：
英国地方治理改革研究（项目编号:TJZZQN18-002）结项成果

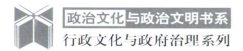

政治文化与政治文明书系

行政文化与政府治理系列

英国地方自治体制研究

The Study on Local
Self-government System in UK

孙宏伟 ◎著

天津出版传媒集团

天津人民出版社

图书在版编目（CIP）数据

英国地方自治体制研究 / 孙宏伟著. —— 天津：天津人民出版社，2020.1
（政治文化与政治文明书系. 行政文化与政府治理系列）
ISBN 978-7-201-15286-8

Ⅰ.①英… Ⅱ.①孙… Ⅲ.①地方自治—政治体制—研究—英国 Ⅳ.①D756.132

中国版本图书馆 CIP 数据核字（2019）第 206073 号

英国地方自治体制研究
YINGGUO DIFANGZIZHITIZHI YANJIU

出　　版	天津人民出版社
出 版 人	刘　庆
地　　址	天津市和平区西康路35号康岳大厦
邮政编码	300051
邮购电话	（022）23332469
网　　址	http://www.tjrmcbs.com
电子信箱	reader@tjrmcbs.com

策划编辑	王　康
责任编辑	王　琤
装帧设计	卢炀炀

印　　刷	河北鹏润印刷有限公司
经　　销	新华书店
开　　本	710毫米×1000毫米　1/16
印　　张	16.5
插　　页	2
字　　数	260千字
版次印次	2020年1月第1版　2020年1月第1次印刷
定　　价	88.00元

政治文化与政治文明书系

天津师范大学政治文化与政治文明建设研究院·天津人民出版社

编　委　会

顾　问：徐大同　赵宝煦

主　编：高　建　马德普

学术委员会：

马德普　王浦劬　王乐理　丛日云　任剑涛　孙晓春

朱光磊　何包钢　应　奇　肖　滨　张凤阳　张桂林

杨　龙　杨海蛟　周光辉　林尚立　徐湘林　徐　勇

高　建　韩冬雪　葛　荃　谭君久

编辑委员会：

高　建　马德普　余金成　吴春华　常士闇　刘晓津

佟德志　刘训练　王　康

目　录

前　言

英国是一个具有深厚地方自治传统的单一制国家,地方主义、自治和法治传统,以及自由主义和个人主义、多元主义、参与主义、经验主义和实用主义的政治文化是其地方自治的基础。英国地方政府的形成早于中央政府,经历了早期地方自治的形成演变、现代地方自治的发展和地方自治变革三个阶段。英国是世界上最早建构起现代地方自治体制的国家,也是20世纪以来最早实行地方自治改革的国家。然而第二次世界大战(二战)以来,英国的中央集权趋势日增。20世纪后期,地方自治受到很大削弱,中央与地方矛盾日益尖锐。地方政府要求打破限制、寻求更多自治权力,自我创新愿望不断增强,双方呈现持续性权力关系博弈的状况。

在英国,影响其地方自治发展变革的因素主要包括:地方政府的差异性和创新性因素、单一制国家结构形式、多种政治哲学理念,以及政治、经济和社会环境等。英国的区域政治传统、地方政府的多样性和创新能力、新的地方治理理念,以及全球化趋势和欧盟为英国地方政府提供的发展机会等,都推动着英国地方自治的发展。尽管如此,基于英国的单一制体制、不成文宪法和议会主权传统,使英国不具有保护地方自治的成文法和大多数欧洲国家地方政府所拥有的"一般权限"(general competence)。地方政府被视为"议会的创造物",受到越权原则的限制,地方的财政权限不断受到侵蚀。在城市化和工业化的进程中,由于地方政府无法单独应对发展中出现的新的挑战,需要中央政府的援助和规范,从而导致中央政府更多的控制。此外,英国的政党也将地方政府作为彼此间相互竞争的场所,参与到地方政治和社会活动中,进而限制了地方的自主性和活力。在错综复杂的地方政治过程中,诸种因素纵横交错,共同推动和抑制着英国地方自治的发展。

英国地方自治问题,同时也是英国中央和地方的关系问题。英国的中央政府和地方政府在不同历史时期呈现不同的关系结构特征。从早期王权与地方分权并存到二元政体,发展到现代地方政府体制下中央集权主义与地方主义并存,再到当代地方治理下中央和地方的新型"伙伴关系",不同时期双方关系结构的重心不同。基于英国悠久的地方自治传统,长期以来,英国人始终尊重地方自治的现实,并希望此种地方政府体制能够继续发挥其功能,在此基础上,进而出现了"新地方主义",即综合中央主义和地方主义的新的发展趋势。英国的地方自治体制是中央集权型的地方自治类型,此种类型体现为一种矛盾体,既具有浓厚的地方自治传统,又呈现为中央政府不断侵蚀地方权力,不断走向集权的趋势。

导　论

第一节　选题缘由及选题意义

一、选题缘由

本研究源于对英国地方自治传统和发展的思考。英国是一个典型的单一制国家,但却是"地方自治之母"。英国地方自治的独特之处能够为其他国家的地方自治提供经验借鉴。

首先,英国是典型的单一制国家,却有着强大的地方自治传统。这就使得它不同于地方自治权较大的联邦制国家, 也有别于地方自治权较小的单一制国家。英国作为单一制国家,宪法①上由在威斯敏斯特的国家议会这个单一的机构进行统治。宪法规定地方政府以及苏格兰、威尔士和北爱尔兰议会都处于隶属地位。英国地方政府都是威斯敏斯特议会的创造物,并且英国不像大多数欧洲国家那样拥有成文宪法,也就没有对地方自治内容、原则及如何保护地方自治的明确规定。英国地方政府的这种宪法地位会影响到英国的政治权力分配、民主特征以及政治概念。②

但是法外制度比提供政治体制框架的法定制度对政治体制的影响更

---

① 英国宪法的独特特征:以传统惯例为基础,渐进的和不成文的宪法。

② Lawrence Pratchett and David Wilson, *Local Democracy and Local Government*, Hampshire: Macmillan, 1996, p.58.

大。①英国通过"权力下放"(devolution)来解决苏格兰、威尔士问题并建立地方议会,使其政治制度具有了联邦制色彩的新型单一制性质。此种权力下放更加强化了英国地方自治的不对称性(asymmetric)。此外,政治实践也修改着宪法运行的方式,在英国历史上的大多数时期,地方政府在实践中通过自由裁量权也在不断发展自己的权力和责任,提供各种服务,只是这种自由裁量权没有得到宪法的保护,中央政府可以随时减少或撤回。所以从国家结构形式的角度来看,很有必要对英国地方自治制度进行梳理。

其次,英国地方自治在世界上具有引领地位。享有"地方自治之母"美誉的英国是最早实行现代地方自治的国家,也是最早实现城市化的国家,在地方自治方面有着丰富的经验,可以为后来转型期国家在地方自治领域提供宝贵的财富。F.J.古德诺(Frank J. Goodnow)认为:"在地方自治政府体制下,由地方选举和受地方控制的官员执行国家法律;在行政集权体制下,由中央选举或受中央控制的官员经常执行地方的政策。两种体制都不会在国家和地方政治共同体之间产生有效率和融洽的政府非常需要的那种协调关系。由于这个原因,在人们感到执行国家意志是绝对必要的情况下,那些几乎完全采用了地方自治政府体制的国家倾向于放弃这一体制而采取行政集权的制度。地方自治之乡的英国,在19世纪里一直很快地集中着它的行政体制。"②所以英国在20世纪后还是最早实行地方自治改革的国家,并且其改革最为典型,③由中央政府发起。其特征是呈现中央政府集权化的趋势,不断削弱英国地方自治,而此时其他国家的政府间关系却呈现一种分权趋势,不断扩大地方政府的自主决策权,比如北欧国家的"自由市镇试验"、法国和日本地方

---

① [美]F.J.古德诺:《政治与行政》,王元译,北京:华夏出版社,1987年,第1页。

② 同上,第31页。

③ 20世纪之后,世界上共有三波地方自治的改革浪潮,分别是福利国家带来的中央集权倾向改革、新公共管理运动和狭义的"地方治理"改革。

分权法的颁布和实施、美国和德国的州向地方分权。①英国地方自治的发展有其独特的路径，所以我们有必要对英国地方自治的发展有一个明确的认识。

再次，从英国地方自治在世界上的影响变化来看，有必要重新认识英国地方自治。早期英国地方自治在世界上的影响非常大。它不仅直接影响昔日的殖民地国家和地区，比如美国、澳大利亚、新西兰、南非等国家，也影响了欧洲大陆的法国和德国。日本学者松村岐夫认为："英国的中央地方关系可以说是相互独立的。英国的这种组织体制，曾对普鲁士、德国的施泰因市政改革、十九世纪七十年代的俾斯麦改革产生过影响，经由普鲁士，也影响过战前的日本。英国的地方自治影响到各国，成为众多学者的标准模式。"②

但是到了20世纪后期，英国地方政府这个欧洲国家曾经的模范，却被削弱到不可接受的程度。1997年6月，欧洲议会的地方和地区政府委员会公布了其对四十多个国家地方民主状况的决议，认为六个国家（英国就是其中之一）的地方民主存在严重问题：他们那些原本高度中央集权甚至趋于"超中央集权"的政府制度，其集权程度仍然在进一步提高。③所以英国地方自治今后如何定位、如何发展，是一个值得深思的问题。

最后，英国地方自治对民主政治有着推动作用。民主政治最好的学校和民治成功最好的保障，乃为实施地方自治。以托克维尔（Alexis De Tocqueville）为代表的西方学者普遍认为，地方自治具有自由的价值。地方自治本身所蕴涵的效率、民主与自由的价值，使其在现代社会中成为一种潮流。在英国政治民主化的过程中，地方自治发挥出巨大的推动作用。其中，地方自治制度

　　① ［瑞典］阿姆纳等主编：《趋向地方自治的新理念？》，杨立华等译，北京：北京大学出版社，2005年，第2页。

　　② ［日］松村岐夫：《地方自治》，孙新译，北京：经济日报出版社，1989年，第9页。

　　③ ［英］戴维·威尔逊、克里斯·盖姆：《英国地方政府》（第三版），张勇等译，北京：北京大学出版社，2009年，第167页。

是其宪政制度的一项重要内容,对于防止中央权力过分膨胀起到一定作用,与此同时,地方自治制度保证了国家政治权力和社会权力的平衡,有效协调了英国中央与地方的关系。英国学者詹姆斯·布莱斯(James Bryce)曾指出:"地方自治第一种贡献,在于能养成人民对于公共事务的关切心,使人人都知道有监督公共事务之执行的责任。"①

但是当代许多公共服务的中央集权化,规避地方政府以及地方政治的减少都促使民主政治不断地忽视地方事务,过分强调国家政治。在地方层面,民主的实践和习惯曾是英国民主文化的基础,但目前也正在衰退。近些年来,英国人所理解的民主也出现了新概念:民主被解释为把公民作为消费者(consumer),而不是一个在政治过程中积极的参与者。②所以研究英国地方自治问题,能够使我们深度思考地方民主的理论和实践,提出增加地方政府机构民主的意见,确定民主参与的新形式。

综上所述,从英国地方自治传统、引领地位、影响力变化和对民主政治的推动作用来看,英国地方自治制度的这种独特发展路径是研究地方自治的首选案例。

二、选题意义

英国既是"地方自治之母"、最早的现代国家、最早实现城市化和工业化的国家,又是20世纪地方治理改革的先行者。所以研究英国地方自治具有重要的理论和现实意义。

(一)理论意义

对英国地方自治研究有助于我们对地方自治理论、地方治理理论与地

---

① 王建勋编:《自治二十讲》,天津:天津人民出版社,2007年,第120页。

② Lawrence Pratchett and David Wilson, *Local Democracy and Local Government*, Hampshire: Macmillan, 1996, p.x.

方民主理论的深刻理解，从而丰富政治学理论。"地方自治""地方治理"和"地方民主"都是当代政治学中流行的概念,是高度抽象的术语,是很难解释和容易引起激烈争论的概念,在许多国家的学者看来,这些都没有真正的意义,而是由制度安排、经济环境、社会条件和文化传统相互影响出现的词语,学术界和实践者对其赋予了不同的含义。

地方自治体现的是一种国家治理模式,宏观层次上涉及中央与地方的权力分配关系;微观层次上涉及地方社会内部的治理方式,是民众参与型的多元政治。地方自治是西方民主政治的重要组成部分,它与三权分立共同构成旨在实现权力合理划分与制约的分权理论。地方自治是宪政民主制的基础性结构,同时也是政治发展的重要标志。由于实行分权,地方政府获得相对独立的地位,拥有了一定改革与发展的自主权力,地方自治由此成为英国实现政治发展的一种途径。随着地方自治和地方治理实践的发展,地方自治与治理理论也要不断演变,需要新的框架和新的分析工具研究地方自治与治理经验。通过研究英国地方自治,我们能够掌握地方自治、地方治理与地方民主这些复杂的概念及理论,并梳理它们之间的关系,能为中国地方政府改革、治理与创新提供一些借鉴。

(二)现实意义

对英国地方自治研究的现实意义在于,英国地方政府在其发展与变革的过程中,不断采用新理念、新形式、新方法进行创造性的自治,能够使英国地方政府不断发展与完善自己,也能从其失败经历中吸取经验教训,为英国地方自治提供经验启示。

在中国,党的十八届三中全会提出"推进国家治理体系和治理能力现代化"的全面深化改革总目标,党的十九大报告进一步明确这一目标。地方治理作为国家治理的重要内容,是中国全面深化改革的重点领域。汲取英国地方自治与治理改革精华,能够为中国地方政府创新和地方治理转型提供经验启示。

在全球化背景之下，各个国家的地方自治呈现趋同趋势。随着中国经济、政治和社会条件的变化、公民政治需求的增大，以及新兴政治文化的形成，中国也需要提高政府民主治理的水平。改革开放以来的中国地方政府也在不断重组和改革。从2000年开始，中国创建了"中国地方政府创新奖"，目的是为地方政府交流改革经验创建平台。至今，先后有一千五百多个省、市、县和乡镇等各级地方政府申报此奖。中国的政府创新遵循着政治现代化的五个普遍性发展趋势，即从管制政府走向服务政府，从全能政府走向有限政府，从人治走向法治，从集权走向分权，从统治走向治理。①研究英国地方自治问题时，我们会发现，自二战以来，英国中央政府集权化程度不断地增加，英国地方自治被逐渐削弱，面对这种情况，英国地方政府也不断地进行着结构、功能、财政等方面的改革。从1997年开始，英国进行的现代化地方政府项目有：新的政治结构、社区领导、民主复兴、通过"最佳价值"（best value）来提高绩效，等等，来试图平衡中央与地方的关系，这些改革都会为中国的地方政府创新提供经验和教训。

中国的地方治理也面临国家统一、民主政治建设、市场经济完善、工业化与城市化、城乡统筹发展、环境保护等一系列共时性矛盾。而作为最早实现工业化国家的英国经历了与我国类似的发展阶段。在面对一系列社会矛盾的关键时刻，英国地方自治制度发挥了巨大作用，成为缓冲矛盾的调节器。例如在19世纪50年代，英国城市人口已经达到50%，到2012年，已经达到90%以上；而中国的城镇化率在2011年时才达到50%，到2017年年末，达到58.52%。因此，我们可以借鉴英国很早之前积累的经验，避免在城市化的过程中走弯路。

需要说明的是，尽管中英两国的国情、改革背景、改革理论和改革举措

---

① 俞可平主编：《中国地方政府创新案例研究报告（2009—2010）》，北京：北京大学出版社，2010年，第2页。

都不同,但这并不妨碍两国在学术和实践上的相互学习。在研究英国地方自治的经验时,需要把一些共时性矛盾还原为一系列历时性矛盾,这就找到与英国相类似问题的处理经验, 为中国地方政府的制度改革和创新提供一些思路。

第二节　研究现状与文献综述

目前,中国学者关于英国地方自治制度专门性研究的专著并不多见,有少量论文仅集中研究英国某个时期的地方自治制度。从比较政治学角度来阐释英国地方自治的也并不多见,大多只是一笔带过。在国外,把英国地方自治作为一种制度来研究的著作也不是很多。尽管学术界对于英国地方自治制度专门研究很少, 但是对英国地方政府和地方治理的相关研究较为丰富,这为我们研究和分析英国地方自治提供了可利用和借鉴的资源。以下分别介绍国内外学者有关英国地方自治的研究情况。

一、国外研究现状与文献综述

英国地方自治拥有非常悠久的历史,最早可追溯到罗马不列颠时期(约公元前55—440年),其地方自治传统形成于盎格鲁−撒克逊时期(约440—1066年),一直发展到当代(20世纪80年代至今)的地方治理,国外学者凭借着丰富的资料,相关研究很具体、很细化,也很深入。依据其研究内容和视角,主要分四类进行总结。

(一)关于英国地方自治的研究

安东尼·伯奇(Anthony H. Birch)的《英国政府体制》(1979)一书中有一章介绍英国地方政府特点,中央与地方关系特点和地方自治优点等。①休·阿

---

① Anthony H. Birch, *the British System of Government*, London: George Allen and Unwin, 1979, pp. 199–211.

特金森(Hugh Atkinson)和斯图尔特·威尔克斯-希格(Stuart Wilks-Heeg)的著作《从撒切尔到布莱尔时期的地方政府:创造性的自治政治》(2000)集中分析中央政府如何控制地方政府与地方政府努力寻找创造性自治这两者之间动态性的紧张关系。①埃里克·阿姆纳(Erik Amna)等主编的《趋向地方自治的新理念？》(2005)重点分析了撒切尔执政时期和新工党上台后出现的英国地方自治新理念。②科林·库珀(Colin Copus)等的著作《英格兰地方政府:中央集权、自治和控制》(2017)③阐明英格兰地方政府的自治、权力、角色、功能和责任是怎样被侵蚀、中央集权者与地方主义者各自对待地方政府宪法地位的观点,以及地方政府在英格兰政府中的整体作用。

休·惠伦(Hugh Whalen)的文章《地方自治的意识、民主和基础》④关注的是地方自治与民主的关系问题,以及在一个民主国家里如何对待地方自治。文中引用了赞成地方独立的伟大理想家图尔明·史密斯 (Toulmin-Smith)的话:"他支持地方自治,反对中央集权,把中央集权比喻为可怕的龙,不停地啃食着伟大的世界自由之树(Yggdrasil)的根,而地方自治是真正的乌尔达(Urda)泉水,只有纯净的水才能永远保持世界自由之树的强大和成长。"⑤这个比喻高度赞扬了地方自治的价值。

高登·克拉克(Gordon L. Clark)的文章《地方自治的理论》试图构建一个新的地方自治理论,从豁免权和主动权(immunity and initiative)这两个原则来解释地方自治。豁免权是指地方有权力免于国家高层的监管,主动权是指

① Hugh Atkinson and Stuart Wilks-Heeg, *Local Government from Thatcher to Blair: the Politics of Creative Autonomy*, Cambridge: Polity, 2000, p.3.

② [瑞典]阿姆纳等主编:《趋向地方自治的新理念？》,杨立华等译,北京:北京大学出版社,2005年,第106~136页。

③ Colin Copus, Mark Roberts, Rachel Wall, *Local government in England: Centralisation, autonomy and control*, London: Palgrave Macmillan, 2017.

④ Hugh Whalen, "Ideology, Democracy, and the Foundations of Local Self-Government", *the Canadian Journal of Economics and Political Science*, Vol.XXVI, No.3, 1960, pp.377-395.

⑤ Ibid., p.380.

地方有权力规范地方居民的行为。①

哈罗德·沃尔曼(Harold Wolman)和迈克尔·戈德史密斯(Michael Gold-smith)在其文章《地方自治作为一种有意义的分析概念:比较英美地方政府》中认为,地方自治在城市政治中是一个普通的词汇,但是它有多种意思,且一些解释相当模糊。这篇文章构造一个概念性的和有意义的地方自治定义——地方自治是地方政府有独立影响本地公民幸福(the well-being)的能力,然后使用这个定义比较美国和英国的地方政府体制,阐释在这两个国家地方政府不具有哪些提供幸福因素的能力,以及地方政府在哪些范围上仍然有影响力。此外,说明对地方政府的约束因素限制了其影响幸福的潜在性,讨论了美国和英国的地方政府的自治范围,最后得出结论:英美两国的地方政府都是在重要领域拥有有限的自治。②

迈克尔·E.利博纳蒂(Michael E. Libonati)的文章《地方政府自治》,介绍了美国政府间关系咨询委员会(the United States Advisory Commission on Intergovernmental Relations,A.C.I.R.)的报告对地方自治范围的阐释:地方政府自治由每个城市或县分别在四个基本领域的自由裁量权的程度构成,这四个基本领域分别为:①结构——决定政府和内部组织的形式;②功能——选择他们履行的功能;③财政——提高收入、借贷和支出;④人员——确定雇员的数量、类型和就业条件。③这四个领域是研究任何国家的地方自治问题时都不可避免要涉及的内容。

劳伦斯·普拉切特(Lawrence Pratchett)的文章《地方自治、地方民主和

---

① Gordon L. Clark, "A Theory of Local Autonomy", *Annals of the Association of American Geographers*, Vol.74, No.2, 1984, pp.195-208.

② Harold Wolman and Michael Goldsmith, "Local Autonomy as a Meaningful Analytic Concept: Comparing Local Government in the United States and the United Kingdom", *Urban Affairs Quarterly*, Vol.26, No.1, 1990, pp.3-27.

③ Michael E. Libonati, "Local Government Autonomy", *Louisiana Law Review*, Vol.62, 2001, pp.97-101.

"新地方主义"》区分了地方自治与地方民主,从三个独立的方式界定地方自治:分别是免于中央干涉,自由地产生特定的结果和反映地方身份(as free-dom from central interference,as freedom to effect particular outcomes,and as the reflection of local identity.),但是这三点用来分析英国的新地方主义(New Localism)还是具有局限性,即尽管中央政府给予地方一些自治权,但是其大多数的举措(initiatives)并没有提高地方民主。①

(二)关于英国地方政府的研究

大量研究从不同视角阐明了英国地方政府近些年来的发展与变革。

早期的研究成果主要包括:韦伯夫妇(Sidney and Beatrice Webb)的著作《英国地方政府的发展1689—1835》运用调查研究的方法详细地阐释1689—1835年期间英国地方政府的情况。②杰克·布兰德(Jack Brand)的著作《英格兰地方政府改革:1888—1974》研究1888—1974年期间英国地方政府改革进展缓慢的原因,以及为什么这些改变最终成为可能。③艾弗·西利(Ivor H. See-ley)的著作《阐释地方政府》详细介绍了英国地方政府的历史发展。④艾伦·亚历山大(Alan Alexander)的著作《英国地方政府的政治》论述了二战后英国地方政府的发展,改革的压力和结果以及新体制的成功与失败。⑤西蒙·邓肯(Simon Duncan)和马克·古德温(Mark Goodwin)的著作《地方国家和不平衡的发展:地方政府的危机背后》阐明自从1979年以来地方政府如何在英国演

① Lawrence Pratchett, "Local Autonomy, Local Democracy and the 'New Localism'", *Political Studies*, Vol.52, 2004, pp.358-375.

② Sidney and Beatrice Webb, *The Development of English Local Government: 1689-1835*, London: Oxford University Press, 1963, p.viii.

③ Jack Brand, *Local Government Reform in England*, Hamden: The Shoe String Press, 1974, p.9.

④ Ivor H. Seeley, *Local Government Explained*, London: Macmillan, 1978, p.1.

⑤ Alan Alexander, *The Politics of Local Government in the United Kingdom*, New York: Longman Inc., 1982, p.1.

变为政治冲突的主要场所，这些改变成为地方政府与中央政府持久性政治危机的重要原因。①约翰·金德姆（John Kingdom）的著作《英国地方政府和政治》②综合性地介绍英国地方政府，包括地方政府起源、地方政府功能、地方民主、地方政党、地方议员、地方官僚、地方财政和政府间关系，等等。

劳伦斯·普拉切特（Lawrence Pratchett）和戴维·威尔逊（David Wilson）的合著《地方民主和地方政府》（1996）是英国地方民主委员会研究的一个重要成果。英国地方民主委员会成立于1993年11月11日，调查苏格兰和威尔士的地方民主状况，并考虑其将来的发展，并于1995年6月出版了其最后的16份报告，这本书专门提供了10份委员会的原始研究报告，同时增加了委员会发现和推荐的分析性研究。此书的核心是研究英国地方政府与地方民主的关系，认为变革打破了传统上两者之间的相互依赖关系，引发了一系列问题。因此，贯穿此书的一个核心问题是：是否英国地方民主委员会的提议能够真正为英国地方民主提供前进的道路？③

肯·杨（Ken Young）、妮尔·拉奥（Nirmala Rao）的著作《1945年以来的地方政府》（1997）认为："看待地方政府这个主题有两种方法：第一种是从地方政府本身的运作来看，汇集不同地方的经验，提供一系列的简单印象，这种方法能很好地抓住地方政府的多样性和特点。但是它不适合描述随着时间的推移地方政府所发生的变化。第二种是地方政府是怎样被控制国家政府体制的部长和文官所理解和塑造，这种方法能够更加迅速地捕捉到变化，但是以地方政府本身发生了什么为代价。"④这本书运用第二种分析方法，从部

---

① Simon Duncan and Mark Goodwin, *The Local State and Uneven Development：behind the Local Government Crisis*, Cambridge：Polity Press, 1988, p.xii.

② John Kingdom, *Local Government and Politics in Britain*, New York and London：Philip Allan, 1991.

③ Lawrence Pratchett and David Wilson, *Local Democracy and Local Government*, Hampshire：Macmillan, 1996, p.x, 1, 2.

④ Ken Young and Nirmala Rao, *Local Government since 1945*, Oxford, Malden, Mass：Blackwell Publishers, 1997, pp.1–2.

长和文官的视角来说明从首相艾德礼到梅杰政府时期，英国地方政府是什么时候、为什么以及怎样发生的改变。事实上，在艾德礼时期，英国地方政府是社会重建中最重要的单一代理人。二战后，地方政府作为中央各部门的伙伴，与中央政府一起重新塑造现代化的英国，但这本书试图说明从什么时候央地的这种伙伴关系已成为问题，以及发展到梅杰政府时期，英国地方政府的地位是怎样地不断下滑。

琳达·基恩（Linda Keen）和理查德·斯凯思（Richard Scase）的著作《地方政府管理：修辞与现实的变革》（1998）从理论与现实的差距视角来阐述英国地方政府在20世纪80年代和90年代经历的空前变革。英国地方政府管理从以官僚和职业占主导的"行政管理"转变为一个更加灵活的、以顾客（被服务者）为取向的和以私有部门式服务提供的"新管理主义"类型。①

克里斯·塞勒斯（Chris Sellers）的著作《新目标、新工具、新规则》（2003）通过访谈的方法，汇集了五十多个英国地方当局资深人士对英国地方当局在提供公共服务时的想法和实践来体现英国地方政府的变化。②

史蒂夫·利奇（Steve Leach）的著作《地方政府的重组：评论及其后果》（1998）③从政策过程的视角分析英国地方政府的重组。利奇的另一本著作《英国地方政治角色的转变》（2006）运用新制度主义的框架，通过英国《2000年地方政府法案》（2000 Local Government Act）中引进的一些新结构，以及2001年到2005年一些其他新的创新，来主要说明政党政治在英国地方政府中发挥的作用发生了怎样的变化。④

艾伦·麦康奈尔（Allan McConnell）专门对苏格兰地方政府进行研究，其

---

① Linda Keen and Richard Scase, *Local Government Management: The Rhetoric and Reality of Change*, Buckingham and Philadelphia: Open University Press, 1998, p.1.

② Chris Sellers, *New Targets, New Tools, New Rules*, London: Middlesex University Press, 2003, p.vii.

③ Steve Leach, *Local Government Reorganisation: the Review and its Aftermath*, London and Portland: Frank Cass, 1998.

④ Steve Leach, *The Changing Role of Local Politics in Britain*, Bristol: Policy Press, 2006, p.vii.

著作《苏格兰地方政府》(2004)采用公共行政、公共政策、政治学与治理相结合的方法，论述苏格兰的32个地方当局如何以比较复杂的方式为当地社区提供上百种服务。①同时将苏格兰地方政府与英格兰、威尔士和北爱尔兰地方政府进行比较，指出它们之间存在着共性，都面临着地方民主的有限性和不可避免的央地紧张关系。作者认可多层治理的重要性，认为苏格兰地方政府在全球化的世界中拥有有限性的自治。②

约翰·斯图尔特(John Stewart)在研究英国地方政府时所持的观点是：在任何政府体制中，要想实现有效运转，都需要必要的一致性与可取的多样性才能实现平衡。即在地方当局实际运作中，地方当局政策和实践的一致性力量与多样性力量的相互作用对地方政府变革产生深远影响。他在其著作《英国地方政府的性质》(2000)阐明了英国地方政府多样性的性质。通过研究英国地方政府的组织过程(政党、压力集团和大众的政治过程，官员作用和官员与议员的相互影响)来分析大多数其他研究没有解释的领域。③他的另一本著作《英国地方政府的现代化：分析工党的改革项目》(2003)④阐述了新工党的现代化计划(社区领导、民主复兴和"最佳价值")为英国地方政府提供非常重要的新机会，但改革的有效性并不理想，尤其是对民主性、问责制和地方自治提出严峻挑战。最后作者指明了在21世纪初，英国地方政府所面临的挑战与发展前景，英国的地方政府现代化项目不会全部成功，除非中央政府改变其集权的作风，修复与地方政府的伙伴关系，与地方政府一起改变，地方政府现代化项目才能成功。

戴维·威尔逊(David Wilson)和克里斯·盖姆(Chris Game)的《英国地方

---

① Allan McConnell, *Scottish Local Government*, Edinburgh: Edinburgh University Press, 2004, p.2.

② Ibid., p.4.

③ John Stewart, *The Nature of British Local Government*, Hampshire: Macmillan, 2000, p.1, 3, 8.

④ John Stewart, *Modernising British Local Government: an Assessment of Labour's Reform Programme*, Hampshire and New York: Palgrave Macmillan, 2003.

政府》是一本全面介绍英国地方政府的综合性著作。第一版出版于1994年，每四年再版一次，其中第三版①还被译成中文，现在最新版本是2011年的第五版，可见英国地方政府的变化速度之快。此书主要分为三个部分：第一部分，关注英国地方政府的基本因素(basics)，目的是使读者对英国地方和区域政府的目的和起源，结构、功能和财政，以及其运行背景有一个很好的基础性知识。第二部分，关注推动这个制度的动态因素(dynamics)，更加直接地关注政治，什么使英国地方政府运作？关注点转向了决策，提供服务和试图影响地方生活条件和质量的人和机构。第三部分，关注变革(change)，英国地方政府变革的速度和规模在最近十年内还会继续。②这五版书中涉及的治理与合作、地方选举、中央和地方政府的关系、地方压力集团的影响力以及民主的复兴等问题，值得任意国家的地方政府学习。

有关英国地方政府结构改革的研究也较多。曾在1993—1995年间担任英格兰地方政府委员会议员的迈克尔·奇泽姆(Michael Chisholm)在其著作《英国地方政府的结构改革》(2000)③中介绍了英国地方政府结构的改革历史，同时也关注了英国治理留下的重要启示。J.A.钱德勒(J.A.Chandler)的著作《解释地方政府：自从1800年以来的英国地方政府》(2007)从影响英国地方制度的意识形态与社会–经济视角出发，阐明英国地方政府结构、功能和管理的演变。④为了体现英国地方政府的发展与变化，英国央地关系的演变是他研究的一个主要关注点。⑤钱德勒的另一本著作《当今地方政府》(第四

① [英]戴维·威尔逊、克里斯·盖姆：《英国地方政府》(第三版)，张勇等译，北京：北京大学出版社，2009年。

② David Wilson and Chris Game, *Local Government in the United Kingdom(Fifth Edition)*, Hampshire and New York：Palgrave Macmillan, 2011, p.14.

③ Michael Chisholm, *Structural Reform of British Local Government：Rhetoric and Reality*, Manchester and New York：Manchester University Press, 2000.

④ J.A.Chandler, *Explaining Local Government：Local Government in Britain since 1800*, Manchester and New York：Manchester University Press, 2007, p.xii.

⑤ Ibid., p.xiv.

版)(2009)，从比较的视角分析了英国地方政府结构的发展过程，说明了英国地方政府体制的演变路径，对当今英国地方政府发挥的作用提出挑战性的评论与解释。[①]贾尼斯·莫费特(Janice Morphet)的《现代地方政府》(2008)[②]从中央政府和地方政府这两个视角来解析英国地方政府1997年以后的改革，分析改革后英国地方政府的结构、功能和作用。

尼尔·麦加维(Neil McGarvey)在其论文《预测、假设与现实：下放后的苏格兰地方政府》中论述苏格兰地方政府1999年权力下放后的发展，并认为苏格兰中央政府与地方政府展现出不同于英格兰的一面，提出了三个假设，并一一检验和反驳，分别是：1999年是苏格兰地方政府的"零年"(Year Zero)，中央与地方关系具有强有力的中央对强有力的地方的特征，苏格兰中央与地方关系是英格兰中央与地方关系的缩影。[③]

(三)关于英国地方治理的研究

当代地方治理思想开始于20世纪70年代末的英国，纽卡斯尔大学是地方治理的研究中心，政治学教授R.A.W.罗兹(R.A.W.Rhodes)是带头人，主要研究成员包括格里·斯托克(Gerry Stoke)、彼得·约翰(Peter John)和阿利斯泰尔·科尔(Alistair Cole)等来自英国的著名教授。在英国经济与社会研究委员会(ESRC)之下专门成立了地方治理指导委员会(LGSC)，专门研究地方治理课题。

罗兹在其著作《越过威斯敏斯特和白厅：英国次级中央政府》(*Beyond Westminster and Whitehall：the sub-central governments of Britain*，1988)中描

---

① J.A. Chandler, *Local Government Today*(Fourth Edition)，Manchester，New York：Manchester University Press，2009，p.ix.

② Janice Morphet, *Modern Local Government*，Los Angeles：Sage，2008.

③ Neil McGarvey，"Expectations，Assumptions and Realities：Scottish Local Government Post-Devolution"，*The British Journal of Politics and International Relations*，2012，Vol.14，pp.153-174.

述了:"次级中央政府这个复杂的世界,不仅仅包括选举产生的地方政府,还包括多种准地方自治机构(quangos)、非选举的主体、职业协会和部门机构。复杂性、不确定性和互相依赖是次级中央政府这个体制的特征。这些机构在政策制定中发挥一定作用并产生一定影响。"①基于英国地方政府在新的背景下并以新的工作方式来运作,罗兹创造了"地方治理"一词,之后又不断地去定义和解释。罗兹在《理解治理》中提出了政策网络、治理、核心行政部门、政府空心化和差异化政体的核心概念,每十年会重新审视这些概念的适用性。罗兹(1999)使用权力依赖框架、网络和政策共同体概念分析政府间关系,提出的权力依赖理论以及网络治理理论对地方治理影响深远。

　　格里·斯托克也是较早研究地方治理的专家,并担任布莱尔政府时期地方政策的主要顾问。他主持了1992—1997年的"地方治理研究"项目,取得显著成绩。其文章《作为理论的治理:五个论点》(1999)②、《英国地方政府治理的新发展》(2007)③、《地方治理研究:范式、理论与启示》(2007)④很好地诠释了地方治理理论,堪称经典。近几年来斯托克对地方治理理论进行反思,认为其提出的地方治理理论更多地是基于本国国情,具有一定的局限性,正在试图构建适合全球的地方治理理论。文章《地方治理是一种好的思想吗? 基于全球比较的视角》(2011)中从身份认同、经济发展、福利提供和生活协调四种地方政府的社会功能视角将地方治理划分为不同的类型, 对地方治理的比较研究具有启发意义。⑤

　　斯托克认为,有必要采取长期的历史视角来看待英国地方政府,探索作

---

① R.A.W. Rhodes, *Beyond Westminster and Whitehall:the sub-central governments of Britain*, London:Unwin Hyman Ltd, 1988, p.4.

② [英]格里·斯托克:《作为理论的治理:五个论点》,《国际社会科学》,1999年第1期。

③ [英]格里·斯托克:《英国地方政府治理的新发展》,《中共浙江省委党校学报》,2007年第1期。

④ [英]格里·斯托克:《地方治理研究:范式、理论与启示》,《浙江大学学报》,2007年第2期。

⑤ Gerry Stoker, "Was Local Government Such A Good Idea? A Global Comparative Perspective", *Public Administration*, Vol.89, No.1, 2011, pp.15–31.

为英国地方政府的不同形式。现代社会纷繁复杂,用传统的简单方式已无法解决英国地方政府的许多问题,需要采用新地方主义(new localism)的新方式。其代表性著作《英国地方治理的新管理》(1999)、《英国地方治理的新政治》(2000)、《转变地方治理:从撒切尔主义到新工党》(2004)以及与戴维·威尔逊(David Wilson)的合著《21世纪的英国地方政府》(2004)研究了英国地方政府管理改革,分析了治理的出现对地方政治运作产生的影响,探讨了英国地方治理不断变化的特性,指明英国地方治理怎样进行改革以及改革的方向,重点探究了英国地方治理发展过程中最有兴趣和最具挑战性的领域。

其他学者对英国地方治理的研究也比较多,如罗伯特·利奇(Robert Leach)和简妮·珀西–史密斯(Janie Percy-Smith)的《英国地方治理》(2001)[1]基于历史背景系统地评价英国地方治理形成过程中的主要发展问题与争论。他们指出,当代英国地方治理是由一个复杂的组织网络构成,以合作伙伴关系的形式来制定政策并解决本地的需求和问题,但英国地方政府在政策、实践、地方民主的结构与进程中将继续发挥重要作用。比尔·考克瑟(Bill Coxall)、林顿·罗宾斯(Lynton Robins)和罗伯特·利奇(Robert Leach)的《当代英国政治》(第四版)(2009)第十八章详细阐明英国地方治理的最新发展情况。[2]德里克·比勒尔(Derek Birrell)的《比较下放的治理》(2012)比较研究苏格兰、威尔士和北爱尔兰权力下放后的治理情况,重点研究2007年以后苏格兰、威尔士与北爱尔兰治理的发展情况。[3]

卡罗琳·安德鲁(Caroline Andrew)和迈克尔·史密斯(Michael Goldsmith)的论文《从地方政府到地方治理:除此之外?》笼统介绍了影响英国地方政府

---

① Robert Leach and Janie Percy-Smith, *Local Governance in Britain*, New York: Palgrave, 2001.

② [英]比尔·考克瑟、林顿·罗宾斯、罗伯特·里奇:《当代英国政治》(第四版),孔新峰、蒋鲲译,北京:北京大学出版社,2009年,第479~504页。

③ Derek Birrell, *Comparing Devolved Governance*, Hampshire: Palgrave Macmillan, 2012, p.1.

的因素,并把英国地方政府的改变理解为趋向地方治理等。①

(四)关于英国中央—地方关系的研究

伊夫·梅尼和文森特·赖特主编的《西欧国家的中央与地方关系》一书中有两章论述了英国中央与地方关系,分别是第二章R.A.W.罗兹的联合王国政府间关系,第七章休·伯林顿的中央—地方的斗争及英国政治,深入分析1966年以前的英国中央—地方关系。②

R.A.W.罗兹的独著《越过威斯敏斯特和白厅:英国次级中央政府》描述和解释了次级中央政府SCG(sub-central government),这不仅仅是填补空白,而是会直接面对一个主要问题。次级中央政府的问题——无论是地方自治,花费超出,还是提供服务的不足——都同样是中央政府的问题:没能制定或调整政策工具来处理这个迷宫。这本书的一个目标就是为英国次级中央政府这个复杂的迷宫提供一张地图。③复杂性、不确定性和互相依赖是次级中央政府这个体制的特征。④这本书有六个目标:提供一个次级中央政府的地图,调查战后次级中央政府的发展,解释制度的变革,探究次级中央政府在政策制定过程中的作用,裁定次级中央政府对政策结果的影响,评价次级中央政府的决策。这本书有四个主要部分:第一部分论述政府间关系的各种理论,包括公共行政、新右派、中心—边缘关系(centre-periphery relations)和新马克思理论;第二部分描述在政策网络中的各种行为者以及他们之间的关系;第三部分论述在复杂的次级中央政府迷宫中,政策网络是以何种方式来创建连续

① Caroline Andrew and Michael Goldsmith, "From Local Government to Local Governance: And beyond?", *International Political Science Review Revue*, Vol.19, No.2, 1998, pp.101-117.

② [英]伊夫·梅尼、文森特·赖特主编:《西欧国家中央与地方的关系》,朱建军等译,北京:春秋出版社,1989年,第33~81、177~215页。

③ R.A.W. Rhodes, *Beyond Westminster and Whitehall: the sub-central governments of Britain*, London: Unwin Hyman Ltd, 1988, p.4.

④ Ibid., p.6.

性和秩序;第四部分汇集先前的描述和分析,解释战后次级中央政府的发展,谈论英国政府作为一个无中心社会(centreless society)而引起的后果和冲突。①

R.A.W.罗兹的另一本非常有影响力的著作是《中央和地方政府关系中的控制与权力》(第二版),他使用权力依赖框架、网络和政策共同体的概念来分析政府间关系。并且在研究中央与地方的关系时,试图把组织理论与政治学相结合,把管理改革放进政治背景下,并且把组织理论政治化。②

艾伦·特伦奇(Alan Trench)的著作《英国的权力下放和权力》(2007)主要分析了1999年英国对苏格兰、威尔士和北爱尔兰权力下放后,英国政府间关系如何发展。权力下放后的英国,现在的权力存在于哪里。这本书的特色是关注权力下放对整个英国的影响,而不是对英国某一部分和其政治的影响。③

C.M.G.希姆斯沃思(C.M.G. Himsworth)的文章《新的权力下放:地方政府的新危险?》④目的就是探讨20世纪90年代以来,困扰中央政府和地方政府关系的一些问题,更加整体地看待英国地方政府和权力下放,并且考虑今后英国地方政府的发展道路问题。文中有启发意义的观点是:以前也有对英国地方政府结构、财政健康和民主质量的担心;但是现在更加不确定的是,在一个更大的政府体制下,怎样才意味着拥有一个良好的地方政府制度,地方政府事实上应该拥有哪些明确的特征。最后作者认为,在协定的基础上,伙伴关系最好的条件就是没有任何一个政党能够垄断立法权力和控制议会,苏格兰议会就有可能有新的机会在相对的伙伴之间观战并组织别人干涉。

---

① R.A.W. Rhodes, *Beyond Westminster and Whitehall: the sub-central governments of Britain*, p.7.

② R.A.W. Rhodes, *Control and Power in Central-Local Government Relations*(Second Edition), Aldershot: Ashgate, 1999, pp.xii-xiv.

③ Alan Trench, Devolution and Power in the United Kingdom, Manchester and New York: Manchester University Press, 2007, p.1.

④ C.M.G. Himsworth, "New Devolution: New Dangers for Local Government?", *Scottish Affairs*, No. 24, 1998.

戴维·威尔逊（David Wilson）的文章《解释控制怪圈：重新定义中央–地方政府关系》总结了自从工党1997年执政后，中央–地方关系变得特别有趣。无论是学者还是实践者，都指出了工党改革议程的紧张关系——"从上到下"和"从下到上"的方法、推行国家标准和鼓励地方学习与创新、加强行政领导和提高公众参与。尽管工党的现代化战略有明确的从上到下的方法（立法、督查、白皮书等），但是也有从下到上的方法（多个地区，调查和实验，虽然存在不同程度的自由）。这篇文章使用多层次治理的框架重新定义了英国中央与地方政府间关系，尽管到目前为止，许多研究使用这个框架来集中分析欧盟，但是目前治理理论在邻里关系、地方当局、次区域和区域层级中的发展，有助于治理框架在一个民族国家中的应用。……作者认为英国地方政治活动更像是多层次对话而非多层次治理。次国家行动者的参加很少在塑造政策结果时是主要的参加者：次中央治理具有众多的特征并不能反映一个多元的权力结构。①

约瑟芬·凯利（Josephine Kelly）的论文《缺失的要素：英国市政间合作和中央与地方关系》②，论述了地方政府之间的合作对中央与地方关系产生哪些影响，作者认为可以通过权力下放解决这些影响。

二、国内研究现状与文献综述

国内学者对英国的研究更多地集中在其议会君主制政体、文官制度和中央政府行政机构方面。在目前我所接触的资料中，国内对英国地方自治的研究状况主要集中于对英国地方政府概括性介绍和少量的对某一阶段地方自治和治理进行简单论述的论文，并且其中许多知识和观点由于英国地方

① David Wilson, "Unravelling control freakery: redefining central–local government relations", *British Journal of Politics and International Relations*, Vol.5, No.3, 2003, pp.317–346, p.317.

② Josephine Kelly, "The Missing Ingredient: Inter–municipal Cooperation and Central–local Relations in the UK", *Springer*, 2007, pp.193–210.

政府的不断变革也已失去了意义。目前国内学者还没有对英国地方自治制度进行深入研究,对英国地方自治的发展历程也缺乏整体把握。

(一)关于英国地方政府的研究

有关英国地方政府的研究多散落在一些著作中。龚祥瑞的著作《英国行政机构和文官制度》在第四章涉及英国地方政府。[①]王名扬的著作《英国行政法》在第三章中详细介绍英国地方政府制度,主要包括英国地方政府发展、结构内部组织、职权和财政等。[②]许崇德的著作《各国地方制度》[③]在第二章中概括了英国地方制度的历史发展,地方政府体系与组织结构,地方政府与中央政府的关系等。陈嘉陵和田穗生主编的《各国地方政府比较研究》[④]对世界各国地方政府体制进行了专题研究,关注世界各国经验和教训给中国带来的借鉴意义,其中英国地方治理是其研究的重要内容。作者通过分析各国地方政府的改革趋势认为,单一制国家地方政府的改革趋势是:地方分权制下权力会发展得相对集中,中央集权制下权力会发展得相对下放。胡康大的著作《英国的政治制度》《英国政府与政治》及其论文《对英国地方政府的认识》都对英国地方政府进行了介绍。其中《英国的政治制度》一书在第八章主要介绍了英国地方政府的选举、特点和作用等。[⑤]刁田丁、刘德厚主编的《地方政府教程》作为国内第一本地方政府学的教材,其中也有一章重点介绍英国的地方政府。[⑥]薄贵利的著作《近现代地方政府比较研究》[⑦],比较了英国、法国、美国、苏联和中国的地方政府,主要对地方行政区划、地方政府层级、地

---

① 龚祥瑞:《英国行政机构和文官制度》,北京:人民出版社,1983年,第49~61页。

② 王名扬:《英国行政法》,北京:中国政法大学出版社,1987年,第51~83页。

③ 许崇德:《各国地方制度》,北京:中国检察出版社,1993年。

④ 陈嘉陵、田穗生主编:《各国地方政府比较研究》,武汉:武汉出版社,1991年。

⑤ 胡康大:《英国的政治制度》,北京:社会科学文献出版社,1993年,第190~219页。

⑥ 刁田丁、刘德厚主编:《地方政府教程》,北京:高等教育出版社,1994年,第27~40页。

⑦ 薄贵利:《近现代地方政府比较研究》,北京:光明日报出版社,1988年。

方政府职能、地方政府组织结构、地方政府权力、地方议会以及地方政府改革展开比较研究。潘小娟《发达国家地方政府管理制度》一书,主要勾勒了六个发达国家的地方政府管理制度,其中第三章为我们提供了一个英国地方政府管理的梗概,主要是英国地方政府的发展与改革、组织结构、职能等。①张越的著作《英国行政法》②的第四编第五章重点介绍了英国地方政府的相关法律规定。郭方的著作《英国近代国家的形成》第五章涉及了16世纪英国地方政府的改革。作者认为从本质上看,正是由于资本主义在英国尤其是在农村的率先发展,使英国基层社会结构的进步超过了专制王权机构的扩张速度,因而形成一种中央集权与地方自治相平衡的行政司法体制,否则便无法解释,为什么只有治安法官和教区的传统得以发展,而其他各种中世纪的社团组织却纷纷衰落消亡呢?③任进的著作《比较地方政府与制度》第一章介绍了英国地方政府,主要包括英国的国家结构、英国地方政府的建立和发展、组织结构、权限划分和合作等。④曾令发的《探寻政府合作之路:英国布莱尔政府改革研究(1997—2007)》研究了布莱尔政府时期地方政府的合作治理。

这方面的论文有:刘绯的《英国地方政府》⑤一文大致介绍了英国地方政府的行政机构、职责、财政、政党组织和压力集团、面临的主要问题和与中央的关系等。一些研究关注了20世纪80年代以来的英国地方政府改革。如王皖强的《论八十年代英国地方政府改革》(1997)⑥一文研究了撒切尔政府的改革。张海廷的博士论文《20世纪末英国地方分权改革研究——英国具有联邦

---

① 潘小娟:《发达国家地方政府管理制度》,北京:时事出版社,2001年,第64~85页。

② 张越:《英国行政法》,北京:中国政法大学出版社,2004年。

③ 郭方:《英国近代国家的形成》,北京:商务印书馆,2007年,第86页。

④ 任进:《比较地方政府与制度》,北京:北京大学出版社,2008年,第30~50页。

⑤ 刘绯:《英国地方政府》,《欧洲》,1993年第3期。

⑥ 王皖强:《论八十年代英国地方政府改革》,《湖南师范大学社会科学学报》,1997年第6期。

制色彩的单一制实践》（2002）①从法律视角研究20世纪末英国地方分权化改革的原因、过程和实践。杨欣的论文《论英国地方政府法下中央对地方管制路径的演进》（2008）②从宪政视角论述英国1979年以后的央地关系以及地方自治的权限。华中师范大学高秉雄教授指导的多篇硕士论文运用实证研究方法以某个案例来研究英国地方政府服务体系。杨山鸽的博士论文《后福利国家背景下的中央与地方关系——英、法、日三国比较研究》（2006）③运用制度变迁理论，通过对福利国家的一般理论进行分析后，分别研究英国、法国和日本这三个国家在后福利国家时期如何调整政府角色，进行地方分权和权力下放的改革，以及地方治理和央地关系的新趋势。

（二）关于英国地方自治的研究

在许洁明的著作《十七世纪的英国社会》中，作者认为："17世纪英格兰中央政府所具有的行政管理能力十分有限，此时的政治是一种地方分权政治。具体表现为：17世纪英国社会的管理特征是乡绅自治，分为枢密院法官与巡回法庭、治安法官和四季法庭以及教区管理三个层次。其中，由乡绅自愿担任的和不支薪的治安法官起中枢作用，他们和教区基层管理人员一起维持着英格兰社会的秩序和稳定发展。这是一种以地方社会为中心、依靠传统文化习俗和社会纽带，以及乡绅们担任公职的自觉意识而形成的'协商'式社会管理机制，它的正常运转与英格兰的分层体系和等级观念丝丝相扣。"④

王玉亮的著作《英国中世纪晚期乡村共同体研究》描述了英国中世纪晚

---

① 张海廷：《20世纪末英国地方分权改革研究——英国具有联邦色彩的单一制实践》，北京大学博士论文，2002年。

② 杨欣：《论英国地方政府法下中央对地方管制路径的演进》，《国际论坛》，2008年第4期。

③ 杨山鸽：《后福利国家背景下的中央与地方关系——英、法、日三国比较研究》，复旦大学博士学位论文，2006年。

④ 许洁明：《十七世纪的英国社会》，北京：中国社会科学出版社，2003年，第1页。

期的乡村世界："这个时期大部分村庄都受到来自村社、庄园、教区和政府等多元因素影响，形成了具有多元结构特征的共同体。中世纪晚期典型的英格兰村庄共同体是村庄、庄园和教区的完全重合。随着生产力的不断发展以及生产关系的完全改变，庄园制解体了，村庄共同体及共同体自治赖以产生和存在的物质基础随之消亡，由村庄、庄园和教区三者复杂结合的村庄共同体完全变成了教区制，这样中世纪晚期村庄共同体就不复存在了。新的教区制传承了村社时期村民'自我调控'的管理方式，同时受到庄园领主的封建统治，并以教区为单位形成了宗教和民俗上的地域性精神文化生活，并且相对于'遥远的'王权，还具有一定的地方'自治'色彩。可见，英国中世纪晚期乡村社会是一种地方自治、半自治的管理方式，地方行政管理工作具有'共同参与'的性质。"①

　　研究英国中世纪地方自治的论文主要有：项焱的《试论11—13世纪英国城市自治权的封建性》②重点讨论了11至13世纪英国自治城市的封建性，英国城市一般比较容易获得自治权，这种城市特权是以向封建领主承担义务为交换而享有的封建权利。李培锋的《中世纪前期英国的地方自治形态》③，主要揭示了中世纪前期英国地方自治的意义。陈日华的硕士论文《英国法律传统与中世纪地方自治》④和博士论文《中古英格兰地方自治研究》⑤都从史学的学术背景，研究了中古时期英格兰的地方自治制度，主要是把地方自治制度当作"地方行政制度"来研究。张日元和王敬敏的《英国中世纪地方自治的历史考察》⑥从英国中世纪地方自治所产生的历史背景这一角度切入，探讨了英

　　① 参见王玉亮：《英国中世纪晚期乡村共同体研究》，北京：人民出版社，2011年。

　　② 项焱：《试论11—13世纪英国城市自治权的封建性——兼论英国城市的法律地位》，《武汉大学学报》（人文社会科学版），2002年第1期。

　　③ 李培锋：《中世纪前期英国的地方自治形态》，《史学月刊》，2002年第6期。

　　④ 陈日华：《英国法律传统与中世纪地方自治》，天津师范大学硕士论文，2003年。

　　⑤ 陈日华：《中古英格兰地方自治研究》，天津师范大学博士论文，2005年。

　　⑥ 张日元、王敬敏：《英国中世纪地方自治的历史考察》，《岱宗学刊》，2007年第3期。

国中世纪的地方自治。孙飞飞的硕士论文《十六世纪末叶到十七世纪中叶的英国治安官制度研究》①从历史实证的角度,运用法学-社会史的理论与研究方法进行研究,论述英国的治安官制度对英国地方自治制度产生的影响。

还有从其他角度研究英国地方自治的论文,主要有杨光斌的《中央集权与大众自治:英国中央–地方的新型关系》②专门以财政关系为视角探讨英国中央与地方的新型关系,并指出关于地方自治问题,首先要区分地方自治和地方政府自治这两个既有密切联系又有区别的概念,指出地方自治不仅包括地方政府的自治,同时还指个人、利益集团及其地方集团的自治。唐娟娟的《英国地方自治传统简析》③主要从"英国社会历史导致的市民社会的张扬,文化上崇尚传统的经验主义哲学,以及普通法不断延续提供的制度保障"这三个方面分析英国地方自治的传统。张丽娟博士论文《西方国家地方自治之研究》④从法律史的视角比较研究英国、法国和德国的地方自治制度。在第二章中专门研究了英国地方自治制度,并指出议会主权原则和不越权原则是英国地方自治制度的两大基本原则。白贵一的两篇论文《论地方自治与宪政——兼论英国地方自治影响及价值》⑤和《论英国地方自治的演进、影响与宪政价值》主要揭示了英国地方自治与其宪政制度之间的关系,英国地方自治的演进、影响及精神实质。任进、石世峰的《英国地方自治制度的新发展》⑥主要介绍了英国工党1997年上台执政后给英国地方自治制度带来的一些变

① 孙飞飞:《十六世纪末叶到十七世纪中叶的英国治安官制度研究》,河南大学硕士学位论文,2008年。

② 杨光斌:《中央集权与大众自治:英国中央–地方的新新型关系》,《欧洲》,1995年第4期。

③ 唐娟娟:《英国地方自治传统简析》,《湖南经济管理干部学院学报》,2005年第1期。

④ 张丽娟:《西方国家地方自治之研究》,中国人民大学博士论文,2005年。

⑤ 白贵一:《论地方自治与宪政——兼论英国地方自治影响及价值》,《理论与改革》,2005年第4期。

⑥ 任进、石世峰:《英国地方自治制度的新发展》,《新视野》,2006年第1期。

化。陈红的《近代中国对英国地方自治的认识》①对英国地方自治的渊源、历史演进、地方自治与英国政治文明之间的关系进行简单论述。龚文婧的博士论文《英美地方自治制度比较研究》②分类研究了英美两国的地方自治制度,运用历史制度主义的分析指标(利益、观念和制度),从横向与纵向上交叉分析英美两国的地方自治制度,重新定位新的政治模式与理念,分析地方自治制度中的传统理念与政治要素面临的挑战,总结地方自治制度的发展特点并预测未来的趋势。但是这篇论文并没有全面描述英美地方自治,只是选取了几个具有代表性的阶段进行分析,并不能使我们全面地理解英国地方自治。

(三)关于英国地方治理的研究

近年来,国内学者对英国地方治理的关注和研究开始逐渐增多。俞可平主编的《治理与善治》(2000)③详细分析了地方治理问题,作者们从不同角度深入探讨了治理模式的特征。孙柏瑛的《当代地方治理:面向21世纪的挑战》(2004)④全面深入地研究了地方治理理论。刘波等编的《地方政府治理》(2015)⑤结合当下治理理念发展的理论背景与全面深化改革的实践背景,总结当前国内外关于地方政府治理的研究成果,以专题形式对地方政府治理的重点和热点问题进行阐述。这些书是国内有关地方治理理论研究的主要著作,可以帮助我们了解地方治理理论。

周威的著作《英格兰的早期治理:11—13世纪英格兰治理模式的竞争性

① 陈红:《近代中国对英国地方自治的认识》,《河南师范大学学报》,2008年第2期。

② 龚文婧:《英美地方自治制度比较研究》,中共中央党校博士论文,2011年。

③ 俞可平主编:《治理与善治》,北京:社会科学文献出版社,2000年。

④ 孙柏瑛:《当代地方治理:面向21世纪的挑战》,北京:中国人民大学出版社,2004年。

⑤ 刘波等编:《地方政府治理》,北京:清华大学出版社,2015年。

选择》(2008)①,逐一介绍了11—13世纪英格兰的封建法庭、教会组织、国王的军队、抵挡代理人和国王的法院,并认为英格兰的早期治理模式能够形成,不是任何单一权力意志的安排,而是竞争性选择的产物。曾令发的著作《探寻政府合作之路:英国布莱尔政府改革研究(1997—2007)》(2010)②,第七章重点介绍了布莱尔政府时期英国地方政府的合作治理之道。

朱镇明的论文《地方治理与地方政府现代化:21世纪英国地方层次的变革》(2004)③从地方治理视角研究英国地方政府的现代化议程。陈国申的博士论文《从传统到现代:英国地方治理变迁》(2008)④采用历史制度主义的研究方法研究英国地方治理的变迁,揭示变迁的动力来源、制度创新及其对国家和地方居民的影响。但陈国申所指的治理基本上是"管理"的含义。胡熙华的论文《英国地方政府治理的变迁及启示》(2008)⑤概括研究了英国地方政府治理变革的理念与背景、央地关系、未来的发展轨迹和方向等问题。刘其君的论文《当代英法中央与地方政府间关系改革的特点及其政治文化根源》(2008)⑥和《西方发达国家地方治理的发展及其政治文化背景》(2008)⑦从政治文化的角度分析了地方治理20世纪80年代以来在英国发展的原因和特点。宋雄伟的论文《英国地方政府治理:中央集权主义的分析视角》(2013)⑧

① 周威:《英格兰的早期治理:11—13世纪英格兰治理模式的竞争性选择》,北京:北京大学出版社,2008年。

② 曾令发:《探寻政府合作之路:英国布莱尔政府改革研究(1997—2007)》,北京:人民出版社,2010年。

③ 朱镇明:《地方治理与地方政府现代化:21世纪英国地方层次的变革》,《行政暨政策学报》,2004年第38期。

④ 陈国申:《从传统到现代:英国地方治理变迁》,华中师范大学博士论文,2008年。

⑤ 胡熙华:《英国地方政府治理的变迁及启示》,《产业与科技论坛》,2008年第5期。

⑥ 刘其君:《当代英法中央与地方政府间关系改革的特点及其政治文化根源》,《中共宁波市委党校学报》,2008年第6期。

⑦ 刘其君:《西方发达国家地方治理的发展及其政治文化背景》,《湖北社会科学》,2008年第10期。

⑧ 宋雄伟:《英国地方政府治理:中央集权主义的分析视角》,《北京行政学院学报》,2013年第5期。

分析了20世纪70年代以来的英国地方治理变迁，认为真正阻碍地方自治的原因是英国的"西敏斯特模型"。常晶和张维娜的论文《制度变迁视域下的英国地方治理改革研究》（2016）[①]认为，英国地方治理制度的变迁路径以有意设计的干预式制度变迁为主，新的制度安排开始成型并发挥作用，但仍处于不断调试之中。

此外，还有一些研究关注英国某个城市的治理。如严荣的论文《大伦敦政府：治理世界城市的创新》（2005）[②]、生小刚等人的论文《英国大伦敦市政府的组织机构及启示》（2006）[③]以及高秉雄和姜流的论文《伦敦大都市区治理体制变迁及其启示》（2013）[④]等都专门介绍了大伦敦政府的具体治理情况。

三、文献评析

国外学者凭借着丰富的一手材料，对有关英国地方自治问题研究很深入，尤其是20世纪80年代初期，地方治理思想在英国得以广泛传播，涌现出一大批有关英国地方治理的著作，此类著述给国内的研究提供了丰富的资料。国外学者对英国地方政府与地方治理研究成果较为丰富，体现为：

第一，研究范围广泛，英国学者从对本国地方政府与地方治理改革的研究发展到更为关注全球的地方治理实践；从对本国地方治理理论的研究到对其理论的反思。

第二，研究视角多元，涉及权力下放、经济增长、伙伴关系、地方绩效、地方政府组织结构、地方财政、贫穷问题、发展问题等，更趋向于重构地方民主、地方自治等概念和理论来解释新事物，采用"新地方主义"视角来解释地

① 常晶、张维娜：《制度变迁视域下的英国地方治理改革研究》，《当代世界与社会主义》，2016年第2期。

② 严荣：《大伦敦政府：治理世界城市的创新》，《城市管理》，2005年第3期。

③ 生小刚等：《英国大伦敦市政府的组织机构及启示》，《国外城市规划》，2006年第3期。

④ 高秉雄、姜流：《伦敦大都市区治理体制变迁及其启示》，《江汉论坛》，2013年第7期。

方政府的新变化。

第三,研究问题更为复杂,从倡导权力下放转向地方领导力,从关注"地方经济发展"到"地方全面发展"。

但从比较政治学的角度上讲,将英国地方自治体制作为一种制度,动态性地将这一制度的产生、发展和变革分时段加以梳理,同时分析影响英国地方自治体制的因素及其诸种权力关系的著述,在国内和国外都不多见。原因在于:

第一,国外学者关注的重点不在于此或研究过分细化的缘故。

第二,近年来英国地方政府变化的速度非常快,地方政府不断重组,发生巨大变化,并创造出许多新的制度,学界尚未来得及对此种快速发展的状况加以梳理。

第三,英国的地方自治受到中央地方关系的影响,使英国的地方自治制度发生着微妙的变化,极具动态性,使学界难以把握。

国内学者的研究从最初对英国地方政府改革的介绍逐步转向对地方自治、地方治理、地方政策、治理理论的关注,研究视角更为具体,但专门系统性地深入探究英国地方自治的并不多见。目前,国内一些学者就英国地方自治的传统、形态以及宪政的关系等进行了概要的梳理和叙述,其中大多数著述为静态的结构性描述,集中于对英国地方政府制度的概括性介绍,对英国地方自治的研究相对较少,从政治学角度加以分析得更少。一些描述性资料较老,由于时代的变迁已不符合现实情况。

在总体上,目前国内尚未对英国地方自治问题进行深入研究,缺乏对英国地方自治制度的动态研究和整体把握。希望本书的研究能够有所贡献,并探析英国地方自治和治理理论与实践的最新发展趋势。

第三节　核心概念

一、地方政府

"地方政府"一词源于英国。在绝对主义国家①出现之前,没有"地方政府"的概念。1799年开始,有了"地方政府"的称谓。1856年英国《泰晤士报》的一篇社论正式使用"地方政府"这一术语,这一名词便日益流行起来,成为政治学和法学的常用语。

对地方政府比较权威的界定如下:《不列颠百科全书》在政治制度词条中,将政府按层级分为三种:国家政府、区域政府和地方政府,其中地方政府是指那些对所在地域进行直接治理的政府,即当地的政府、本地的政府,区域性政府是其上一个层级的、治理范围更大的地区性政府。②《美利坚百科全书》的界定:"地方政府,在单一制国家,是中央政府的分支机构;在联邦制国家,是成员政府的分支机构。"即联邦制国家的成员政府如州、地区、省等不能叫地方政府,只有州、地区、省以下的地区政府才叫地方政府。而单一制下的州、地区、省可以算是地方政府。③《布莱克维尔政治制度百科全书》中地方政府是指:"权力或管辖范围被限定在一国家的部分地区内的一种政治机构。它具有如下特点:长期的历史发展;在一国政治结构中处于隶属地位;具有地方参与权、税收权和诸多职责。"④

安瓦·沙(Anwar Shah)对地方政府的定义是:"地方政府是根据法律成立

---

①　1485年结束的玫瑰战争大大削弱英国贵族势力,此后的英国宗教改革也把教会纳入王权掌握之下,枢密院和星座法庭的设置又进一步加强了王权,一个空前强大的英国绝对主义国家产生了。

②　徐勇、高秉雄主编:《地方政府学》,北京:高等教育出版社,2005年,第1页。

③　田穆生、罗斌主编:《地方政府知识大全》,北京:中国档案出版社,1994年,第1页。

④　[英]韦农·波格丹诺主编:《布莱克维尔政治制度百科全书》,邓正来主编,北京:中国政法大学出版社,2010年,第360页。

的,为相对小的地理区域提供具体服务的特殊组织或实体,这些法律包括国家宪法,比如巴西、丹麦、法国、印度、意大利、日本和瑞典;州宪法,比如澳大利亚和美国;中央政府高层制定的普通法,比如新西兰、英国和大多数国家;省或州的立法,比如加拿大和巴基斯坦;以及行政命令,比如中国。"①

英国学者对本国地方政府的定义如下:罗伯特·利奇(Robert Leach)和简妮·珀西-史密斯(Janie Percy-Smith)认为,英国地方政府通常是指市政厅(the town hall),即选举产生的地方议会以及他们提供的服务,因此地方政府是指"地方议会是做什么的"②。J.A.钱德勒认为,英国地方政府指的是选举产生的地方当局(the elected authorities)和从属机构(dependent agencies),这些机构是议会为了提供一系列服务而建立,代表一个具体地区的整体利益。③约翰·斯图尔特认为,地方政府是指不同的政府,回应不同的需要,实现不同的愿望。④哈斯勒克(Hasluck)对地方政府的界定为:在同一个国家或州的区域内,必须拥有明确的权力做事情,并以不同于其他地区的方式,如果一些地方主体拥有统治权力,并以不同于其他地方主体的方式,这就是地方政府。戴维·威尔逊、克里斯·盖姆对英国地方政府的界定为:在地理上和政治分权上的一种形式,有直接选举的市议会,由国家议会创立并隶属于国家议会,具有部分自治权力,提供多种不同的服务,提供服务的方式包括直接和间接的形式,资金部分来自于地方税收。⑤地方政府是指具有特殊地理区域的政府,如果一个相对边界已经被划出来的话,它实际上就成了一个社区政

① [美]安瓦·沙主编:《工业国家的地方治理》,周映华、张建林译,北京:清华大学出版社,2006年,第1页。

② Robert Leach and Janie Percy-Smith, *Local Governance in Britain*, New York:Palgrave,2001,p.1.

③ J.A.Chandler, *Local Government Today*(Fourth Edition), Manchester; New York:Manchester University Press,2009,p.1.

④ John Stewart, *the Nature of British Local Government*, Hampshire:Macmillan,2000,p.1.

⑤ [英]戴维·威尔逊、克里斯·盖姆:《英国地方政府》(第三版),张勇等译,北京:北京大学出版社,2009年,第36页。

府,地方政府机构不但应该反映人民对本地区的意见,而且应该不断强化这种意识。① 约翰·金德姆认为,英国地方政府指的是英国郡、市和镇的自治政府,这些地方政府拥有中央政府给予的一定程度的自治权,在机构上的体现是选举产生的地方当局。②

地方政府的主要特征包括一个有限的地区司法、选举和独立的征税权。③ 现代地方政府机构的四个特征就是:多功能、自由裁量权、征税、代表权。④ 在英国,地方政府就是地方自治政府。地方自治政府最重要的特征:一方面,立法是集权的;另一方面,立法的行政执行却是分散的或地方化的。⑤ 在英国,对地方的监管大权交给了地方政府委员会、教育部和财政部。⑥ 英国地方政府在欧洲不能被复制的一个特色是变革和改革的频率。在英国,关于英国地方政府的教科书要求至少每十年就要有一个实质上的新版本。⑦

本书研究的英国地方政府主要是指郡、自治市和教区这一层级的政府,也会涉及区域政府和特别区政府等对地方政府的影响。

二、地方自治

所谓"自治",英文的表达为"autonomy""self-government""home-rule"。

---

① [英]戴维·威尔逊、克里斯·盖姆:《英国地方政府》(第三版),张勇等译,北京:北京大学出版社,2009年,第41页。

② John Kingdom, *Local Government and Politics in Britain*, New York and London: Philip Allan, 1991, p.3.

③ [英]伊夫·梅尼、文森特·赖特主编:《西欧国家中央与地方的关系》,朱建军等译,北京:春秋出版社,1989年,第39页。

④ Lawrence Pratchett and David Wilson, *Local Democracy and Local Government*, Hampshire: Macmillan, 1996, p.39.

⑤ [美]F.J.古德诺:《政治与行政》,王元译,北京:华夏出版社,1987年,第29页。

⑥ 同上,第32页。

⑦ J.A.Chandler, *Local Government Today* (Fourth Edition), Manchester; New York: Manchester University Press, 2009, p.180.

从字义上看,自治即"自己管理自己",似与"他治"相对;也有学者认为,"自治"不是与"他治"相对,而是与"官治"相对;还有学者认为"自治"与"统治"相对。在西方,"自治"在希腊语中是"自我"(self)与"管辖"(rule)或"法治"(law)两词的合成。因此,"自治"从词义上就是"自我管辖"(self-rule)的意思,含有自治权、自主的意思。

从"自治"的起源上看,在英美法系国家,自治权源于天赋人权和国家契约论的观念。按照这种观点,国家权力是派生的,自治权力是相对于国家权力而言。在成文法大陆法系国家,自治权来自国家法律的授予,自治与官治共同构成法治国家的行政管理制度。①梁启超从政体结构对自治与官治关系的论述与上述观点相同。他认为:"集权与自治二者,相依相辅,相维相系,然后一国之政体乃完。"②

政治学意义上的"自治"相对于"统治","地方"相对于"中央",因此,"地方自治"的反义词就是中央统治或中央集权。③可见,地方自治与中央集权相对,而与国家和社会、中央与地方的分权相关。在西方,有人将"地方自治"称为"地方行政",也有人称之为"地方政府"。它最早源于英国法学家史密斯(Smith)于1849年所著的《非法和有害的委员会统治》,史密斯在1851年出版的另一本著作《地方自治政府和集权政治》中,对地方自治和集权政治进行全面分析和比较,此后"地方自治"问题在学术界受到普遍的重视。④

对地方自治一词比较权威的定义如下:《简明大不列颠百科全书》对地方自治的解释是:"由中央或地方政府授予其下级政治单位的有限自主权或自治权。多民族帝国或国家所具有的一种普遍特点,对地方活动予以一定的承认,并给予相当的自治权,但要求地方居民在政治上必须效忠于中央政

---

① 参见吴爱明:《地方政府学》,武汉:武汉大学出版社,2009年,第329页。

②③ 郑贤君:《地方制度论》,北京:首都师范大学出版社,2000年,第24页。

④ 参见李景鹏:《政治管理学概论》,北京:高等教育出版社,1991年,第265页。

府。"①《中国大百科全书·政治学卷》认为,地方自治是"在一定的领土单位之内,全体居民组成法人团体(地方自治团体),在宪法和法律规定的范围内,并在国家监督下,按照自己的意志组织地方自治机关,利用本地区的财力,处理本区域内的公共事务的一种地方政治制度"。②此外,1985年《欧洲地方自治宪章》和1993年《世界地方自治宣言》明确规定,地方自治包括地方公共团体自治和居民自治。团体自治和居民自治是地方自治的基础和前提。所谓团体自治,是指那些或多或少地从国家那里取得独立地位的地方团体,根据自己的目的和意愿,通过自己的机构来处理其事务;所谓居民自治,是指根据地方居民的意愿来推行地方政治的原则。③因此可以认为,没有社区居民自治和结社自由,地方自治政府的建立是很困难的。实际上,现代西方发达国家的地方自治正是居民自治和团体自治合成的结果。

由于政治文化传统、经济和政治发展水平、国家结构形式以及时代背景的不同,不同国家和不同的学者对地方自治都有自己的见解。学者们对地方自治阐述了不同的定义:罗兹认为:"'地方自治'是一个难以解释和引起激烈争论的概念。一方面,地方自治被视为能够基本上防御中央暴政;另一方面,它又被看作是引起高度分歧,即拥有地方观念的地方精英通过地方自治来维护他们自己的利益。即使没有这些规定性的问题,仍然存在的问题是:是否'地方自治'一词涉及地方政府或地方社区的自治,如果是后者,分析将不得不覆盖每一个主要组织(政府的和非政府的决定),来分辨被外部社区因素限制的范围。如果是前者,存在的问题是,是否其他的政府单位是唯一的限制源泉。"④特里·克拉克(Terry Clark)认为,地方自治是国家因素,天然

①　《简明大不列颠百科全书(国际中文版)》(第8卷),北京:中国大百科全书出版社,1999年,第137页。

②　《中国大百科全书·政治学卷》,北京:中国大百科全书出版社,1992年,第56页。

③　李景鹏:《政治管理学概论》,北京:高等教育出版社,1991年,第265页。

④　R.A.W.Rhodes, *Control and Power in Central-Local Government Relations* (Second Edition), Aldershot: Ashgate, 1999, pp.26-27.

的物理资源，支持地方主义的机构和忠诚的地方精英等因素的产物。鉴于此，罗兹就认为通常地方自治一词被轻率地使用，并没有意识到这些问题。通常所说的地方自治比较适宜的表述是"地方自由裁量权"（Local discretion），即地方政府决策者的策略被其他政府单位限制。"地方自由裁量权"是地方自治的一个成分。

休·惠伦(Hugh Whalen)认为，地方自治是指许多现代国家都存在的下级地方当局体制，有关地方自治的理论问题应该用不同的术语来表达，在任何体制中，每一个地方单位都假定具有下列特征：特定的领域和人口，立法、执行或行政目的的制度结构，独立的法律身份，正当的中央或中级立法机关授权的一系列权力和功能，最后是在这个授权范围内的自治（包括财政自治）一直是具有普通法的限制性与合理性的检测（至少在英美传统中）。此外，地方自治还包括特定的气候或环境，可能更为严格的表述是制度可行而要求的行为模式。①

地方自治的理由和理论基础是实践的而不是推理的，在自然的、财政的、结构的、功能的和性质方面，地方下级机构是非常不同的，但是在所有它们发展的国家，它们都存在和形成了国家政治传统的一部分。②地方自治存在于大多数工业化的民主国家中，当今已不再被认为是一个主要的控制工具了。③"地方自治"和"民主"都是高度抽象的术语，展现出极端的双重性，来表达它们的词通常是描述性的，在许多国家的社区中是制度安排、经济环境、社会条件和文化传统的混乱排列，没有真正的意义。④由此，地方自治可定义为一种差异化、个体化和分离的现象。⑤

---

① Hugh Whalen, "Ideology, Democracy, and the Foundations of Local Self-Government", *the Canadian Journal of Economics and Political Science*, Vol.XXVI, No.3, 1960, p.377.

② Ibid., p.394.

③ Ibid., p.395.

④ Ibid., p.378.

⑤ Ibid., p.382.

在《地方治理模式》一书中,作者们持有这样的观点:民主形式与地方自治是构成地方民主的两个主要成分。地方自治和中央统制之间长期处于紧张关系,是地方政府思想和议会主权思想的对抗。①哈罗德·沃尔曼和迈克尔·史密斯对地方自治进行了非传统的定义,认为地方自治是地方政府拥有的独立地影响本地公民幸福(the well-being)的能力,颠覆了传统上对地方自治的理解——传统上,地方自治被定义为地方政府拥有的免于高层政府控制的自由裁量权(discretion)。②

综合以上对地方自治的解释,本书将自治定义为:生活在某一特定地区的居民,在国家宪法和法律允许的范围内,通过特定的民主程序,自主管理本区域内的公共事务,参与国家立法、司法、行政等一切政治活动。

理解英国地方自治需要把握以下三点:

第一,在英国,每个地方政府都是地方自治体,因为地方政府都是完全依据地方自治原则而建立。更加有趣的是,在英国,先出现local self-government一词,local government是后人在简化local self-government的基础上而使用的。因此在英国,local government与local self-government是同义语,二者可以交叉使用。

第二,在英国政体中,地方政府处于隶属地位,历史上英国没有出现像许多欧洲大陆国家那样的地方政府拥有广泛权力的状况。但英国却拥有远远超出其他欧洲大陆国家的中央政府拥有的派出地方机构,这种情况可以被称为半自治状态。通过对英国不同时期地方自治制度的研究发现,英国的这种半自治状态是经常存在的。

---

① William L. Miller, Malcolm Dickson, Gerry Stoker, *Models of Local Governance: Public Opinion and Political Theory in Britain*, Hampshire and New York: Palgrave, 2000, p.251.

② Harold Wolman and Michael Goldsmith, "Local Autonomy as a Meaningful Analytic Concept: Comparing Local Government in the United States and the United Kingdom", *Urban Affairs Quarterly*, Vol.26 No.1, 1990, pp.3-27; p.24.

第三，研究地方自治问题，我们还要区分地方自治和地方政府自治这两个既有密切联系又有区别的概念。地方自治不仅包括地方政府的自治，同时还指个人、利益集团及其地方集团的自治。[①]这也是本书出现不同地方自治主体的一个原因。但是本书的研究主要是围绕英国地方政府自治来展开，也会涉及其他一些机构在地方的自治。

基于以上三点，对英国地方自治的定义是：地方居民在本区域内，在威斯敏斯特议会授权的权力范围内，既能摆脱中央政府对地方事务的干涉，又能按照本地居民的意愿，自由地实现自我管理地方公共事务，自主处理本地区事务。

三、地方治理

近几十年来，英国地方政府发生了较为明显的改变，形成了新型的地方治理体制，与"撒切尔主义"时期倡导的管理主义和强调市场与合同的状况形成鲜明对比。伴随社会的现代化进程，地方治理出现碎片化、多样化、网络化、伙伴与信任关系等特征。

德里克·比勒尔（Derek Birrell）认为，"治理"一词与"政府"概念不同，"政府"是单一的层级式实体，"治理"则依赖共同行使公共决策权的主体。[②]罗兹认为，"治理"主体大于政府，包括非国家主体，并指出20世纪80年代撒切尔政府采用特定目的机构（special-purpose bodies）和碎片化服务制度，标志着从地方政府转向地方治理。[③]

英国的地方治理首先呈现为参与机构的多样性，包括公共机构、私人机构和志愿参与地方服务的机构，成为一种制度性转变。其表现为地方政府由

---

① 杨光斌：《中央集权与大众自治：英国中央-地方的新型关系》，《欧洲》，1995年第4期。

② Derek Birrell, *Comparing Devolved Governance*, Hampshire: Palgrave Macmillan, 2012, pp.1-2.

③ R.A.W.Rhodes, *Control and Power in Central-Local Government Relations*(Second Edition), Aldershot: Ashgate, 1999, p.xiii.

以往地方治理的主要行动者,转变为由许多机构共同承担公共服务工作,其中选举产生的地方政府机构发挥统领作用。

英国的地方治理同时体现为过程而非纯粹的制度结构。罗兹认为,"治理"是统治机制的新过程和社会治理的新方法。[1]治理是共同解决问题、满足社会需求的过程,政府则是治理过程中使用的工具。[2]治理并非指政府不同,而是指过程不同,是涵盖地方政府和来自公共部门、私人部门、志愿部门等地方组织诸种关系的组织过程。安瓦·沙认为,地方治理的概念十分宽泛,是指地方集体行动形成与执行的过程,一方面是正式组织机构发挥的作用,如地方政府和政府各层级在集体行动中的作用;另一方面是社区、网络、邻里等非正式组织在集体行动中的作用,地方治理包含公民之间以及公民与国家之间的互动,包含集体决策与地方公共服务的框架。[3]

地方治理还呈现为组织网络关系,多元治理主体以伙伴关系方式运行,由此而形成打破组织界限的政策网络。具体体现为组织间相互依赖、网络间成员相互作用、各组织拥有一定自治权的特征,[4]其本质为政府与非政府力量两者之间的互动关系。[5]在地方治理的世界中,公共部门和私人部门之间的界限是模糊的、正式与非正式的关系、伙伴关系与网络关系,[6]通过公共部门和私人部门的网络予以治理。此种网络体系包含多个政策中心和多层政府。

---

①⑥ David Wilson, "Unravelling Control Freakery: Redefining Central-Local Government Relations", *British Journal of Politics and International Relations*, Vol.5, No.3, August 2003, pp. 318-319.

② Robert Leach and Janie Percy-Smith, *Local Governance in Britain*, New York: Palgrave, 2001, p.2.

③ [美]安瓦·沙主编:《工业国家的地方治理》,周映华、张建林译,北京:清华大学出版社,2006年,第1~2页。

④ Gerry Stoker, *The New Management of British Local Governance*, Hampshire: Macmillan, 1999, p. xvii.

⑤ J.A.Chandler, *Local Government Today* (Fourth Edition), Manchester; New York: Manchester University Press, 2009, p.15.

安妮·梅特·克亚尔(Anne Mette Kjaer)则认为,将治理界定为公共部门与私人部门之间的网络化治理太过狭窄,他将治理区分为诸种形式,涵盖治理公共行政与政策治理、欧盟事务和国际关系等,而网络治理仅仅为治理的次级类型。[1]加里·马克斯(Gary Marks)从纵向层面给出了多层次治理(multi-level governance)的内涵,将治理区分为超国家、国家、区域和地方不同层级,视之为不同层级政府间不断谈判的体制。[2]

一些学者还将地方治理视为一种统治方式,认为治理源于"统治"一词,本质上有如何掌舵的内涵, 意即在不依赖国家权力的情况下实现公共事务的集体行动。[3]

尽管如此,作为单一制国家的英国,政府曾拥有很强的行政权力,此种网络化、多层面的相互依赖关系使英国的政府过程出现某种空洞化状况,一定程度妨碍了英国政府的行政能力。

总之,地方治理是指参与地方事务的多种机构之间复杂的网络关系,地方当局与来自第三部门(准政府机构,公共部门,私人部门和志愿部门)的地方组织都参与管理地方事务,提供地方服务的一种杂乱和不确定性的过程。其中,选举产生的地方当局在整个过程中仍然是最重要的,发挥领导作用。并且地方治理应该有一个民主形式,地方治理应该享有一定程度的自治。英国政府作为一个单一制国家,曾经拥有强有力的执行权,但是通过世界的相互依赖和迅速增加的内部网络,具有了国家空洞化的特征。

①　Derek Birrell, *Comparing Devolved Governance*, Hampshire: Palgrave Macmillan, 2012, pp.1-2.

②　Hugh Atkinson and Stuart Wilks-Heeg, *Local Government from Thatcher to Blair: the Politics of Creative Autonomy*, Cambridge: Polity, 2000, p.217.

③　Gerry Stoker, *The New Politics of British Local Governance*, Hampshire: Macmillan, 2000, p.3. [澳]欧文·E.休斯,《公共管理导论》(第四版),张成福等译,北京:中国人民大学出版社,2015年,第93页。

第四节 研究中采用的理论和方法

一、研究理论

（一）地方自治理论

本书在研究中所采用的理论主要是地方自治理论，借鉴劳伦斯·普拉切特（Lawrence Pratchett）对地方自治理论的概括：分别是免于中央干涉，自由地产生特定的结果和反映地方身份。①

第一个方面免于中央干涉，是传统的政治学视角，基于宪法和法律角度从上到下来关注地方自治和理解中央与地方关系，国家政府准备把一些权力委派给地方政府。这种免于中央干涉的理论，主要有两点：①地方政府的宪法和法律地位，以及宪法影响地方自治的方式，这会导致对不同的中央-地方关系的关注，导致不同政府层级之间的功能划分，这种划分的法律基础，支持这种关系的财政权。地方政府的财政独立通常被认为是最重要的，财政自治是地方自治的基础。如果没有资源来实现财政自治，那么法律、政治和组织自治也就失去了意义。②如果财政自治是地方自治的关键，中央政府对总体经济管理的关注和地方政府对自由裁量权的要求不可避免地存在紧张关系。因此，在定义地方自治免于中央干涉时，不可避免地会关注中央集权。

高登·克拉克（Gordon L. Clark）在免于中央干涉这方面提出了最成熟的理论，他吸取了杰里米·边沁（Jeremy Bentham）的思想，基于豁免权和主动权（immunity and initiative）这两个原则，提出了阐释地方自治的新理论。其论文

---

① Lawrence Pratchett, "Local Autonomy, Local Democracy and the 'New Localism'", *Political Studies*, Vol.52, 2004, pp.358–375.

《地方自治的理论》(1984)①详细地解释了这两个原则,豁免权是指地方有权力免于国家高层的监管,在主动权被允许的范围内允许地方当局自由行动;主动权是指地方有权力规范地方居民的行为,基本上属于放任型,不管在什么情况下,只要有先例,地方就有权力行动。此种豁免权和主动权原则是一个四重类型学,地方自治的理想状态是充分发挥这两个原则的作用。

第二个方面自由地产生特定的结果,不仅强调免于中央干涉的宪法和法律自由,还关注这种自由的结果,即当所有外在的经济和政治变量都考虑在内的时候,地方当局还能残留影响他们地方幸福的能力。这种方法是由哈罗德·沃尔曼(Harold Wolman)和迈克尔·戈德史密斯(Michael Goldsmith)在比较英美地方自治时提出的,对地方自治的理解类似于第一方面中克拉克的主动权原则,但是又超越了克拉克的观点,因为它不仅强调免于中央干涉的宪法和法律自由,还关注这种自由的结果,更注重影响地方政府的能力。这是一种新的研究地方自治的方法,但是它的研究结果和早期研究结果却一样,即研究发现地方政治非常重要,可以对中央政府产生压力,但是地方自治深深地受到中央政府和其他社会-经济因素的影响,中央政府对地方政府不同的宪法和政治安排会产生不同的结果。所以这种研究地方自治的方法是有限的,因为它强调地方政治影响中央政府的能力,而不是中央-地方正式关系中的自治,而它们的影响也不一定等于自治。

第三个方面反映地方身份,这是一个自下而上的视角,地方自治并没有免于特定的法律限制及其他限制,而是通过政治活动来表达地方本身的能力,是以自己喜好的方式来获取政治上的自由裁量权,通过政治过程来表达和发展地方本身。地方通过政治和社会的相互作用来发展一席之地。在定义地方自治时,不仅强调社会活动领域,还强调采用自治方式的不同,所以自治不可避免地与地方代表民主制的机构联系在一起。如果地方自治主要是

---

① Gordon L. Clark, "A Theory of Local Autonomy", *Annals of the Association of American Geographers*, Vol.74 No.2, 1984, pp.195–208.

关于授权地方居民来定义他们自己的地方感,那么政治机构,尤其是民主机构,就是试图维护和加强地方自治的核心。自治是一套权力关系,要想分析地方自治理论,需要理解地方和更广阔的社会、政治和经济环境之间的关系。如果地方自治关注社会和政治本身,它可能发生在传统地方政府的上层或下层等各个层次上。地方自治不仅仅是关于选举地方政府的自由裁量权,还涉及在一个社区中广泛的社会和政治关系,但是选举地方政府的机构仍然是这种研究方法的基础。因为一旦地方自治的分析离开了对地方政府组织的关注,它就是一个模糊和可变的概念。

(二)地方治理理论

经过三十多年的发展,如今英国已经形成一种符合本国体制和文化的地方治理形态,同时地方治理的复杂性也对传统意义的合法性、责任制和治理能力提出挑战。

近几十年来,英国地方政府发生巨大改变。我们需要理论来帮助我们分析为什么会发生这样的改变,地方治理理论能够为我们提供分析这些复杂问题的许多方法。

格里·斯托克(Gerry Stoker)对当代的地方治理予以解读,提出其理论上的见解,认为在理论上当代地方治理呈现五个特点:①政府与政府之外的组织机构和行为者之间互补;②处理社会经济问题时边界和责任模糊;③参与集体行动组织之间的关系为权力依赖关系;④地方治理过程中的行为者呈现自治自主的网络结构;⑤地方治理过程中政府非依赖其权力或权威做事,而是使用新工具及技术予以掌舵和引领。①

这五个论点之间是互补的关系。下面我们来详细解读一下斯托克的这五个治理理论论点:

---

① Gerry Stoker, "Governance as theory: five propositions", *UNESCO*, 1998, pp.17–28.

第一，政府与政府之外的组织机构和行为者之间互补。这超越了我们传统上从宪法角度对正式政府制度的理解，私有部门和公共部门都不断参与到服务提供的战略决策过程中。可见，地方治理一词试图抓住制度的转变，地方当局曾在地方上是主要的行动者，到现在决策当局和服务提供被许多机构分享地转变了。①但是治理会缺乏传统宪法视角拥有的那种简单明了的合法性，如何提高其合法性是治理不得不要考虑的问题。

英国是单一制国家，拥有强有力的内阁政府，奉行议会主权原则，通过议会选举对社会和选民负责。英国的威斯敏斯特议会是整个国家的权力中心，然而随着社会向多元化发展，权力不断分化，单一权力中心无法应对和解决各种社会问题。英国政府及其他公共服务机构，需要与私人部门、社会组织、公民等寻求合作，共同解决社会治理过程中出现的各种复杂问题。为此，合作主体间要建立协商机制，共享资源。现实表明，现存的威斯敏斯特模式已不能很好地应对诸种问题，在此种情况下，新的地方治理理论出现，并提出了重建政府架构的主张。

新的地方治理理论提出，在地区、国家和超国家层次上的多个权力中心，形成多元化的治理体制。此种情况打破传统视角下的合法性，私有部门和志愿部门的参与打破由选举产生的政府部门提供公共服务的传统。诚然，有调查表明：公众更希望由选举产生的地方政府组织提供公共服务，认为选举产生的地方政府更具合法性，而不是由指派的机构或私有部门提供公共服务。

第二，处理社会经济问题时边界和责任模糊。在第一点中治理理论指出了政府制度的复杂性，相应各部门的责任也会发生转移，也就是我们所要讲的第二点。当代地方行政和地方公共服务日益呈现分化和碎片化状况，国家功能划分不明确，一些功能在中央政府、地方政府和中央创建的准地方自治

① Lawrence Pratchett and David Wilson, *Local Democracy and Local Government*, Hampshire: Macmillan, 1996, p.2.

政府间游移,机构间功能界限不清晰,机构的资源配置和行动目标不明确,责任机制模糊。此种状况使治理主体难以对地方事务具有"联合"有效的反应,一方面,政府将责任推向私人部门、志愿部门,乃至公民自身;另一方面,在责任转移过程中,政府并没有对诸服务主体做出明确的责任规定,使各部门在处理地方社会、经济事务时,边界、责任不清晰,遇到问题互相推诿,由此而产生严重的"问责赤字"①。②可见当今的地方治理,应在建立诸部门相互依赖的网络关系体系、构建自治、灵活、竞争并存的治理体制的同时,完善责任机制。

第三,参与集体行动组织之间的关系为权力依赖关系。在这方面,罗兹的贡献最大,他提出了权力依赖理论。当今社会没有哪个组织机构,能够拥有一切的资源和知识来独自解决所有的问题,而是要依赖其他组织机构来采取共同的行动。为了完成共同行动的目标,合作的机构之间要相互交换资源和知识,不断地进行谈判和协商,至于最后能够达成的结果则存在着不确定性,经常会发现意想不到的结果。

第四,地方治理过程中的行为者呈现自治自主的网络结构。埃莉诺·奥斯特罗姆(Elinor Ostrom)在其有关贫穷乡村社会中共有资源管理的著作中,阐明了这方面的问题。她认为,不同的制度安排会使人们合理地利用有限的资源,信息的灵通和传递成本的减少是一个有效制度的核心要素,在主要的参与者中,由行为者自我参与而形成的组织制度会比国家强行规定的制度更加有效。如果治理理论要求混合不同机构的资源和行动目标,最后究竟向谁负责呢?是网络中的每个个体还是网络之外的机构呢?尽管网络有很大的自治权,但是政府还是会间接操纵这个网络。

---

① "问责赤字"是指网络化治理出现的问题,由治理责任不明确和排他性所产生,弱化了问责制的正当性和责任追究机制。

② Gerry Stoker, *Transforming Local Governance: From Thatcherism to New Labour*, New York: Palgrave, 2004, p.208.

第五,地方治理过程中政府非依赖其权力或权威做事,而是使用新工具及技术予以掌舵和引领。在当今复杂的地方治理体制中,地方政府需提高其治理能力,既充当地方治理的领导者,又与其他主体建立合作伙伴关系;需改变以往的等级管理思维模式,找到地方政府的合理定位,使之发挥掌舵、协调和整合作用。同时要求参与治理各方提升自身能力,协调配合,共同发挥作用。

在斯托克看来,在地方治理过程中,城市伙伴关系与社会资本等相关概念均具有重要性,网络管理理论、授权理论与社会解释理论成为地方治理的理论支柱,由此使地方治理体系形成经济型、福利型、基本型与生活方式型等不同类型。①

二、研究方法

(一)历史制度主义

本书采用的主要研究方法是历史制度主义 (historical institutionalism)。历史制度主义正式成为一种政治学或比较政治学研究方法,源于斯温·斯坦默(Sven Steinmo)、凯瑟琳·西伦(Kathleen Thelen)和弗兰克·朗斯特雷思(Frank Longstreth)于1990年对这一理论的清晰论述,他们合编的著作《建构政治学:比较分析中的历史制度主义》(Structuring Politics:Historical Institutionalism in Comparative Analysis)强调了制度研究的重要性,并致力于制度的动态与变迁研究。历史制度主义是新制度主义政治学各大学派中,真正从政治科学传统中发展出来,最早成为方法论意义上的新制度主义流派。它的

---

① [英]杰瑞·斯托克:《地方治理研究:范式、理论与启示》,《浙江大学学报》,2007年第37卷第2期。

研究取向基于历史背景和制度结构，在分析制度建立过程中特别强调路径依赖、偶然因素和意外后果，尤其关注制度之外的其他因素是如何与制度共同产生某种政治后果。观念、制度与利益之间的互动模式及其共同作用之下的政治行为，是历史制度主义分析样式中所处理的主要变量。历史制度主义的主要目的是解释制度和政策的持续，而不是评价其本质。其主要目标是解决比较政治分析领域的需要。特别适合分析各国内部跨时段的政策持续性与不同国家之间的政策差异性，体现为以下方面：

1. 制度性研究

政治学源于对制度的研究，根植于制度分析和设计。约翰·伊肯伯里（John Ikenberry）把制度界定为三个层次：从特定的政府制度，到更为宏观的国家结构，进而是一个民族内部规范性的社会秩序。[①]斯坦默和西伦通过举例界定制度，制度范围从正式政府结构（立法机关）到法律制度（选举法），以及无形的社会制度（社会阶级），他们将这些迥然不同的结构作为制度工具的组成部分，用以解释政治现象，同时强调他们感兴趣的制度是一种"中间体"，就是处于作为实体的普遍性国家与政治学行为主义所关注的个体行为之间的事物，[②]主要是对中层制度的研究，是对行为起构造作用的正式组织、非正式规则与之相关的程序。[③]

在历史制度主义者看来，制度具有延续性，因为制度是历史的产物，两者是一种因果关系。大多数历史制度主义者对于制度如何"结构选择"感兴趣，将制度用于分析国家理论，以及制度在塑造政策中发挥非常重要的作

① 何俊志、任军锋、朱德米编译：《新制度主义政治学译文精选》，天津：天津人民出版社，2007年，第143页。

② [美]B.盖伊·彼得斯：《政治科学中的制度理论："新制度主义"》（第二版），王向民、段红伟译，上海：上海人民出版社，2011年，第72页。

③ 何俊志、任军锋、朱德米编译：《新制度主义政治学译文精选》，天津：天津人民出版社，2007年，第142~143页。

用。①历史制度主义不仅关注正式制度的概念,还关注治理中正式结构和结构内程序的分析研究方法。最初的政策和结构决定着未来制度的发展,制度设计也是历史制度主义的核心问题,而且历史制度主义还会对最初的制度进行再设计,尤其是当原有的制度结构不再起作用,就需要一个替代性的制度结构来替换它。

2. 制度性变迁研究

历史制度主义从以下方面解释制度变迁:

(1)思想观念的变迁。观念,虽然没有固定形态,但作为非常独立的角色,也是历史制度主义分析方法中的一个核心部分,是界定制度的一种方式。观念会告诉行动者他们需要什么,当观念发生变化时,个人偏好也会随之改变。所以不同观念导致制度结果的差异性,制度变迁在一定程度上也就变成了观念变迁问题。历史制度主义者非常强调制度形成后的持续性,而当一种观念被赋予制度的结构形态时,制度就产生了。历史制度主义者就是运用观念这种因果属性基于历史的制度内部解释大规模变迁。因此,制度结构或未来的制度设计者灌输观念的能力非常重要。好制度是能够把观念转化为行动的制度。

(2)制度变迁的路径依赖。历史制度主义的关键术语是"路径依赖"(path dependent),指制度创设或政策最初发起时所选择的政策,将持续性或决定性地影响未来的政策,然而不断增加的压力会造成均衡断裂,从而引发制度变迁。②政策具有"路径依赖"的特征,一旦政府在某一政策领域做出制度选择,就会按照一种惯性一直持续下去,除非遇到某些强大力量进行干涉时才可能发生变革。但是历史制度主义中的路径依赖并不像其定义这样简单而

① [英]大卫·马什、格里·斯托克编:《政治科学的理论与方法》(第二版),景跃进、张小劲、欧阳景根译,北京:中国人民大学出版社,2006年,第307页。

② [美]B. 盖伊·彼得斯:《政治科学中的制度理论:"新制度主义"》(第二版),王向民、段红伟译,上海:上海人民出版社,2011年,第11页。

直接地发生。路径依赖最初基本上用于归纳公共领域内的政策选择和正式结构。如果政府的最初选择不完善,制度就需要自我演进,而不必跟随最初选择的制度模式。即通过"增量调整"不断地去调试以及去适应政策环境的变化,从而找到其存在的方式。可见,演进是历史制度主义中的重要变迁过程,是一种渐进式制度变迁。

(3)制度变迁过程中的均衡断裂。制度安排在历史发展过程中具有惰性,所以历史制度主义者用"均衡断裂"这一概念来解释制度变迁。制度变迁通常都是由外部环境变化所引起,"均衡断裂"体现了制度变迁中的环境依赖。在历史制度主义者看来,制度存在的绝大多数时间都处于均衡状态,发挥着制度设计最初的功能。但是由于政治权力并不是永久均衡,制度的均衡状态也会随之发生变化。当处于长期均衡状态的制度突然急剧变迁,就发生了均衡中的断裂。当制度变迁之后会在此进入均衡期。在均衡时期,制度是一个自变量,能够解释政治现象,在断裂时期,制度是一个因变量,政治就会塑造制度。

(4)制度变迁过程中的决策关键点。历史制度主义中"决策关键点"这一概念说明政府充满惰性,只有当一国中各种势力联合起来,才会发生制度变迁,单独的政治势力不能促成重大的制度变迁。历史发展中的每种因素都息息相关和交互影响,当各种势力与因素连接起来并不断成长,就有可能到达制度变迁的关键点。

总之,历史制度主义追求制度变迁的来源及其结果。这是一种过程取向的研究法,属于历时性模式,动态性地分析制度与各种因素如何相互塑造。社会、政治、经济、环境以及观念都会对制度产生影响。通过一些历史基础的研究,可以观察到制度的影响是怎样随着时间的变化而变化,且同一制度可能会以一种微妙的方式随着时间的变化而有不同的结果,比如社会经济和政治背景、政治权利平衡状况和社会变化。

但是没有一种理论方法可以完美地解释所有的政治现象,历史制度主义也不例外,其缺陷在于:很难把它和其他制度主义区分开来。此种理论在解释制度变迁时也存在一些问题,因为分析框架的假设几乎都是解构开始时制定的制度和所选政策的持久影响力,比如,持不同价值的人接受不同的路径依赖,会对制度做出不同的解释,且其解释是否能够被证伪是一个问题。这种方法只能是当事情发生后才能解释发生在均衡状态中的变迁,很少有能力来预测变迁,更多的是一种描述性的分析方法。历史制度主义也许更适合解释一种模式的持久存在,而不是模式的变迁。

3. 历史制度主义在英国地方自治研究中的应用

本书拟从历史制度主义的分析视角出发,在深挖史料的基础上,研究英国地方自治制度的发展脉络、特点和影响,试图突破传统的静态制度分析。

在历史制度主义者看来,制度是历史的产物,研究一些历时性的模式,通过一些历史基础的研究,可以观察到制度的影响是怎样随着时间的变化而变化。所以本书对英国地方自治制度的研究也属于历时性研究,选取研究时间很长,从盎格鲁-撒克逊时期一直到近期,对这个长时间段内影响英国地方自治制度的各种因素的变化进行总结,并运用地方自治的理论评析地方自治制度是如何随着时间的变化而变化。

为了理解制度变迁中的"均衡断裂"与"决策关键点"的概念,本书将英国地方自治这个历时性研究分为三个时期:英国早期地方自治的形成和演变(440—1832年),英国现代地方自治的发展(1832—1979年),英国地方自治的发展变革(1979年至今)。从这三个时期理解英国地方自治制度如何均衡持续的发展,多种因素的不断成长与堆积使得制度发生断裂或达到决策关键点。

在解释制度大规模变迁时,历史制度主义者通常运用观念这个因果属性的概念。不同时期人们具有不同的观念会影响英国地方自治制度的微妙变化。比如,影响英国地方自治制度向近代转变的观念是人们对自由主义和个人主义有了新的理解,在立法和行政方面吸收了实用主义社会哲学;影响英国地方自治制度向现代转变的观念是19世纪的功利主义;影响英国地方自治制度向现代转变的观念是20世纪70年代末的治理理念、新公共管理运动和撒切尔主义等。

在研究英国地方自治制度的发展过程中，发现渐进式制度变迁过程中的路径依赖现象。比如，中世纪或都铎时期中央通过指派官员(如派治安法官作为中央的代理人)来管理地方事务,现在中央政府通过指派地方准自治政府作为中央政府的代理人管理地方事务,这种通过指派的方式管理地方事务的方式没有变化,只是指派的机构有所不同;古时通过各种法庭来解决地方各种问题,现在通过议会法院来处理中央与地方关系等问题,都是通过司法手段来解决地方问题;早期地方官员无薪,现在的议会工作也无薪;18世纪时的中央-地方关系是管理关系(stewardship),到20世纪70年代时又回到管理关系等。这些现象都表明,英国地方自治制度在发展过程中的路径依赖。

在具体的研究过程中,本书主要使用结构功能主义、比较分析法和模型法,即类型学(Typology)。

(二)结构功能主义

结构功能主义是西方政治学理论和研究方法之一，也是比较政治学研究最重要的学派，其代表人物是美国政治学家加布里埃尔·阿尔蒙德(Gabriel Almond),他的代表性著作是《比较政治学:体系、过程和政策》。阿尔蒙德认为这一理论方法在分析政治现象时，并不只是局限于搜集和分析具体政治现象素材，而是试图建构一种能够将众多政治现象素材进行合理分类与分析的框架结构,从而在系统研究政治现象过程中,能够正确把握各种政治现象间的固定联系与关系,认识它们在整个政治生活中的地位与作用。

结构功能主义理论就是在研究政治系统时,运用分析系统的结构-功能方法来揭示系统的不同特点,对不同类型的系统进行比较的一种理论。结构功能主义的核心概念有政治体系、环境、输入和输出、政治角色、政治结构、政治文化和政治功能。主要通过体系功能、过程功能和公共政策来分析结构功能主义的理论内涵。

本书尝试在具体的研究中简单地运用结构-功能来解析英国地方自治制度。例如,将郡区、自治市和教区作为传统地方自治制度的结构,发挥直接提供地方服务,维持社会治安和司法等功能。通过治安法官和教区联盟分析地方内部权力结构的转变,理解在地方自治制度向近代转变时期,这种内部结构发挥的新功能——济贫功能、税收权、教会立法权和安全事务权等。发展到现代的英国民选地方政府结构——民选地方议会、特别区政府和三级地方政府管理体制,和其代表选民对地方进行治理的一些新功能等。

(三)比较分析法

比较分析法在比较政治学和政治分析中发挥着潜在的作用:比较可以使研究者了解不同的个案之间未预期的差别乃至极其惊人的相似,可以使研究者对熟悉的环境增添一种新的研究视角,或是避免对政治问题做出狭隘的回应;比较还可以用来观察不同的场景中解决政治问题的不同方式,为政策学习和接触新的想法与观点提供宝贵的机会;而多个个案的比较,特别是多个国家的比较,可以使研究者对某一特定的政治现象做出评估,弄清这究竟是一个单纯的地方性问题,还是专业学术领域内一个未曾涉足的圣地,但是比较研究在政治科学中的主要功能仍然是发展、检验和修正理论。[①]比较研究即关注研究可复制的通则,也对个案所具有的特殊性和具体性进行研究。

比较分析法的研究形式之一就是纵向研究法,也被称为历史研究法,曾经是政治学最主要的研究方法之一。历史研究法是按照历史发展的顺序来

① [英]大卫·马什、格里·斯托克编:《政治科学的理论与方法》(第二版),景跃进、张小劲、欧阳景根译,北京:中国人民大学出版社,2006年,第257~258页。

研究过去事件的方法，就是以过去为中心，深入研究已存在的资料来寻找真实信息，然后去描述、分析和解释过去的历史过程，并揭示当前关注的一些问题以及对未来进行预测。在政治学领域里，历史研究法重视对以往政治制度、政治思想和政治文化等的历史发展研究。此研究方法的目的是为了系统地分析政治制度以往的发展、现状及其变迁的原因，并推断其未来的演变趋势。历史研究法的价值在于，既能服务于现在又能帮助预测未来趋势。它有别于其他研究方法的独特之处在于不断探索资料而非去生产资料。因为过去的事情变化已经发生，人们无法改变和操纵历史。但是历史研究法也具有局限性：历史具有不可复验性，无法确定在新的情况下是否会得出与旧情况下相同的结论；历史资料通常难以搜集完整，并且其本身的有效性难以判断。

本书运用比较分析法，采用地方自治理论比较研究不同时期和不同地区的英国地方自治。在具体比较研究中，按照英国地方自治的发展顺序，尽可能地搜集有关英国地方自治的一手资料和权威资料，来分析英国地方自治的产生、发展、演变以及未来趋势，进而总结出英国地方自治制度发展变迁的原因、动力以及方向等，形成对英国地方自治全面系统的认识，为后续研究奠定基础。在此基础上，系统比较英国地方自治的发展模式、发展路径、自治主体和自治职能的演变，探讨不同地方自治模式的异同、优略及适用性等问题，形成对英国地方自治深层次的理性认识，从而试图通过英国地方自治的这些独特特征构建起"中央集权型的地方自治"模型。

（四）模型法

模型法是通过模型来揭示原型的形态、特征和本质的方法，最初由丹尼尔·埃拉扎尔（Daniel Elazar）提出，后经过一些修改被广泛应用，常常体现为理论模型的建构，且与政治文化和比较研究紧密相连。模型法这种理论模型建构的目的在于找出政治制度中有意义的和有共性的因素，并找出这些因素之间的关系，从而了解此种政治制度的历史渊源和其发展变化等。

本书通过对英国地方自治制度的研究发现：英国的中央集权和地方自治这两条路线同时发展起来，中央政府试图通过给予地方一些自由裁量权来更好地管理地方，地方政府试图不断地摆脱中央的控制来实现自治。本书通过总结英国地方自治制度不同时期的特征，将英国地方自治建构为"中央集权型地方自治"这个自相矛盾的模型，此种自相矛盾正好是英国地方自治一直所处的一种状态，刚好能够反映出英国地方自治独特的发展路径与特征。

第五节　研究中的创新点和难点

一、创新点

本书力图在前人研究的基础上能够有所创新，以全新的视角研究英国地方自治体制，系统地分析英国地方自治的传统、发展和变革。

首先，研究方法上的创新。本书尝试运用历史制度主义的研究方法研究英国地方自治制度的历史变迁，将历史资料与比较政治学的基本理论有机结合，综合分析英国地方自治的发展；运用结构功能主义的研究方法分析英国地方政府不同时期的结构及其功能；运用地方自治的理论比较评析英国不同时期的地方自治制度，概括英国地方自治的独特发展路径和特征，从而得出英国地方自治的模型——"中央集权型地方自治"。

其次，研究英国地方自治内容上的创新。当前，中国学术界对于西方民主制国家政治制度的研究主要集中于选举制度、政党制度、议会制度和文官制度等传统领域，系统研究地方自治制度的并不多见。国外学者的研究非常细化，加之近些年来，英国地方政府的变化速度非常快，国外学术界的许多研究更多地集中于英国某一时期的地方政府或地方治理改革。本书试图在研究内容上有所突破，从国外学者对英国地方政府或治理的研究中归纳英国地方自治制度从古到今这样一个历时很长的演变,并进行独到的分析。从中吸取和借鉴一定的经验,为中国地方自治和治理理念与方式开阔思路、提供素材。

二、难点

本书在掌握英国地方自治的一手资料方面十分困难,因为很少有专门的书籍来论述英国地方自治,大多散落于地方政府和地方治理的著作中,搜集归纳难度较大。再加上国内藏书有限,故要做到资料搜集全面较为吃力。本书试图归纳英国地方自治制度从古到今这样一个历时很长的演变,加之英国地方政府的不断改革,英国地方政府在欧洲不能被复制的一个特色是变革和改革的频率很快。在英国,关于英国地方政府的教科书要求至少每十年就要有一个实质上的新版本。[①]所以怎样做到全面而又能突出英国地方自治特点是本书的一个难点。

另外,本书也试图对英国地方自治制度作出评价,如何做到评价标准的合理、客观和有价值,也是一个不小的难题。由于写作能力和自身学术功底有限,对英文资料的理解和对研究方法的运用还很欠缺。

第六节　研究思路和章节安排

英国是典型的单一制国家,却有着强大的地方自治传统。英国早期地方自治在世界上的影响非常大,是许多国家的标准模式,但是到了20世纪后期,英国地方政府这个曾经欧洲国家的模范,被削弱到不可接受的程度。基于此,本书探讨的主要问题是:在单一制背景下的英国,具有哪些深厚的地方自治传统,地方自治在不断地发展与变革过程中,具有哪些独特的特点?

---

① J.A.Chandler, *Local Government Today*(Fourth Edition), Manchester, New York: Manchester University Press, 2009, p.180.

英国地方自治到底经历了哪些变化？变化背后的原因何在？支持英国地方政府不断变革的理念是什么？留给我们哪些启示与经验教训？我们到底想要或需要怎样的地方政府？是否地方政府拥有的自治权限越大越好，地方自治会威胁国家的整体性吗？在单一制的英国是否真的能够达到中央与地方权力的制衡？是否有评价地方政府、地方自治和地方民主的新标准？如何寻求地方治理的合法性？最后本书对英国地方自治的未来发展趋势进行大胆的预测。

本书选取的研究对象主要是英国地方自治的主要主体——选举产生的地方政府，但是也会涉及地方上的公共部门、准政府机构、私人部门和志愿部门等组织。在英国，因为英格兰人口占英国总人口的80%，所以英国政治以英格兰为中心，英国中央政府自从1945年就视威尔士为附属物或事后才会想起它，视苏格兰为英国试验的场所。大多数研究英国地方政府的著作也都是以英格兰为中心，但也会涉及苏格兰和威尔士的地方政府。本书试图全面研究英格兰、苏格兰和威尔士的地方政府，尤其是1997年布莱尔政府实行权力下放后，苏格兰议会和威尔士大会对其地方自治产生的影响，以及如何解决此种权力下放对英格兰造成的不对称性。

本书将英国地方自治的发展分为以下时期：①英国早期地方自治的形成和演变（440—1832年）；②英国现代地方自治的发展（1832—1979年）；③英国地方自治的发展变革（1979年至今）。本书将英国地方自治的研究划分为以上三个时期的主要原因是：这三个时期的地方自治都具有鲜明的特点，都存在制度变迁过程中的"均衡断裂"与"决策关键点"。英国早期地方自治主要是郡、自治市和教区的形成和发展期，此时地方自治主体比较分散和混乱，没有形成规范的地方政府体制。直到1832年改革法的颁布，英国地方自治体制开始逐步走向现代化和规范化，此时地方自治主体是民选的地方议会，中央政府也逐渐开始构建地方政府的双层体制。所以英国现代地方自治的发展期是从1832年开始，"现代"并不是一种时间概念，而是对英国地方自治性质的描述。1979年撒切尔上台执政后,开始了一股新公共管理运动的浪潮,英国地方自治发生变革,走向地方治理的新时期。所以英国地方自治的发展变革期主要是地方治理在英国的发展期。总之,这三个时期的划分主要是依据英国地方自治的性质,英国早期地方自治比较分散和混乱,英国现代地方自治逐步形成现代化和规范化的体制,英国变革期的地方自治呈现出地方治理的特征。在此基础之上,分析英国不同时期地方自治制度的发展与变革。

本书从政治学的研究视角出发,运用比较分析的方法,将地方自治理论作为一种分析工具,全面分析和评价英国不同时期的地方自治制度。本书借鉴劳伦斯·普拉切特(Lawrence Pratchett)对地方自治理论的概括:分别是免于中央干涉,自由地产生特定的结果和反映地方身份。[①]

最后,由于地方政府的结构、功能和财政对地方自治影响巨大,所以本书采用结构功能主义的方法分析英国地方政府结构、功能、财政和责任方面,以及这四个部分是怎样一起运作来阐明英国中央政府与地方政府的关系,从而总结英国地方自治的发展与变化。

通过研究评价英国地方自治的标准——地方自治理论,发现自治是一套权力关系,分析英国地方自治,不可避免地要分析英国地方政府与中央政府、地方民主、经济、政治、社会和文化的关系。通过本书的分析研究发现,英国地方自治具有地方自治和中央集权奇特混合的特征,通过其特征,本书试图构建英国地方自治的模型——"中央集权型地方自治"。

基于此,本文主要分为以下部分:

导论介绍了选择研究英国地方自治体制的缘由和意义;目前英国地方自治的研究现状与文献综述,有关地方自治的核心概念,研究中的创新点和难点,以及研究过程中所采用的理论和方法、研究思路和章节安排。

[①] Lawrence Pratchett, "Local Autonomy, Local Democracy and the 'New Localism'", *Political Studies*, Vol.52, 2004, pp.358–375.

第一章主要追溯英国的地方自治传统——自治传统、地方主义传统与法治传统；以及英国地方自治的政治文化渊源——自由主义和个人主义、多元主义、参与主义、经验主义和实用主义。

第二章对英国地方自治的历史沿革进行梳理。首先厘清英国早期地方自治制度的形成与英国早期地方自治主体的功能。在此基础上，分析英国现代地方政府体制是如何形成和发展，以及英国现代地方政府功能发生怎样的演变。

第三章侧重于目前英国地方自治的情况，分析英国地方自治是如何向地方治理转变。在地方治理体制下，地方自治主体、地方政府的外部机构和内部结构发生怎样的转变，地方政府具有的新功能，并重点分析权力下放在苏格兰引起的巨大变革。

第四章深入分析影响英国地方自治发展变革的因素。剖析地方政府差异性与创新性、单一制国家结构形式、多种政治哲学理念，以及经济、社会环境和政治因素对地方自治的影响。

第五章对英国地方自治进行评价和预测。评析英国中央政府与地方政府间关系，地方利益诉求与地方自治发展的关系，并对英国地方自治未来发展进行预测，提出"新地方主义"的概念。

最后，在结论部分总结英国地方自治的特色。通过运用英国地方自治理论分析视角，从自上到下和自下而上的视角对英国不同时期地方自治进行评析，概括其特征，试图构建英国地方自治的模型——"中央集权型地方自治"。

第一章　英国的地方自治传统与文化渊源

英国是一个典型的单一制国家,但却有着深厚的地方自治传统,被称为"地方自治之家"。英国的地方自治传统包括自治传统、地方主义传统和法治传统。英国同时还具有自由主义与个人主义、多元主义、参与主义、经验主义和实用主义的政治文化。从英国盎格鲁-撒克逊时期地方自治组织的形成,到当代独具特色的地方自治体系,英国的地方自治传统和政治文化不断影响着英国地方自治制度的发展和变革,以及英国中央政府与地方政府之间的关系变化。

第一节　英国的地方自治传统

一、自治传统

英国地方自治的历史最早可以追溯到罗马不列颠时期(约公元前55—公元440)。此时的不列颠是罗马的一个行省,[①]是罗马政治体系的组成部分。地方自治的主体主要是罗马人在不列颠建设的城镇,[②]以及在乡村发展起来

---

① 在公元197年,不列颠被划分为两个行省,284年又被划分为四个行省,369年则被划分为五个行省。参看钱乘旦、许洁明:《英国通史》,上海:上海社会科学院出版社,2007年,第15页。

② 这时英国有五个自治市:伦敦、格洛斯特、维鲁伦、林肯、科尔切斯特;三个驻军重镇为约克、切斯特和卡尔龙。参看蒋孟引主编:《英国史》,北京:中国社会科学出版社,1988年,第38页。罗马统治时期不列颠有二三十个较大的城镇,其人口规模从伦敦的1.5万人到平民城的1000人左右不等。参看钱乘旦、许洁明:《英国通史》,第13页。

的"维拉"(Villa)①。城镇是行政管理中心，由当地富裕市民组成的议事会实行自治，议事会主要负责管理街道、水渠等公共建筑和行使司法权。在乡村则由土地大贵族进行管理，主要负责监管出租给小农的私有地产。

　　盎格鲁-撒克逊时期(约440—1066年)②，在乡村，"维拉"大多与采邑③的中心有联系，形成"复合庄园"，采邑在后来的发展中越来越多。哈罗德·伯尔曼(Harold J. Berman)认为："从内部关系来看，采邑采取的是自治社会共同体形式，它们在欧洲大部分地区被称作'庄园'(manerium)。"④《末日审判书》中有记录表明，1066年英格兰已有几百个采邑领主。朱迪斯·M.本内特(Judith M. Bennett)和C.沃伦·霍利斯特(C. Warren Hollister)认为："欧洲的农业社会主要分为三种形态：一是村庄(village)，由一群农民组成；二是采邑(manor)，由地主和佃农共同组成；三是教区(parish)，由牧师和教区居民组成。这三种形态各有各的功能：村庄具有社会和农业功能；采邑具有法律功能；教区具有宗教功能。村庄、采邑和教区的组成者通常会不一样，因为三者的边界虽有可能重合，但通常是不重合的。对一个农民来说，村庄管着农业生产，采邑意味着当地的精英们享有哪些权力，教区则提供宗教的慰藉并规定宗教义务。"⑤盎格鲁-撒克逊后期基本上形成了我们熟悉的英格兰风貌——

---

　　①　"维拉"(Villa)原指农村的一座房子，后推广为包括房主所有的土地，以及对这片土地的经营方式。参看蒋孟引主编：《英国史》，北京：中国社会科学出版社，1988年，第37页。在罗马时代的不列颠，维拉指一个以庄宅为主体的私有地产的管理中心。参看钱乘旦、许洁明：《英国通史》，上海：上海社会科学院出版社，2007年，第13页。

　　②　对盎格鲁-撒克逊人来到不列颠的年代仍有争议，基本上认为是428年或431年或447年或454年。参看蒋孟引主编：《英国史》，北京：中国社会科学出版社，1988年，第42页。

　　③　每一个早期行政区的中心都是一个王家采邑主房屋或屯(tun)，由一名地方官员进行管理，国王和他的家臣也经常来光顾。

　　④　[美]哈罗德·J.伯尔曼：《法律与革命——西方法律传统的形成》，贺卫方等译，中国大百科全书出版社，1993年，第387页。

　　⑤　[美]朱迪斯·M.本内特、C.沃伦·霍利斯特：《欧洲中世纪》(第10版)，杨宁、李韵译，上海社会科学院出版社，2007年，第170页。

村落、采邑主住宅和教堂。①随着这种早期行政中心的不断发展,英国乡村中的人们也逐渐具有自治传统,他们知道自己的义务和责任,英国人地方自治的观念从此时就已经开始形成。

中世纪(1066—1485 年)②,英国形成了自治市与郡二元并立的地方权力结构。这一时期伴随着封建国家③的到来,英国地方自治主体开始多元化,郡区制地方政府体系得到很大发展。伦敦在盎格鲁–撒克逊时期已经享有一定程度的自治特权。11 世纪初,伦敦的自治特权进一步明确。到 12 世纪时,一些富裕的大城市,比如林肯市、约克城等,用金钱向国王购买特许状,从而在自己领地范围内享有自治权。至 13 世纪时,已经形成了许多自治城市,这些自治城市拥有自主管理权及自己的法院和法官,有权自行处理管辖范围内的争端,并有权派代表出席国家议会。1215 年的《大宪章》在法律上对英国人的自治传统给予肯定。随着地方人民的地方自治传统不断地深化,各乡镇都拥有自己任命的行政官员,并有权自行规定税收和分配税款等。凡涉及全体

---

① [英]肯尼思·O.摩根主编:《牛津英国通史》,王觉非等译,北京:商务印书馆,1993 年,第 112 页。

② "中世纪"一词最早诞生于欧洲文艺复兴时代,由意大利人文主义史学家比昂多于 15 世纪提出。它是指从 476 年西罗马帝国灭亡到 1453 年文艺复兴结束的这段时期。还有一种说法指从 476 年西罗马帝国灭亡到 1640 年英国资产阶级革命爆发这段时期。但是现在的教科书,通常把中世纪的下限设定成 15 世纪末的地理大发现之前。目前,西方学术界较为认同的中世纪下限是以 1453 年拜占庭帝国灭亡为下限,如《全球通史》《世界文明史》《欧洲中世纪简史》等书均采用此种说法。到 18 世纪,"中世纪"一词被欧洲历史学家普遍采用。随着"中世纪"一词的广泛使用,它逐渐演变为封建社会的代名词,指封建生产方式在世界范围内占统治地位的时期。这样,"中世纪"一词不再专用于指西方,而成了可用来表述任何一个国家历史上处于封建社会这一发展阶段上的历史概念。按照这种用法,由于各国进入和结束封建社会的时间先后不一,其"中世纪"也就无法一致。英国史学家通常认为,在英格兰,"中世纪"指 1066 年诺曼征服到 1485 年都铎王朝建立。因为诺曼征服意味着英格兰不仅接受了一个新的王族和一个新的统治阶级,而且接受了一种新的文化和语言,它开启了英格兰历史上一个新时代。本文的中世纪是从诺曼征服开始,一直到玫瑰战争的结束。

③ 英国是一个等级社会,实行分封制。国王是最大的地主,英格兰的 1/5 留给自己,1/4 给教会,其余分封给 180 个直属封臣,并要求次级封臣也要向其宣誓效忠。

居民的事务,均召开公民大会进行讨论后再作出决定。中世纪晚期,英国人的自治传统已经非常清晰,他们广泛参与地方事务管理,这就使地方事务管理呈现一定的自治性。

都铎时期(1485—1603年)①,英国地方自治开始向近代转变。近代以来,英国人的地方自治传统在蔓延的同时也得到了法律上的保护。斯图亚特王朝(1603—1688年)时期,英国地方自治的最大特征是乡绅自治。17世纪英格兰的政治是一种协商政治,或者说是地方分权的政治。②此时英国最突出的事情是经历了两次内战③和共和国(1649—1660年)的实验。伴随着这些事件,地方自治权限得到很大发展。1641年的法令更加扩大了地方自治的权限,因为此法令废除了王权用来控制地方的特权法庭④和枢密院的司法权。这样都铎时期和早期斯图亚特王朝用来管理地方的手段几乎都被剥夺。到了17世纪60年代,税收权(关税除外)、教会立法权和安全事务权(当时还没有警察)不需要中央政府的决定,都委托给由地方乡绅阶层担任的治安法官。这时地方政府基本上没有常设机构,郡治安法官主要通过每季召开一次的四季法庭(quarter session)对地方社会进行治理。

18世纪(1688年光荣革命到1832年议会改革时期),英国地方自治发展到鼎盛时期。正如韦伯夫妇所说,斯图亚特王朝结束的一个最重要的成果就是中央政府不再随意干涉地方自由,国王和议会在以后的一百多年也都

① 苏联史学家常以1640年英国革命作为英国与世界近代史的开端,并有其理由和根据。而西方学者传统上把1485年都铎王朝的建立作为近代英国的开端,这有一定的道理。因为都铎王朝是英国资本主义的开始时期,也是英国从封建社会向资本主义社会过渡的时期。期间,不列颠社会经过多年发展,封建主义特点渐渐弱化,资本主义近代社会的特征越来越明显。本书以都铎王朝作为英国近代史的开端。

② 许洁明:《十七世纪的英国社会》,北京:中国社会科学出版社,2003年,第73页。

③ 第一次内战是1642—1646年,第二次内战是1648年。

④ 这些法庭有星座法庭、威尔士边区法庭与北方法庭等。

没有对地方权力进行干涉。①这一时期，工业革命改变了英国人生活的地理分布和生活环境；受美国和法国革命的影响，英国人对政治自由和个人自由有了新的理解；在立法和行政方面，英国政府也吸收了实用主义的社会哲学。这些因素共同促进英国地方自治传统的发展。这种自治传统的发展集中表现在郡内治安法官几乎实现完全自治。韦伯夫妇也认为："在这一时期，治安法官几乎完全自治。"②治安法官是通过逐渐排除中央政府和法庭对本地方的干涉来实现自治，这也标志着地方自治两大原则之一的团体自治③的形成。但18世纪英国地方自治比较混乱，治安法官完全不受议会法令(Acts of Parliament)的影响，他们依据地方习俗管理地方，确定地方的税收，可以自行改变地方区划，把郡划分为两个或多个自治区域等。④由于权力全都集中于治安法官手中，在郡内出现了寡头政治和权力腐败等现象，所以到了18世纪后期，人们纷纷要求改革，削弱治安法官的权力。此外，1688年光荣革命的胜利，通过了《权利法案》，确定了英国政体是立宪君主制。随着这种趋势的发展，18世纪的一个新原则是，国家立法机关(National Legislature)开始主动控制地方自治主体的结构和功能。⑤

　　19世纪中期以后，地方政府(local government)⑥一词才在英国正式出现，但在19世纪并没有形成规范的地方政府体制。然而随着民主主义的盛行，特别是自由主义思想的广泛传播，尤其是1834年的济贫法修正案(the Poor

---

　　①② Sidney and Beatrice Webb, *the Development of English Local Government*, London：Oxford University Press, 1963, p.3.

　　③ 团体自治是指地方政府不受中央政府和其上级政府的控制，由地方政府自己管理本地方的事务。

　　④ Sidney and Beatrice Webb, *the Development of English Local Government*, London：Oxford University Press, 1963, p.62.

　　⑤ Ibid., p.67.

　　⑥ 在19世纪中前期，local self-government 在英国比较流行，在19世纪中后期，local government 才开始使用，是 local self-government 的简化，可见，在英国有着悠久的地方自治传统。

Law Amendment)和 1835 年市政法案(the Municipal Corporations Act)共同开启了地方自治民主化的进程。两项法案采取的一致原则为由领取薪水的行政人员来执行地方政府的工作,并对郡治安法官进行分权。这两个法案都扩大了地方选民的范围,地方议会由选举产生,地方领导者也由原来的地方乡绅和贵族转变为由选举产生和法定的人员。1835 年市政法案还体现了地方自治的另一原则——居民自治①。这一时期出现了新型的自治主体,就是具有单一目标的专门机构(ad hoc body),例如 1834 年的济贫委员会、1848 年的地方卫生委员会、1862 年的公路委员会、1870 年的学校委员会等。随着专门机构的发展,地方政府出台一系列法令来完善地方政府体制。地方自治政府都由选民直接选举产生,主要分为三个层级:一是郡、郡级自治市和伦敦市,②二是非郡级自治市、市区、乡区,③三是教区。④ 1888 年、1894 年及 1899年地方政府法规定"郡—区—教区"都要设立民选议会(小教区则设立教区大会)作为地方权力机关,现代地方政府体系正式确立下来。

20 世纪基本上延续 19 世纪确立下来的地方政府体制。1979 年,撒切尔(1979—1990 年任首相)上台执政,开始提倡单层地方政府(unitary councils),这增加了一些地方政府的自主权,但也削弱了地方居民对地方事务的自主权。撒切尔政府的改革加强了中央政府的权力,不断地削弱了地方自治,也可以说是以中央集权恢复传统的地方自治,因此撒切尔政府被称为"支持地方民主的中央集权政府"⑤的矛盾称号。面对地方自治减弱的现象,布莱尔

① 居民自治是指地方事务由本地居民或者代议机关来决定和进行管理。

② 1888 年通过的《地方政府法》和 1889 年通过的《议会法》和《伦敦政府法》,在全国确立了郡这一行政层级的自治地位。

③ 1835 年实行《市自治法》,创设了自治市。市区创设于 1872 年,具有自治团体的性质。乡区创设于 1894 年。1894 年的《地方政府法》规定郡议会管辖区域内设立自治市、市区和乡区层级的自治政府。

④ 1894 年《地方政府法》规定在乡区之下设立教区,行使自治权。

⑤ [英]肯尼斯·哈里斯:《撒切尔首相传》,冯烨、郑芮译,北京:职工教育出版社,1989 年,第213 页。

（1997—2007年任首相）政府采用权力下放①和提倡公民直接参与地方事务的方式来复兴地方政府民主；建立各种地方自治主体间的新型合作伙伴关系（partnerships）。根据自治主体的不同地位，我们把这种伙伴关系分为纵向伙伴关系和横向伙伴关系。②但是布莱尔政府的政策在多大程度上有利于地方自治的发展还有待于历史的检验。休·阿特金森和斯图尔特·威尔克斯-希格就认为在布莱尔政府的政策里，权力下放（decentralization）和中央集权（centralization）是并存的。③

总之，早期英国乡村居民就形成了自治传统，他们认为，地方政府应保持相对独立，保持各自的议会，自行处理行政和司法事务，并以中央立法授权的方式将自治权赋予地方。此种自治传统被保留下来，影响着英国地方自治的发展与变革。

二、地方主义传统

英国现代地方政府，从一开始就具有浓厚的地方主义色彩。地方主义者基本上汲取了多元主义传统，采用多元主义的视角理解国家和政治。多元主义者认为，社会、制度、意识和价值都具有多元性。他们几乎都非常支持选举产生的地方自治政府，反对中央集权。

地方主义视角从一开始与传统公共行政模式就相关联，两者都重视地

---

① 在大选大胜后，工党在1997年开始实施权力下放的政策，苏格兰和威尔士分别获得不同程度的自治权，由于苏格兰和威尔士的历史传统及对英国国家认同的不同，权力下放后它们获得自治权的法律性质也不相同，苏格兰获得立法分权，而威尔士获得行政分权。权力下放的目的是使权力更接近人民，但中央政府拥有最终的主权。

② 纵向伙伴关系是指纵向的不同政府层级间的伙伴关系，以权力下放来打破中央集权，从而形成中央政府与区域性政府、中央政府与地方政府、区域性政府与基层政府等合作关系。横向伙伴关系是指横向的政府机构、私人机构、志愿机构及参与治理的地方居民之间的合作伙伴关系。这更加丰富了地方自治的主体，使自治主体多元化。

③ Hugh Atkinson and Stuart Wilks-Heeg, *Local Government from Thatcher to Blair: the Politics of Creative Autonomy*, Cambridge: Polity, 2000, p.266.

方政府。但地方主义视角又超越了传统公共行政的视角,地方主义者明确地肯定地方民主价值的同时,认识到地方当局也要避免自满和需要改变。所以地方当局的官员和议员把地方主义作为壁垒来抵挡中央的袭击,从这个视角来看,地方主义被认为是现代地方政府"新的官方意识"形态。①

地方主义者从一开始就非常支持选举产生的地方自治当局。乔治·威廉·琼斯(George William Jones)和约翰·大卫·斯图尔特(John David Stewart)于 1983 年在他们合著的《地方政府状况》(The Case for Local Government)一书中极力捍卫地方政府,反对中央集权。格里·斯托克(Gerry Stoker)总结了琼斯和斯图尔特赞扬地方政府的四点宝贵价值:

第一,地方政府最基本的价值是分散权力与参与地方决策,并且地方当局由选举产生,能够促使社会中合法政治权力的分散。

第二,地方政府的存在是对地方多样性的肯定。地方政府具有差异性——不同的需要、愿望和忧虑。同时地方政府具有多样性,地方政府之间可以相互学习——互相学习规定、实验和开辟不同形式。如今,地方政府面临着各种复杂的挑战,各地方政府创新和学习的能力显得非常重要。

第三,地方政府具有地方性。地方议会的议员和官员最接近地方,最能塑造地区环境,影响地方的决策和地方居民的生活,并对地方事务迅速做出反应。且地方政府的规模要远小于中央政府,更容易应对各种挑战。当地方政府没能满足其领域内工作和生活的人们需求时,它的可见性使得它更能开放地应对压力。所以,地方当局由于地方性的原因更容易被它的公民接近和受到公民影响。

第四,地方政府有能力赢得公众的忠诚。地方政府允许公民选择所

---

① Gerry Stoker and David Wilson, *British Local Government into the 21ˢᵗ Century*, Hampshire and New York: Palgrave Macmillan, 1996, p.233.

需要的公共服务,由此能在公共服务提供上赢得支持,从而更好地满足地方需要。地方政府也便于把地方资源和地方需要相结合。总之,地方政府离地方人民非常近,在人们期望的社区价值方面,更能做出清晰和恰当的选择。①

威迪康布委员会(The Widdicombe Committee)的研究主席肯·杨(Ken Young)在1986年又进一步发展了地方主义的观点,更加强调地方政府的创新能力,公共选择最大化的能力,并且鼓励多元主义和参与主义。这些赞扬自治与选举产生的地方当局的观点在地方政府世界中赢得很多支持。地方当局主要行政人员协会(The Society of Local Authority Chief Executives)认为每个地方当局都是一个集体身份,会重视地方的意见,并在本地区社会特征发展上发挥重要作用。②

尽管地方主义得到许多学者、委员会和地方协会的大力支持,但还是存在对地方主义批评的声音,格里·斯托克(Gerry Stoker)总结了三点:"第一,对地方民主价值的质疑,一些人认为地方主义是地方责任与地方或社会公平之间的交换。工党对地方自治价值的考虑就具有长期不确定性,并且一定要通过新政策和改善服务来推行中央权力的思想已是根深蒂固。那么中央会允许地方持续不断地和明目张胆地来反对它的意愿吗? 第二,与地方政治机制运用有关。地方主义者认为地方政府可以有效地反映地方公民的意愿,这种观点受到了新左派(the New Right)的挑战。新左派则认为,政治机制存在缺陷和容易扭曲,天生就不如市场。地方主义者在地方民主的实践中过于乐观。第三,地方主义者高估了地方政府体制改革的能力。地方政府体制改革需要建立在有意识的选择基础上, 这就需要地方高层管理者和政治家做

---

① Gerry Stoker and David Wilson, *British Local Government into the 21ᵉ Century*, Hampshire and New York: Palgrave Macmillan, 1996, p.234.

② Ibid., p.235.

出选择,但是改革会仅仅引进地方政府领导人的有意识选择吗?"①情况远远比这复杂得多。

从另一个角度来看,地方主义者也明确认可现存地方当局存在的问题,尤其不能一直以迅速回应的方式改变地方需求的问题。服务委员会在决策中占主导地位,只能满足有限的功能需要,而不能广泛理解社区需要。有关服务提供的组织安排会限制地方选择的能力,组织的官僚模式也不鼓励冒险和创新,组织中的不断专业化也会产生很大的影响,因为它是由国家管理,在决策时会排除地方因素和地方利益。②随着社会、经济和地方政府内部组织文化的变革,地方主义者也开始提倡地方政府不要墨守成规,需要新的管理类型。这就要求地方政府不仅在结构和机构上改革,还要更具有开放性、创新性和更多的选择机会,能够对地方居民的需要迅速作出反应,从而满足公众既作为公民又作为消费者的需求。

地方主义会对地方官员和议员产生很大的影响。但是如果地方主义要在实践中全部实现,地方政府的制度形式和管理类型就需要不断改革。在英国,地方主义既表现在地方政府的先行实践和改革措施中,也体现在地方政府对中央集权的博弈过程中。英国历史留给我们的有益经验也许就是在地方政府与中央政府的博弈过程中,各方面的利益也许都会得以伸张。

三、法治传统

《布莱克维尔政治制度百科全书》对法治(rule of law)的基本解释是:"人们提出的一种应当通过国家宪政安排使之得以实现的政治理想。然而这个概念在使用时具有各种不同的含义,很难加以界定。就其最基本的含义而言,法治概念仅仅意味着崇尚法律和秩序,反对无政府状态和冲突。……随着对

---

① Gerry Stoker and David Wilson, *British Local Government into the 21st Century*, Hampshire and New York: Palgrave Macmillan, 1996, pp.237-238.

② Ibid., pp.235-236.

这一概念较为系统的阐述,还包括了道德上的和政治上的内容,但是这些解释过于繁杂,使之成了一种具有开放性特征的概念。"①从理论上说,法治传统的实质是权势集团之间通过"协商"和"契约"来相互制约,政治权力的相互牵制使得大家只有"有限的权力"。②一些学者还提出了很宽泛的法治概念,认为法治还应保护基本的人权。还有人认为法治应确保程序性的一些权利,即司法必须独立。

19世纪伟大的宪法家A.V.戴西(Albert Venn Dicey)将法治作为英国宪法的主要原则之一。③依照戴西的理解,法治至少包含三个不同但又相互联系的概念:"法律面前人人平等,没有人应该受到惩罚,或人身和财产遭到法律上的侵犯,除非是违反了普通法庭实施的普通法;法律至高无上,没有人高于法律,不管他的等级或情况怎样,都应受制于普通法和服从普通法院的审判;宪法的总原则是司法审判的结果,在法庭面前,司法审判决定着每个人在特定情况下的权利。"④戴西对法治概念的理解高度赞美了普通法与普通法庭,这对理解英国法治有很大的帮助,但是他对法治的界定也遭到很多批评。尤其是戴西对法治的界定与英国宪法的另外一个主要原则——议会主权——不协调。因为议会主权原则认为议会可以通过任何内容的法律。可见,法治是所有政治概念中最难懂的之一,没有人可以非常确切地阐释法治的含义。在不同的国家,存在的政府形式可能不同,相应地人们对法治也会有不一样的诠释。

英国法治传统的源头最早可以追溯到盎格鲁-撒克逊时期从习俗中产生的习惯法,此时英国就存在法律至上的政治理念,并确立了"王在法下"这

---

① [英]韦农·波格丹诺主编:《布莱克维尔政治制度百科全书》(新修订版),邓正来主编,北京:中国政法大学出版社,2010年,第586~587页。

② 邝杨、马胜利主编:《欧洲政治文化研究》,北京:社会科学文献出版社,2012年,第30页。

③ 英国宪法的另两个主要原则是议会主权(parliamentary sovereignty)和单一制(unitary system)。

④ Philip Norton, *The British Polity* (Second Edition), New York: Longman Publishing Group, 1991, pp.79–80.

一基本法治原则。盎格鲁-撒克逊社会一贯极其重视遵守诺言和誓词。①习惯法是不成文的,是人们以口头的形式相互传达。郡法庭和百户区法庭都依据习惯法进行判决。并且自由人都有权利与义务出席法庭。由于每个地方的差异性很大,所以各地方自己自治管理本地方的司法活动。这些郡区等地方组织机构在司法和行政上都享有一定的自治权,并不断制约王权的发展,具有明显的地方自治性质,为英国地方自治奠定了良好的法律基础。

诺曼征服后,英国人延续了法治传统,确立了普通法。英国的法律思想就是从普通法传统中产生,关注从王室到地方议会的单个制度,并且通过议会法案来授予具体权力。1215 年的《大宪章》开启了宪政源头,产生于普通法形成之时,是对以往习惯法的总结与延伸,还对王权进行了限制。1236 年的《默顿法规》与 1258 年的《牛津条例》进一步限制了王权,宣扬法治传统。在英国,国王象征着政府的权威而不是宪法,普通法具有相对独立于王权的特点。英国的法治,一方面是自君王以至庶民,在法律之前人人平等,无一人得自处于法律以外;另一方面则是官吏及人民都须依法行事,重公法而不重私情。②所以中世纪晚期就出现了这样的场景:整个英国,从国王、贵族到领主,再到普通村民,都形成了遵循法律规范的传统。

英国现代法治于 17 世纪确立。1688 年光荣革命的胜利,标志着英国资产阶级革命胜利的同时,也标志着世界上第一个宪政国家的建立。1689 年通过的《权利法案》,确立英国为君主立宪制,正式以法律形式取消了国王的法律豁免权与中止权。最终,英国国王丧失了王权,成为虚位元首,威斯敏斯特议会成为英国政治权力来源的核心。至此,英国这个现代法治国家诞生了。《欧洲政治文化研究》一书将英国法治传统的形成归结为三个方面的原因:英国拥有有限王权的传统、英国政治权力一直处于相互牵制的状态,以及基

①　[英]肯尼思·O.摩根主编:《牛津英国通史》,王觉非等译,北京:商务印书馆,1993 年,第 63 页。

②　储安平:《英国风采录》,北京:东方出版社,2005 年,第 330 页。

督教对英国王权的限制。①

英国是世界上最早建立宪政的国家,但一直到现在都没有成文宪法,这反映出英国法治传统的强大。在英国,法律渊源由普通法、衡平法和制定法构成。英国政府能够持续拥有合法性的首要解释,就是其历史发展过程中的习惯和传统。英国人具有的法治传统是推行地方自治的重要基础。英国历史上的大多数时期,人们都是通过法来治理国家的,并采用比较缓和的方式从宪政角度理解国家和政府机构权力分配问题。这是因为英国人具有非常理性的性格,从理性思维出发去理解政治生活及社会生活。英国人这种重视理性的性格有利于英国法治的实施和民主政治的发展。

英国人总是遵守和政治有关的基本法律。在英国,执法不需要大量的警察。按照英国人口的比例,其警力远小于美国、德国和法国的警力。在西方国家,法律总是与权利联系在一起。在英国,法律的目的就是保障人民的自由与权利,保护大多数人民的合法权利并限制少数人的非法权利。恩格斯指出,英国法律制度不同于欧洲大陆的独特之处,就在于"对个人自由的保障",也就是"个人自由、地方自治除法庭干涉以外,具有不受任何干涉的独立性"。②欧洲政府不论过去还是现在一直比美国政府更加坚定地依赖法律,在许多欧洲政治系统中,公共官员的角色更像一个法官而不是公共管理者。③欧洲大陆国家的法系是罗马法,即把国家作为一个由宪法所确立的独立法律实体,政治学研究总与法律研究联系在一起。英国普通法传统中没有欧洲大陆国家的这种立法传统;相反,随着时间的推移,法官判例成为主要的立法遗产和法律来源。所以英国属于英美法系国家,其法律体系中具有判例法(case law)的特点,奉行以传统和习俗为重要依托的法律原则,在经验的基础

---

① 邝杨、马胜利主编:《欧洲政治文化研究》,北京:社会科学文献出版社,2012年,第38~44页。

② [德]恩格斯:《家庭、私有制和国家的起源》,北京:人民出版社,1954年,第148页。

③ [美]B.盖伊·彼得斯:《政治科学中的制度理论:"新制度主义"》(第二版),王向民、段红伟译,上海:上海人民出版社,2011年,第5~6页。

上,制定符合本国国情的制度,并在反复实验的基础上加以修改和完善。可以说,英国法治传统通过建立的合法程序来制约王权的独断专行,阻止中央政府滥用权力,使英国逐渐形成一个民主的政治体系。

第二节　英国地方自治的政治文化渊源

政治文化是一个民族在特定时期流行的一套政治态度、信仰和感情,政治文化是由本民族的历史和现有社会、经济、政治活动进程所形成,人们在过去的经历中形成的态度类型对未来政治行为有着重要的限制作用,政治文化影响多种政治角色者的行为、政治要求内容和对法律的反应。[①]可以将个人对政治对象的态度区分为三个方面:认识的、感情的和评价的。[②]英国的自由主义与个人主义、多元主义、参与主义、经验主义和实用主义的政治文化在英国的历史发展中形成,对英国地方自治的发展具有深远的影响。

一、自由主义和个人主义

"自由主义"(liberalism)这一术语是在什么时候出现,目前学术界还没有准确界定。西方学术界的主流观点认为近代意义上的自由主义起源于17世纪。在自由主义发展过程中,人们普遍认为自由主义思想要早于"自由主义"一词,这与"功利主义"一词是一致的。目前看来,"自由主义"这一术语直到19世纪才第一次被用来称为一种政治运动。

由于自由主义思想形成得比较早,首先梳理一下英国自由主义思想的发展历程。早在中世纪,"自由"可以用两个词来表达,一个是"freedom"(摆脱……

---

① 　[美]加布里埃尔·A.阿尔蒙德、小 G.宾厄姆·鲍威尔:《比较政治学——体系、过程和政策》,曹沛霖等译,北京:东方出版社,2007 年,第 26 页。

② 　同上,第 27 页。

束缚），一个是"liberty"（免于……自由）。①在中世纪英格兰文献中，"自由"一词总是以复数形式（liberties）出现，并非偶然，指的是"各种自由"，即"一套具体的权利"，译为"自由权"，也许更为合适。②中世纪的自由是封建贵族的自由，贵族们为维护自身权利而与英王相抗衡，由此形成"自由"的传统。此时贵族与王权的抗衡是以权利为中心来展开，权利可以说就是"自由"。早期英国人所追求的自由，体现为对王权的限制和对自身安全的维护。除此之外，英国人对自由的追求还体现为希冀通过宪法去对王权加以限制，以维护自身权利。由此而有英国人"生而自由"之说，意即根据自然法，人生而享有诸种权利，人们为求得有保障的生存，将某些权利交由政府及社会。人们以与生俱来的权利去反抗暴政。

1215 年的《大宪章》第十三条规定，伦敦城及其他各城镇享有其自古以来的自由和习惯。③这一规定有利于城镇自治权的发展。《大宪章》成为英国人自由的宣言书，确立了"王在法下"的原则，使英王的权力进一步受到贵族力量的抗衡，是贵族抵抗王权的一个典型例证。《大宪章》同时也是英国人自由的基石，在以后数百年的发展中，英国人都是以大宪章为标本来抵抗王权和争取自由。贵族们认为，如果国王首先破坏他们之间的约定，他们也可以放弃原有承诺，甚至举兵讨伐。《大宪章》之后，《大宪章确认令》《牛津条例》和许多的国会文件，或是农民起义的纲领都会涉及个体或是群体的权利问题。这显现出英国中世纪国王与贵族、君主与教会间权力的分制，也促使司法权逐渐剥离，领地、庄园和自治市逐渐自成体系。这些有关自由主义的条例是中世纪英国馈赠给人类的最宝贵的精神遗产。牛校风在《自由主义的英国源流——自由的制度空间和文化氛围》一书中对中世纪自由思想的总结是：

---

① 牛校风：《自由主义的英国源流——自由的制度空间和文化氛围》，长春：吉林大学出版社，2008 年，第 8 页。

② 同上，第 9 页。

③ 王建勋编：《自治二十讲》，天津：天津人民出版社，2008 年，第 4 页。

"中世纪英国的历程造就了一个神话,一个关于自由的神话。不列颠自由的秘密就隐藏在这个神话之中。借助于自由的神话,英国人将自己定义为'生而自由'人,把自己的历史说成是'一部自由的历史'。他们深信自由是不列颠民族独享的权利,不列颠帝国是世界上唯一的自由储藏地。自由,成为英国人判断和界定个人和民族的第一概念,自由的神话构成英国民族和国家意识中最为重要的奠基石,'生而自由'成为英国政治文化的核心特征。"①

在英国,自由的内涵自古以来都以人们拥有权力的程度为标志,其中尤其以土地为主要内容的经济财产权和以选举与被选举权利为标志的政治权利。②自由主义作为一种系统的理论开始于17世纪的英国革命,洛克是奠基者。约翰·洛克(John Locke,1632—1704年)的自由主义就是保障个人的权利,而个人权利的核心就是财产权。在一定意义上,可以说洛克是以权利的存在来定义自由。③并且洛克主张的这种权利要受到政府法律的保护,由成文宪法明确规定。但是洛克的自由主义是以自然状态学说④来构建,具有绝对性和任意性,即绝对的权利和任意的自由。总之,这种思想反映了英国17世纪商品社会的现实,正是如此,自由主义对于当时人们具有很大的吸引力和说服力。

杰里米·边沁(Jeremy Bentham,1748—1832年)在《政府片论》中,表明他要捍卫"个人判断的权利——这权利是英国人所珍视的一切东西的基础"⑤。边沁反对洛克的自然权利学说,否认自然状态的存在,并批评洛克自由主义中有关绝对自由的观念。边沁把自由分为两类:脱离法律的自由与在法律之下的自由,并且他把个人幸福作为社会改革的最终目标。追求最大幸福应该

① 牛校风:《自由主义的英国源流——自由的制度空间和文化氛围》,长春:吉林大学出版社,2008年,第2页。

② 陈晓律主编:《英国发展的历史轨迹》,南京:南京大学出版社,2009年,第222页。

③ 黄伟合:《英国近代自由主义研究:从洛克、边沁到密尔》,北京:北京大学出版社,2005年,第14页。

④ 洛克指的自然状态是一种性善的、人人平等的自然状态。

⑤ [英]杰里米·边沁:《政府片论》,沈叔平译,北京:商务印书馆,1995年,第33页。

是所有法律和政府的指导原则。边沁这种以功利原则①为基础的理论是把自由视为一种手段，自由本身不具有内在价值。

英国的自由主义思想在约翰·斯图亚特·密尔（John Stuart Mill，1806—1873 年）的《代议制政府》和《论自由》中得到升华。在《代议制政府》中，密尔强调，政治制度的灵魂就是提倡精神自由和个性发展。在《论自由》中，密尔指出："有许多事情，虽然由个人来办一般看来未必像政府官吏办得那样好，但是仍宜让个人来办而不要由政府来办；因为作为对于他们个人的精神教育手段和方式来说，这样可以加强他们主动的才能，可以锻炼他们的判断能力，还可以使他们在对付的课题上获得熟悉的知识。人们之所以主张自由的、平民的地方自治和城市自治……这一点乃是主要的理由，虽然不是唯一的理由。"②密尔生活在维多利亚时期，是一个经济放任主义的时代，在这个背景下，个人发展和社会进步是他自由主义研究的两个方面。可以把密尔的自由观概括为：自由的真谛在于从多数人的专制中解脱出来，并具有不仅是多数人而且也是少数人充分发展的个体性。③可见，密尔不仅主张少数派权利的理论，也主张把各种权利扩展到每个人。密尔被西方学者喻为"19 世纪英国不列颠民主精神的象征""理性主义的圣人"。④

到了 20 世纪，英国最有影响的自由主义思想家是赛亚·柏林（Isaiah Berlin，1909—1997），他在密尔的经典自由主义之后，重新思考了自由。他批判价值和文化一元论，提倡以价值和文化为核心的自由主义。他把自由分为两类，积极自由（free to do）和消极自由（free from）⑤，这种思想反映到英国的地方自治，就是地方政府自主地管理本地区的事务和地方政府逐渐摆脱中央政府

① 18 世纪晚期，英国功利主义盛行。

② ［英］约翰·密尔：《论自由》，程崇华译，北京：商务印书馆，1959 年，第 119 页。

③ 黄伟合：《英国近代自由主义研究：从洛克、边沁到密尔》，北京：北京大学出版社，2005 年，第 42 页。

④ 王连伟：《密尔政治思想研究》，哈尔滨：黑龙江大学出版社，2007 年，第 1 页。

⑤ 积极的自由是自己能够做主，消极的自由是很少受到限制的自由。

的干涉,即现代地方自治的两大原则——居民自治和团体自治。自由主义思想的传播是英国地方自治的理论基础,也是其实行地方自治改革的理论源头。自从自由主义在英国问世以来,它就成为一种生生不息的思想理论和社会潮流。自由原理从一个领域到另一个领域、一个阶级到另一个阶级以及一个问题到另一个问题,逐渐地但却不断地得以应用和扩展。①

　　以上是对英国各种自由主义思想的梳理,以及这种思想对英国地方自治的影响。在英国,"自由主义"一词在 19 世纪 30 年代和 40 年代才正式开始被广泛使用。此种自由主义汇集古代自由主义渊源,并最早把自由主义视为一种系统思想,甚至与政治和经济制度运作联系起来。根据当代英国政治理论家戴维·米勒的研究,西方曾出现过三种主要的自由传统:第一种为共和主义的自由传统;第二种是自由派的自由传统,该传统认为自由是个人行为的某种状态,即不受其他人制约或干预的状态;第三种是唯心主义的自由传统。②在政治生活中,自由主义者极力反对国家干预主义,认为国家干预主义是对个人自由的冒犯。撒切尔主义反映了维多利亚时期的这些思想,将国家干预主义保持到最小。③梅杰首相于 1993—1994 年试图强调传统的家庭观念,结果徒劳无功,因为没有人支持和同情他的设想,英国人认为,政府无权干涉自己对私人生活方式的选择权利。④

　　在追求自由主义的同时,英国人的政治认知是个人主义的。在英国的政治文化传统中,个人主义占据着长期而强有力的地位。个人主义是自由主义的核心价值观之一。个人主义者在政治生活中的表现就是反对专制权力和

---

　　① 黄伟合:《英国近代自由主义研究:从洛克、边沁到密尔》,北京:北京大学出版社,2005 年,第135 页。

　　② 王连伟:《密尔政治思想研究》,哈尔滨:黑龙江大学出版社,2007 年,第 75~76 页。

　　③ Hugh Atkinson and Stuart Wilks-Heeg, *Local Government from Thatcher to Blair:the Politics of Creative Autonomy*, p.57.

　　④ [美]霍华德·威亚尔达主编:《全球化时代的欧洲政治》,陈玉刚等译,北京:北京大学出版社,2010 年,第 56 页。

对个人自由的限制。个人主义者(Individualism)认为,个人自由是首要的,平等并不重要,不仅认为个人有选择的权利,而且强调每个人要为自己的失败负责。个人主义代表论在政府的职能方面,强调政府应当代表人民而非有组织的利益集团。20世纪80年代的玛格丽特·撒切尔是经济个人主义的拥护者,她认为每个人都应对通过市场获得自身的福利负有责任,拒绝一些更广泛的社会责任,她甚至走向了极端,她宣称:"没有社会这回事"或"不存在社会这个东西"。①自由民主党人更强调,个人有免于集体强制的自由。②托尼·布莱尔同样接受向个人提供更多公共服务方面的选择。地方政府的自由权可以限制中央政府的权力,使权力碎片化,用多元主义来制衡独裁统治。每个地方当局就像一个区域内的压力集团,来保护本地公民的利益。③

与欧洲其他国家相比,在个人与整体关系上,英国人认为个人居于更加重要的地位。他们普遍推崇自由经营、有限管辖和个人自由观,这些都具有浓厚的自由主义文化色彩。在众多的基本价值原则排序中,英国的传统更倾向于把自由放在核心和前列位置,而法国则更关注平等,美国则是把民主置于首位。托克维尔一生崇尚自由,并且在对美国民主分析中详细论述平等与集权、自由与地方自治等问题的关系,阐述了分权有利于促进民主自由和平等的观点。托克维尔的这种观点被后来的政治家们进一步发展为自由、民主、效率是分权的三个主要理由。

但在英国的政治文化中,英国民众最为关心的问题是自由,平等次之。与自由相比,平等处于一个相对不那么重要的位置,对自由和效率的关切超过并压倒对平等的关切。目前,受自由主义思想的影响,各国地方自治和分

---

① Hugh Atkinson and Stuart Wilks-Heeg, *Local Government from Thatcher to Blair: the Politics of Creative Autonomy*, p.57.

② [美]加布里埃尔·A.阿尔蒙德、拉塞尔·J.多尔顿、小G.宾厄姆·鲍威尔等:《当代比较政治学:世界视野》(第8版 更新版),杨红伟等译,上海:上海人民出版社,2009年,第197页。

③ 同上,第198页。

权是一个大趋势。比如英国中央政府对苏格兰、威尔士和北爱尔兰的权力下放。这种个人主义和自由主义的政治认知传统，是英国地方自治得以推进的坚固基础，使英国的中央政府不得不在法律规范下去实现中央与地方权力的平衡，而非过度集权。可见，在英国传统中，真正的政治和精神生活一直是集体主义和个人主义的斡旋。

千百年来，英国形成了一种政治传统，即政府的职责就是要保障人民的自由、生命和财产，并且使人民能获得更多的自由、财富和快乐。英国站在"自由民族前列"，成为"自由的楷模国家"，成为"自由主义的故乡"。①英国人的个人主义和自由主义文化传统也成为英国地方自治的土壤。

二、多元主义

一般来说，多元主义被认为是自由民主理论之母，为政治学中的理论启示提供主要来源。多元主义最简单的定义就是存在或应该存在许多事情。②多元主义指这样一种境况，其中政治权力分散在众多社会集团中。在多元主义理念中，分散的政治权力存在于自治的社会集团和分散的政治决策中心之内。③1986年的《威迪康布报告》(The Widdicombe Report)中把多元主义解释为：权力不应该集中在国家的一个组织上，而是应该分散，从而达到政治上的权力制衡，并限制专制政府和专制主义。④多元主义应用到政治背景的场景，是竞争性的政党在竞选时向选民提供选择性的项目来赢得决定政治

① ［德］路德维希·冯·米瑟斯：《自由与繁荣的国度》，韩光明等译，北京：中国社会科学出版社。1994年，第44页。

② Patrick Dunleavy and Brendan O'Leary, *Theories of the State: the politics of liberal democracy*, London: Macmillan, 1987, p.13.

③ ［英］韦农·波格丹诺主编：《布莱克维尔政治制度百科全书》(新修订版)，邓正来主编，北京：中国政法大学出版社，2010年，第456页。

④ Hugh Atkinson and Stuart Wilks-Heeg, *Local Government from Thatcher to Blair: the Politics of Creative Autonomy*, p.10.

制度的权力,以权力制衡为特征,阻止任何特殊的群体获得绝对的控制权。①

多元主义的主要特征就是存在不同或多样性,非常强调政治过程。现代民主国家的复杂性意味着没有单独的群体、阶层或组织能够主导社会。②在多元主义者看来,政治权利是碎片化和分散的,决策过程应该在大多数公民观点一致的情况下进行,地方决策过程应该开放和透明。③多元主义的理论前提是基于这样的思想:利益集团有助于社会中特定群体明确表达具体利益,因此能够提高民主。④与生俱来的多元主义可以很好地解释英国政治中一些相互矛盾的地方。但英国宪法又反多元主义,⑤因为英国既是单一制国家,又没有成文宪法来确保地方自治的一些权限。

历史上,多元主义者反对绝对主权国家的概念。在多元主义的一些版本中,国家变得非常不重要,仅仅是许多压力集团中的一个,因此这一理论认为,在西方工业化社会中,权力广泛分布在不同利益集团之中,没有一个集团能在权力之外影响决策,同样也没有集团会占主导地位。⑥在 20 世纪 50 年代,当代多元主义思想在罗伯特·达尔(Robert Dahl)的著作中得到很大发展。达尔的许多著作都围绕政治多元主义和政治学研究方法论这两大课题。他在当代西方政治学界研究政治多元主义学者中最具影响力。达尔 1956 年的著作《民主理论序言》(A Preface to Democratic Theory)和 1961 年的著作《谁在统治》(Who Governs)都提倡限制国家权力。尤其在《谁在统治》一书中,达尔通过详细研

---

① Hugh Atkinson and Stuart Wilks-Heeg, *Local Government from Thatcher to Blair:the Politics of Creative Autonomy*, pp.36–37.

② Allan McConnell, *Scottish Local Government*, Edinburgh:Edinburgh University Press, 2004, p.17.

③ Hugh Atkinson and Stuart Wilks-Heeg, *Local Government from Thatcher to Blair:the Politics of Creative Autonomy*, p.37.

④ Gerry Stoker, *The Politics of Local Government*(Second Edition), Hampshire:Macmillan, 1991, p.18.

⑤ John Kingdom, *Local Government and Politics in Britain*, p.245.

⑥ William Hampton, *Local Government and Urban Politics*(Second Edition), London and New York: Longman, 1991, p.238.

究纽黑文(New Haven)①的地方社区发展他的多元主义理论。他相信经过先前两个多世纪的发展,纽黑文渐渐地从寡头政治转变为多元主义。换句话说,权力已经分散化,从少数人手中分散到许多竞争性利益集团手中。②达尔乐观地认为,政治资源分布在每个利益集团中就会使得权力碎片化。这种乐观的看法遭到很多人的批评,批评者认为社会中的权力分配不可能平等。

当代多元主义思想并不是与绝对主权国家这一概念对立中发展起来,而是在与精英主义理论(elite theory)的论争中发展起来。精英理论认为,地方当局是一个非常封闭的组织,他们自己控制和操纵着地方政治环境。只有利益集团与地方当局的关注点一致时,才有可能被选中,很少有外部利益集团进入地方决策过程中。精英主义强调,每个利益集团能够利用的资源是不均衡的,相对来说,有很少的利益集团能够有效地参与到政治活动中。认同精英理论的一些政治学家和社会学家批评多元主义,他们认为在不同的历史时期存在权力的不平等现象,政治都被一些相对较少的精英控制,会由不同利益主体占据主导地位。但随着时代的改变和发展,精英主义的以上解释也似乎只适合20世纪70年代中期以前。这之后法团主义(corporatism)③迅速发展起来。

多元主义者认为,人们影响政策的真正方式并不是通过选举,而是通过不断游说的过程。但是多元主义者并没有以其辩护者宣称的这种方式去运作。因为当一些压力集团被完全排除,其他一些压力集团也会受到一定影响,这就成了一种选择式的多元主义,实际上就是法团主义(corporatism)。④从20世纪70年代中期开始,地方法团主义发展非常快。许多利益集团更加

---

① 美国康涅狄格州南部(southern Connecticut)的城市和港口,英国清教徒在1638年来到美国时第一个住过的地方。这也是耶鲁大学的所在地。

② William Hampton, *Local Government and Urban Politics*(Second Edition), p.239.

③ corporatism 一词还有很多译法,例如统合主义、合作主义、组合主义和社团主义等。

④ John Kingdom, *Local Government and Politics in Britain*, New York and London: Philip Allan, 1991, p.212.

自信,愿意参与地方服务的提供,一些地方当局也不断创造与利益集团相互交流的新机会。撒切尔政府的许多举措也促进了地方法团主义的发展,例如在 1981 年,地方当局内城项目要获得正式批准的一个先决条件就是要和私有部门磋商;1984 年的地方税法案(1984 Rates Act)强加给地方议会的一个责任就是要与非家庭税的地方税纳税人进行磋商。①

总之,多元主义者基本上都会支持选举产生的地方政府。地方政府也有利于多元社会的发展。早在 1861 年,约翰·斯图亚特·密尔(John Stuart Mill)就认为中央政府没有能力处理所有的公共事务,需要选举产生的地方政府来帮忙,这样做会有助于整个社会的稳定。费边主义者(Fabians)、基尔特社会主义者(Guild Socialists)和一些支持地方自治的人都受到密尔这种思想的影响。②英国 1969 年的惠特利报告(1969 Wheatley Report)、1986 年的《威迪康布报告》、英国经济与社会研究会(Economic and Social Research Council,ESRC)1992 年到 1997 年的地方政府研究治理项目(Local Governance Research Programme 1992–7)也都支持地方自治。这些报告指出,地方政府更接近地方人民,能够满足地方民众的需要。地方自治能够分散权力,避免中央集权。所以多元主义者支持地方自治,地方自治者鼓励多元主义。

三、参与主义

亚里士多德(Aristotle)认为,政治参与是美好生活的一个必要部分,是西方政治思想的一个前提,是民主制的一个必要条件。③密尔认为,地方参与的一个最重要特色就是其教育功能, 并且地方参与有助于创建一个和谐的政治文化。④英国革命在历史发展中具有连续性和渐进性,不像欧洲其他国家

① Gerry Stoker, *The Politics of Local Government*(Second Edition), Hampshire:Macmillan,1991,p.122.

② Allan McConnell, *Scottish Local Government*, Edinburgh:Edinburgh University Press,2004,pp. 17–18.

③④ Ibid.,p.15.

那样政治变革总会伴着暴力革命,所以英国政治保持着长期的稳定性。这种历史发展背景使得英国人非常信任和忠诚于他们的政治制度,认为他们每个人都可以对政府产生影响,所以英国人在对政治活动的参与中形成了参与主义的政治文化。并且由于个人主义文化的熏陶,英国人对地方自治的政治态度具有强烈的参与意识,由此形成参与型政治文化。这种政治文化为英国地方自治打下坚实的基础。

在封建时期,亚瑟王的圆桌象征着一种新型的封建制度结构,其核心是等级与权利。……圆桌的核心精神凝结为"甘美洛"(亚瑟王的城堡)的理念,即"众人的事众人有份",每一个人都拥有相应的权利和自由,同时也都承担着相应的责任和义务。①英国人的参与主义有着很深的历史渊源。在现代地方政府体制下,人们可以通过选举、担任议会议员和游说来参与地方政治。英国公民参与政治的主要形式是选举和捐款。

地方公民参与地方事务能够确保政策反映地方的意愿,选举产生的地方政府鼓励和帮助选民参与地方事务来提高地方民主。公民参与意识的状况直接影响着公民对地方自治理念的接受程度和实践效果。事实上,地方政府是国家政治的训练场所,没有地方民主,国家民主也就无从谈起。②夏普(Sharpe)就认为地方民主比国家民主更重要,因为地方政府可以让更多的人参与到他们自己的地方事务中。参与地方事务的形式有:可以担任选举产生的地方议员,也可以在地方压力集团中比较活跃,或仅仅在地方选举中投票。③在参与型政治文化的背景下,英国市民社会得到快速发展,使得地方自治拥有广泛的群众基础。

① 牛校风:《自由主义的英国源流——自由的制度空间和文化氛围》,长春:吉林大学出版社,2008年,第3页。

② John Kingdom, *Local Government and Politics in Britain*, New York and London: Philip Allan, 1991, p.15.

③ Hugh Atkinson and Stuart Wilks-Heeg, *Local Government from Thatcher to Blair: the Politics of Creative Autonomy*, Cambridge: Polity, 2000, p.10.

近年来,随着社会阶层的不断分化,以及 20 世纪 80 年代末 90 年代初英国国内经济危机和政治丑闻,使英国人开始不相信特权和政治家,而是相信要通过自己的勤劳工作来获得美好生活。另外,英国是一个单一制国家,地方政府拥有的权力有限,导致英国选民更加关心中央政府的政策,公民参与地方事务的比率不断下降。长期以来,英国地方选举中的选民参选率在西欧国家中都是最低的,几乎是法国和德国的一半。20 世纪 90 年代,多数欧洲国家地方选举参选率达到 60% 到 80%,而英国仅为 40% 左右,并且还在迅速下降,英国的大都市区,1998 年至 2000 年选民参选率一直低于 30%。①约翰·金德姆(John Kingdom)将英国地方选举参选率下降的原因归结为:①选民规模越大,参选率低的可能性也越大;②社会成分以工人阶级为主,他们不会像中产阶级那样去投票;③地方政府规模大,很难产生社区意识或精神;④大多数人没有动力离开精彩的电视节目去投票站;⑤选民发现中央政府占主导力量,不期待靠地方选举来提升自身利益;⑥竞争性公共主体的出现降低了普通投票者的影响力,减少了公民投票的需要;⑦英国人有时会过度民主,一些地方每年都要选举,使人们感到厌烦。②

投票人对地方事务的冷漠成为对地方政府民主价值及合法性的巨大挑战,在新公共管理改革中,公民权的内涵日益淡漠,致使传统的英国地方自治理念受到挑战。中央政府一直采取措施来提高地方民众的参与,比如开通电子投票或邮寄投票的方式等。布莱尔政府推动地方民主复兴的核心就是加强公民参与。尽管目前英国地方参选率比较低,但英国人又奉行顺从于权威的政治态度,被迈耶称为"恭顺型的公民文化"③,其文化中又具有某种权

① [英]戴维·威尔逊、克里斯·盖姆:《英国地方政府》,张勇等译,北京:北京大学出版社,2009年,第 249~250 页。

② John Kingdom, *Local Government and Politics in Britain*, New York and London: Philip Allan, 1991, pp.97-98.

③ [美]劳伦斯·迈耶、约翰·伯内特、苏珊·奥格登:《比较政治学:变化世界中的国家与理论》,罗飞等译,北京:华夏出版社,2001 年,第 110 页。

威主义色彩。因而英国人在政治过程中显现出一种顺从的形态，①会非常坚定地服从政治和社会，从而保证政治参与在法律范围内有序地进行，使英国的地方政府改革得以顺利进行。另一方面，英国社会民主的目标是平等与福利权高于自由与参与权。在社会民主制原则的指导下，地方政府成为重新分配财富的工具，这使得地方政府开始依赖中央政府，削弱了地方政府的参与权，这是战后社会民主时期地方政府存在的主要问题。

四、实用主义和经验主义

实用主义（pragmatism）正式作为一种哲学思想，起源于1870年左右的美国，代表人物是查理·皮尔斯（Charles Sanders Pierce）和威廉·詹姆斯（William James），后由约翰·杜威（John Dewey）传承和改变了实用主义。实用主义强调知识和观念的实用功能，主要是一种逐渐适应现实，并试图控制现实和实施行动的工具。实用主义者认为真理是在验证过程中被发现的。实用主义处于理性主义和经验主义之间，走两者的中间路线。理性主义者是唯心、重感情、乐观、有宗教信仰、相信意志自由和凭感觉行事，经验主义者是唯物、不动感情、悲观、无宗教信仰、相信因果关系和理智地行事。

所谓经验主义，就是思想和行动同时发生而且继续存在下去的一种混合。或者说，经验主义是每一个动作和最少限度的思想，而这最少限度的思想，乃为使该动作发生实效所必需者。②经验主义者不认可抽象理论的作用，也不可能建立复杂的哲学理论体系，而是强调经验在知识积累中的作用，并在不断的实践中去揭示真理。实用主义者和经验主义者都非常强调经验先于先验知识。经验主义在英国非常盛行，世界上非常有名的经验主义学家很多都是英国人，比如霍布斯、洛克、培根、休谟、贝克莱等人。

---

① 根据劳伦斯·迈耶等学者的看法，对权力的态度和看法通常可以归为三种类型：服从模式或称权威主义模式、平等模式和顺从模式。

② 储安平：《英国风采录》，北京：东方出版社，2005年，第288页。

实用主义者从经验出发来制定政策，并在反复试验的基础上不断地修改。英国人比较务实，他们对政府的期望和要求都是出于自身利益的考虑。①英国没有一部成文宪法，也没有愿望去制定一部，他们继承了一套政治制度，并且本能性地去适应和修改这些制度，而不是用新的制度去取代这些旧制度。②最明显的一个例子就是英国各行政部门名称的差异，各部门都沿袭旧名称而没有去修改使其统一化。比如，英国有些部门称 Ministry，如 Ministry of Labour；有些部称 Office，如 Foreign Office；有些部称 Board，如 Board of Education。至于部长，有的部长称 First Lord，如 The First Lord of Admiralty；有的部长称 Secretary of State，如 The Secretary of State for Home Affairs；有的部长称 Minister，如 Minister of Health 等。③

英国人在政治上追求自由、民主和平等，但在具体实践中，英国人对自由和效率的关切占据主导地位，这显现出英国人经验主义和实用主义的现实理念。法国人在政治生活中则更注重平等，更喜欢用抽象的方式解决问题，更加注重思想和原则。英国人认为，生命的目的就是为了行动，而最能代表英国人重视行动的词在英语里是 fair play。英国人的特性就是将法则（rule）与行动结合在一起。而法国人认为生命的目的在于了解，西班牙人认为生命的目的是为了生活。詹姆斯·布莱斯（James Bryce）在《现代民主制度》（Modern Democracy）一书中说："在英国政治中，抽象的观念没有什么重要价值可言，辉格党及中级人民均极力奋斗，反对王权，宣言人民应享有的权利而不谈学理。最早的例子就是大宪章。"④柏克在其《最近国家情形之观察》（Observations on a Late State of the Nation）一文中说："政治学不应以人类理

① ［美］霍华德·威亚尔达主编：《全球化时代的欧洲政治》，陈玉刚等译，北京：北京大学出版社，2010，第 54 页。

② Anthony H. Birch, *British System of Government*, UK：Allen & Unwin Ltd, 1986, p.14.

③ 储安平：《英国风采录》，北京：东方出版社，2005 年，第 308 页。

④ 同上，第 299 页。

性而应以人类本性为依据；理性不过是政治的一部分，而非极重要的一部分。"绝大多数英国政治家所共守的法则是"与其牺牲实际设施来迁就原理，不如改变原理以便改良实际设施"①。

瓦温·哈特指出："美国人注重'民主是什么'以及'民主应当是什么'；而深受实用主义影响的英国人更注重'民主是什么'以及'民主能够是什么'。"②

两种不同的思考方式导致英国人与美国人之间有着明显的差别：美国人对民主的可能性抱有乐观主义看法（或者说是天真的看法），美国的政治家们在演讲时不时强调"梦想""远见"等；而英国人脚踏实地，他们将政治信仰建立在那些已经实践的事物之上，当然，这并不是说英国人没有"梦想"，而是说与美国人或欧洲大陆人相比，英国人在政治上比较稳健。③

英国的功利主义最能体现出英国人非常注重实践。英国是功利主义最发达的国家，19世纪的边沁及密尔父子将英国功利主义的精神发展到了极致。英国人所谓的功利主义，就是"我们要在我们生命中的每一时间，采取积极的行动，而每一行动，求其获得效果"④。并且英国人不怎么讲究逻辑，而是依照经验来注重实践和行动的结果，依凭前例而逐渐改革。英国人在对孩子的教育上也是从实际的生活中，而不是从抽象的理论中培养孩子们的性格。英国人有许多天赋的特质帮助他们成为行动的民族，其中最重要的两项就是组织能力和自治能力。⑤

实用主义和经验主义深深地影响着英国人的思维方式和行为，乃至政

---

① 储安平：《英国风采录》，北京：东方出版社，2005年，第302页。

② 转引自[美]霍华德·威亚尔达主编：《全球化时代的欧洲政治》，陈玉刚等译，北京：北京大学出版社，2010年，第54~55页。Vivien Hart, *Distrust and Democracy*, Cambridge：Cambridge University Press, 1978, pp.202-203.

③ [美]霍华德·威亚尔达主编：《全球化时代的欧洲政治》，陈玉刚等译，北京：北京大学出版社，2010年，第55页。

④ 储安平：《英国风采录》，北京：东方出版社，2005年，第289页。

⑤ 同上，第282~286页。

府政策。英国保守主义者通常都拥有稳健的实用主义和经验主义信念。这种实用主义理念应用到地方政府中，就是保守主义者遵循了地方上的许多做法，确保保守党思想能有立足之地，例如通过调整经济和降低税收来保护地方纳税人和居民的利益。可见，保守党通常趋向于强调地方政府的价值，反对中央政府干涉地方自由。①海伦·沙利文博士(Dr. Helen Sullivan)就认为，实用主义(pragmatism)推动了英国地方政府的发展。②

小　结

总之，英国是一个有着深厚地方自治传统的国家，英国人的自治、地方主义和法治等多种传统为英国地方自治的发展打下了良好的基础。这些传统在发展过程中显现出渐进式的特点，影响着英国地方自治的发展与变革。英国的自由主义与个人主义、多元主义、参与主义、实用主义和经验主义的政治文化对英国地方自治的发展具有深厚的影响。尽管如今英国的国家结构形式呈单一制中央集权形态，地方自治权不断被削弱，但英国的地方自治传统和政治文化仍在继续发挥作用，促使地方改革者们不断追求地方自治的新形式，以恢复和保持英国的地方自治传统。

---

① Robert Leach and Janie Percy-Smith, *Local Governance in Britain*, New York: Palgrave, 2001, p.43.

② Dr. Helen Sullivan, "Local Government Reform in Great Britain," Paper for the Joint International Conference of the International Political Science Association's Research Committee 05 on the 'Comparative Study of Local Politics and Government' and the German Political Science Association Workgroup. 'Local Government Studies'.

第二章　英国地方自治的历史沿革(440—1979年)

英国又称"大不列颠及北爱尔兰联合王国",由英格兰、苏格兰、威尔士和北爱尔兰四部分组成,形成于1801年。作为主权国,联合王国的权威源于威斯敏斯特议会。英格兰人口占英国总人口的80%以上,在很大程度上支配着联合王国。本章主要论及英格兰地方自治的历史沿革,包括两个方面:一是英格兰早期地方自治的形成,涉及早期地方自治主体(郡、自治市和教区)的形成和发展,以及英格兰早期地方自治主体的功能。揭示英格兰早期地方自治主体较为分散和混乱的状况。二是论及英国现代地方自治的发展,涉及英国现代地方自治政府体制的发展和功能的演变。所谓"现代"并非为简单的时间概念,而是指英国的地方自治具有了现代性,形成具有现代意义和规范化的地方自治政府体制。

第一节　英国早期地方自治的形成(440—1832年)

英国早期的地方自治制度主要包括郡区制、自治市制和教区制。盎格鲁-萨克逊时期,英格兰的地方自治主体较为单一,主要体现为十户区、百户区和郡等。伴随着封建国家的形成,英国的地方自治主体日益多元化,自治城市空前发展,出现自治市与郡二元并立的权力结构,推动了英国中世纪

（1066—1485 年）①地方自治制度的发展。近代（1485—1603 年）②以后，教区也成为英国地方政府的最基层单位。近代英国地方政府制度发展缓慢，从 17世纪到 19 世纪 30 年代英国议会改革之前，地方政府基本上沿用以前的区域划分和管理系统，无论是 17 世纪的内战还是"光荣革命"都没有触动传统的地方政府体制。地方政府保持一定程度的自治，王室和议会很少过问地方事务，中央也无专门部门管理地方事务。本节将阐明郡区、自治市和教区的起源、外部结构和内部权力结构，以及这些地方自治主体的功能。

一、英国早期地方自治制度的形成

（一）郡区制

1. 郡区的起源及外部结构

所谓郡是指一个经济辖区或势力范围，后逐渐演变为一种行政区划。盎格鲁–撒克逊时期，郡的名称是"shire"，诺曼征服以后，威廉一世将其由"shire"改为"county"。郡的起源主要有以下四种方式：①郡本身就是统一前的小王国，例如肯特郡（Kent）、苏塞克斯郡（Sussex）、埃塞克斯郡（Essex）等，原是南英格兰的小王国，被征服后均设为郡；②因部落领地的分割而形成郡，例如诺福克郡（Norfolk）、多塞特郡（Dorset）、威尔特郡（Wiltshire）和萨默塞特郡（Somerset）；③一个城镇及其周围的区域自然发展成一个郡，例如萨默塞特郡是依据 Somerton 发展起来，类似的还有多塞特郡依据 Dorchester，威尔特郡依据 Wilton；④由独立部落合并形成的郡，例如北福克郡（North Folk）与周围地区合并形成新郡——诺福克（Norfolk），南福克郡（South Folk）与周围地区

---

① 从诺曼征服开始至玫瑰战争结束。

② 都铎王朝时期是英国封建主义走向资本主义的过渡时期。1640 年革命确立了王权在议会之下，英国资本主义宪政制度也随之全面建立起来。英国 1640 年和 1688 年革命标志着英国近代历史开端的完成。

合并形成新郡——萨福克（Suffolk）。

英国最早的郡建立于英格兰的韦塞克斯（Wessex）和东盎格利亚（East Anglia）。9世纪中叶，诺福克郡和萨福克郡成为东盎格利亚的两大行政区，韦塞克斯的阿尔弗雷德（Alfred the Great，871—899年）在位时，郡已经成为遍布英格兰的行政区。郡的出现，标志着英格兰由以血缘和家臣关系为基础的部落"王权"，过渡到以占有领地为基础的地域性君权。[1] 10世纪时，韦塞克斯的国王进而将郡区制扩展到英格兰中部。10世纪中期，先是在韦塞克斯和麦西亚等地建立了郡区，继而于埃德加（King Edgar，959—975年）统治时期，进一步巩固郡的区域划分。至诺曼征服前忏悔者爱德华（the Confessor Edward，1042—1066年）执政时大致完成了郡的建制。在英国历史上，郡的建立标志着英国统一国家的形成，[2]此种建制一直沿用到1974年。

郡区制形成于盎格鲁–撒克逊时期。英格兰[3]在7世纪初叶，由一些大的王国[4]组成，到7世纪中叶时，在一些王国中由于军事、法律和行政管理的需要，形成了"百户区"（hundreds）[5]，每个百户区都有自己的法庭来解决当地的事务和摊派一些公共义务。百户区还不是地方政府层级中的最底层，最底层是"十户区"，即由十户人家组成，他们彼此负责。随着郡、百户区和十户区的发展，到10世纪期间，英格兰杂乱无章的地方区划逐渐发展为郡区制。大致

---

① 钱乘旦、许洁明：《英国通史》，上海：上海社会科学院出版社，2007年，第28页。

② 蒋孟引：《英国史》，北京：中国社会科学出版社，1988年，第60页。

③ 在5世纪以前，英国被称为不列颠，自盎格鲁–撒克逊人到来以后，才被称为英格兰，意思是盎格鲁人的土地。

④ 这些王国是：肯特（Kent）、苏塞克斯（Sussex）、韦塞克斯（Wessex）、东盎格利亚（East Anglia）、埃塞克斯（Essex）、迈西亚（Mercia）和诺森布里亚（Northumbria）。英国传统史学把600—870年称为"七国时代"。

⑤ 百户区面积在50到100平方英里，在北部的丹麦区被称为"小邑"（wapentakes），此种"地方政府"的效率非常高。这种完整得惊人的乡村行政区划体制产生的原因，仍是早期英格兰历史中尚未解决的一大问题。无论答案是什么，百户区无疑是一个动荡不安的政治世界中一种奇特的稳定基础。参看[英]肯尼思·O.摩根主编：《牛津英国通史》，王觉非等译，北京：商务印书馆，1993年，第73页。

在埃德加统治时期,英格兰的郡区制稳固下来,一直延续到 1974 年。可见,郡区制的外部结构由郡、百户区和十户区这三级地方政府体制构成,同时郡、百户区和十户区也是盎格鲁-撒克逊时期英格兰地方自治的主体。

2. 郡内权力结构

(1)郡长与郡守

英国的郡区最初实行"一郡一首"制,每郡设有郡法庭和一个郡长(alderman)负责处理本郡的事务。这种一郡一首制到盎格鲁-撒克逊晚期(899—1066 年)演化为双头领导体制,郡的最高长官为郡长(ealdorman)和郡守(sheriff),共同作为中央政府在地方的代理人,承担联系地方和中央的职责。郡长是国王在地方的代表,由国王或贤人会议选任,一般由郡中的部落酋长及后裔担任,主要职责为征税、征集军队、传达国王的军事命令和维持地方秩序等。郡守是郡长在郡中的行政代理,有权统辖郡法庭。早期的郡区制呈现为郡长和郡守相互分权的特点,这为后来英国政治较为平稳的发展和英国地方自治文化传统的形成产生了积极影响。

盎格鲁-撒克逊晚期的双头领导体制在中世纪时期(1066—1485 年)演变为单一的郡守负责制。从诺曼征服(Norman Conquest,1066—1087 年)到玫瑰战争(Wars of the Roses,1455—1485 年)结束的四百多年间,英国地方郡区政府体制得到很大发展。此期间由于郡长管辖的范围太大,难以对郡实施有效控制,而郡守在地方事务管理中发挥主要作用,盎格鲁-撒克逊晚期的双头体制事实上逐渐演变为单一的郡守负责制。

尽管早期各郡区的郡长和郡守均由国王任命,然而事实上此时期国王所任命的郡长和郡守均为地方乡绅,这就使得中央对他们的监督十分软弱,后期出现了郡守滥用职权的情况。为了加强对郡守的控制,亨利一世(Henry I,1100—1135 年)时期钦命法官巡回审判,检查郡守的工作,以确保中央政令的有效实施。都铎时期(1485—1603 年),英国地方自治开始向近代转变,郡的最高长官也发生转变,由过去一向由国王亲信担任的郡守转变成由地方乡绅担任的治安法官,治安法官正式取代郡守。

（2）治安法官

英国的地方治安法官出现于 14 世纪中期。此时期由于对法战争和贵族之间的决斗,英国国内政治与社会极不稳定,郡区的管理被削弱。为了改变此种状况,英国国王在地方设置了治安法官职位,由郡每年予以任命,每郡平均有四五十人。[①]都铎王朝建立初期,各郡治安法官一般不超过 10 人,16世纪中后期各郡治安法官增至 40 至 50 人,在经济富庶、人口众多的肯特郡,治安法官甚至多达 80 人。[②]最初地方治安法官主要负责维持治安,履行监督职能。他们监督郡守、市长和巡警是否尽职,监督中央法律法令的执行,监督乡村和城市各种规章制度的实施情况,是中央控制地方的有力工具。[③]此后治安法官的权力不断扩大,进而拥有司法权和更加广泛的行政权。[④]并且其权力主要是通过和依靠地方政府的最基层单位——教区来实行。

爱德华三世（Edward Ⅲ,1327—1377 年）在位期间通过颁布《治安法官令》赋予治安法官维持地方秩序和审理轻微刑事或民事案件的权力。15 世纪60 年代起,治安法官逐渐取代郡守掌管地方事务。亨利七世（Henry Ⅶ,1485—1509 年）即位后,责令各地治安法官监督郡守行迹。有关资料记载,托马斯·沃尔西（Thomas Wolsey,1507—1530 年）和伊丽莎白一世（Elizabeth Ⅰ,1558—1603 年）在位期间,约有 8%~9%的地方官吏因涉嫌贪污而受到惩处。[⑤]都铎王朝（1485—1603 年）期间国王准予治安法官代表国王在各郡行使司法权。玛丽女一世（Mary Ⅰ,1553—1558 年）在位时,英国议会进而颁布法律增强治安法官的权力。据统计,15 世纪后期至伊丽莎白一世（Elizabeth Ⅰ,1558—

---

①③　郭方:《英国近代国家的形成》,北京:商务印书馆,2007 年,第 78 页。

②　阎照祥:《英国政治制度史》,北京:人民出版社,1999 年,第 144 页。

④　治安法官职权由监察权转变为行政权的一个重要的原因是,都铎时期存在着最普遍而严重的流浪穷人这个社会问题。

⑤　阎照祥:《英国政治制度史》,北京:人民出版社,1999 年,第 142 页。

1603 年)在位期间,议会为加强治安法官权力,颁布法律阐明其地方治安管理权和司法权达 309 项,①通过立法手段授予治安法官广泛权力,使地方治安法官成为国王实现其政治统治的有力工具。此外,英国政府每年还通过发布"治安委任令"(commission of the peace),授予治安法官诸种权力,并通过召开治安法官会议对地方事务加以管理。

英国都铎王朝期间形成的治安法官制度具有半地方自治的特点,成为一种切实可行的地方管理制度。此期间的地方治安法官多来自地方贵族和乡绅,在地方上享有较高声誉,他们不领取中央薪俸,而是凭借自己的经济实力生活和工作。尽管他们从事行政和司法活动,却不以政治为生。这也是英国地方官员独具特色的一面,无论是治安法官,还是郡守和教区职员等,发展到都铎王朝时期,还是既没有薪金,也不是专职官僚,他们大多数人都是当地的一些大小乡绅。所以这些官员必须在郡、市镇和教区中发展自治传统,不管是经济上还是行政上,均不依靠中央王权。英国历史学家埃丝特·莫伊尔(Esther Moir)指出:"这个由乡绅自愿担任公职的机构,在英国历史上一共存在了 6 个世纪之久,即从 14 世纪至 19 世纪。"②尽管国王将治安法官作为国家在地方的代理人,然而治安法官基于自身的地位,则常常将地方利益置于首位,并根据本地区的情况灵活变通地执行中央命令。为了防止治安法官滥用职权,枢密院(Privy Council)采取巡回法官制和都尉制予以监督,以加强中央对地方治安法官的监控。

(3)地方法庭

英国早期的地方法庭包括郡法庭、百户区法庭和乡镇法庭。司法审判是各级法庭的主要职责。

郡法庭在本质上是一种自由民集会,源于盎格鲁–萨克逊时期的王国和

---

① 阎照祥:《英国政治制度史》,北京:人民出版社,1999 年,第 142~143 页。

② 许洁明:《十七世纪的英国社会》,北京:中国社会科学出版社,2003 年,第 82 页。

部落民众大会。诺曼征服之前只有自由民可以参加,郡法官由 12 或 24 名自由人担任。中世纪时,英国的地方事务比较简单,郡法庭主要受理民事案件和宗教诉讼案件,同时履行国王的行政命令、颁布地方法案、决定修桥筑路等地方性公共事务,成为一种"具有半自治性的非常设地方政府机构"①。都铎王朝时期,郡法庭进而发展成组织选举的主要机构。此后随着郡长和郡守地位的下降,郡法庭也逐渐失去了优势,由治安法官的季度法庭(quarter session)取代了其地位。

百户区法庭为基层司法管理机构,通常几个区设立一个。每四周在露天场合召开一次会议,主要处理诸如偷盗牲口和买卖土地等事宜;摊派的公共义务如为军队提供给养和划桨人手等。②

乡镇法庭则为居民提供治安服务,通过十户联保制等维持基层治安。亨利三世(Henry Ⅲ,1216—1272 年)还通过加强治安法令,于 1242 年设置了乡警(constable)这一职务,乡警是在农村基层中唯一负责治安的官员。

除三级法庭外,中世纪英格兰地方上还设有领地法庭(honorial court)、庄园法庭(manorial court)、星座法庭(the star chamber)③和地方特权法庭等。

此时期,领地是英国地方自治的基本单元,领地法庭因而成为重要的自治性机构,处理领主与领地内其他成员间的经济纠纷,维护地方秩序。领地法庭在其管辖范围内有高度的自主性。

庄园法庭被村民视为自我管理机构。依据庄园习惯法进行审判,但是每个庄园,甚至在同一个庄园里的几个村庄,所遵守的习惯法都不同,保持着由来已久的自治传统。

星座法庭由亨利七世于 1487 年创设,最初存在于国王咨议会中,用来

---

① 程汉大:《英国政治制度史》,北京:中国社会科学出版社,1995 年,第 27 页。

② 蒋孟引主编:《英国史》,北京:中国社会科学出版社,1988 年,第 29 页。

③ 由于审判地点是在威斯敏斯特宫中的一座大厅中举行,该大厅的屋顶装饰有星座图案,由此得名星座法庭。

惩治反对国王的大贵族。玫瑰战争期间(1455—1485年),英国国内无政府主义泛滥,地方权贵肆无忌惮,普通法程序和实体的缺乏,使受害人因无法得到法律救济而不得不求助于国王谘议会,谘议会中的星座法庭开始受理相关诉讼案,由此而逐渐演变为地方法庭,成为地方自治主体的重要组成部分。星座法庭于1641年被长期国会废除。

地方特权法庭建立于都铎王朝时期(1485—1603年)。为了加强对地方的控制,此时期英王建立了威尔士边区法庭(the Court of Wales and the March)和北方法庭(the Court of the North)两个地方性特权机构,以行使司法权,同时对地方实施管理。此类机构成为中世纪英国地方的重要机构。但是随着资本主义在英国的发展,领主及庄园法庭、教会法庭迅速衰弱。

此外,这一时期英国地方还设置了巡回法庭、季度法庭和即决法庭(petty sessions)等。

巡回法庭是枢密院法官每两年对各郡进行一次巡回裁判的机构,也是枢密院和地方治安法官之间交换信息的主要途径,除审理重大案件外,还监督治安法官,管理地方事务。

季度法庭是地方治安法官管理地方事务的工具,起初大约每三个月在一些村镇里开庭一次,季度法庭集中处理地方社会的政治、司法、治安等工作。17世纪,行政事务主要是社会管理和社会福利这两项。所以行政事务方面涉及的大量内容包括:关于济贫救灾、非婚生子、酒店管理、地方税收、修桥补路、监狱和感化院、流民与乞丐等问题。内战的爆发曾经使季度法庭会议受到干扰,此后其作用逐渐减弱。

即决法庭可以在治安法官的动议下开庭,也可以在季度法庭的要求下开庭,处理一些地方突发事件,一般要求至少有两名治安法官参与庭审。

13世纪左右,各种法庭大都引入了陪审制,法庭审判更加趋于合理。英国的各种法庭在早期地方自治的发展中发挥了强大的作用,为以后英国地方自治的发展打下良好的法治基础。

(二)自治市制

1. 自治市的起源及外部结构

在英国,城市的萌芽形态是筑有围墙的居民点,称之为堡(burh 或 bor-ough),这只是一种最简单的设防居处,还不是城市。筑堡的目的有的是为了保护市场的商业活动,有的仅仅是为了安全起见。随着发展,到 9 世纪时,有的堡已经初具城市规模,在经济和政治发展过程中演变为城市。还有的地方是因为商业发达而形成城市,尤其以伦敦的商业最为发达,此种类型的城市还有自己的铸币点。还有一些城市是作为政治和宗教中心发展起来的,例如约克城,原是诺森布里亚王国首府,7 世纪为主教驻地,8 世纪时升级为大主教驻地,并且有一座出名的学校,大陆上还曾有人前来学习,可见这个城市已有一定规模。①城市的兴起有各种各样的原因,但大体上都离不开经济的发展。

英国自治市(borough)在盎格鲁–撒克逊末期开始形成。中世纪以前,许多城市只是郡的一个区,为了摆脱郡长对其财务的干涉,逐步争取到了自治市的地位。中世纪(1066—1485 年)时的自治市开始获得了较大的发展,形成自治市与郡二元并立的地方结构。而国王由于战争的原因需要经费,由此而创立了许多自治市。

真正意义上的英国地方政府起源于 1130 年。②此前英格兰和苏格兰这两个独立的王国都将国家细分为郡,这种郡不是真正意义上的地方政府,只是中央政府的行政区,并且每个郡都由一名郡长来执行中央政府的政策,郡长的主要职责就是维护当地的法律与秩序。随后这种郡制推广到威尔士和爱尔兰。最早成为地方政府的是英格兰林肯郡的林肯镇(Lincoln),1130 年,

---

① 马克垚:《英国封建社会研究》,北京:北京大学出版社,2005 年,第 217~218 页。

② [美]安瓦·沙主编:《工业国家的地方治理》,周映华、张建林译,北京:清华大学出版社,2006 年,第 268 页。

这个镇为了摆脱郡长的控制,以直接向国王一次缴纳费用为条件,获得了皇家特许状(Royal Charters),赢得了自治权。此后越来越多的城镇都摆脱了郡长的控制,选择独立,这就是"自治市"(boroughs)。

亨利一世(Henry Ⅰ)统治时期(1100—1135 年)、史蒂芬(Stephen)统治时期(1135—1154 年)以及亨利二世(Henry Ⅱ)统治时期(1154—1189 年),国王们已经意识到给予城市自治权的必要性,但是为了加强王权,他们并没有真正支持城市自治,更是很少给予城市自治权。直到查理一世(Richard Ⅰ)统治时期(1189—1199 年),由于战争的需要,才颁发了许多城市自治的特许状,这时的城市才开始拥有自己选举市长的权利。在以后的发展中,王权不断削弱,自治市制度逐步得到完善。

1215 年英国颁布了《大宪章》,确立了"王在法下"的原则,开创了英国的"自由"传统,进而以法律形式保护城市自治权。依据大宪章,国王须承认伦敦等城市已有的自治权,尊重市民利益和保护商业自由。据之,各城市进一步扩大自主权,体现为:"第一,根据租地法,承认房主有权自由买卖城市的土地。第二,市民通过每年缴纳固定的税额换取财政上的独立和自由,国王不得于固定税金之外横征暴敛。财政自主和独立征税成为现代城市自治权的胚胎。第三,城市享有自己选择官员的权利和司法自主权,并有权按照自身习惯对此类事务作出决定。"①

城市的自治,缓解了中央与地方政府之间的关系,市镇议会的建立也缓解了各郡乡绅之间的争斗,保证了地方政治的相对稳定。《大宪章》颁布后,英格兰有 200 个教区和镇②开始通过市议会决定自己的政府体制和选举办法,决定官员的任命方式和法院的运作,决定如何实施管理和为国王筹款

---

① 钱乘旦、陈晓律:《在传统与变革之间:英国文化模式溯源》,南京:江苏人民出版社,2010 年,第 65 页。

② David Wilson and Chris Game, *Local Government in the United Kingdom*(Fifth Edition),Hampshire and New York:Palgrave Macmillan,2011,p.55.

等。在英格兰的影响下,苏格兰也出现了大量的自治城市和自治市政务委员会,使地方自治市制度得以迅速发展和蔓延。中世纪英国的自治市独立于郡区之外,成为地方一级单位,同时享有比郡更大的自治权力,显现出自治市与郡二元并立的地方组织结构特征。

2. 自治市的权力结构

(1)市长、市议会、城守及其他官吏

查理一世(Richard Ⅰ,1189—1199 年)统治时期,城市开始拥有选举市长的权利。1215 年英国颁布的《大宪章》又进一步规定:城市享有自己选择官员权利。1190 年左右,伦敦就拥有自己选举市长的权力。还有一些比较大的城市如牛津、约克、曼彻斯特等,甚至还拥有自己设立市长的权力。自治市还拥有自己的市议会,由 24 人组成,负责监督城守的工作并兼备顾问。[1]城守也是由市民选举产生,他们主要处理自治市内部的事务。在有一些城市,就只有城守而没有市长。在市长职位之下, 还会设立一些如财政官(chamberlain)、司法官(beadles)等其他官吏,履行逮捕、扣押和监禁等职责。

每个自治市基本上都有市长、市议会和城守,其他官员则依不同的自治市而有所不同。尽管一直以来,中央通过任免官员去控制郡政府,然而直至 17 世纪晚期,中央都不拥有直接任免享有自治权市市政官员的权力,体现出城市独特的权力地位。但是日本学者松村岐夫认为英国只有兼任执行部的市议会,所以靠个人的威望象征整个地区的人物除"城市"外,在形式上是存在的,然而即使在"城市",市长也是礼节性的象征。[2]此外,自治市的市长或城守与郡内的郡守或治安法官一样,他们都没有薪金。郡守或治安法官是拥有土地的贵族和乡绅,市长或城守也是财力雄厚,多被富有家族垄断。市议会由比较富有的人操纵,是一种寡头政治。

---

① 马克垚:《英国封建社会研究》,北京:北京大学出版社,2005 年,第 228 页。

② [日]松村岐夫:《地方自治》,孙新译,北京:经济日报出版社,1989 年,第 11 页。

（2）自治市法庭

伴随货币经济的发展,埃德加国王(King Edgar,959—975年)统治期间,各自治市开始拥有自己的城市法庭,根据埃德加法第五条的规定,城市法庭每年开庭三次,法庭的主持者由市民选举产生,往往是由商人行会组成的市政机关,市民除非其案件涉及国王或者领主的司法权力,一般不受其他法庭审判。①城市法庭逐渐形成独立的司法权,这成为自治市产生的重要标志。正如比利时学者亨利·皮雷纳(Henri Pirenne)所说:"作为一个独立的司法地区,城市必须得拥有自己的审判权。"②但是早期拥有自治权的城市还是占少数,国王和封建主还要对其进行监控。例如在自治市法庭上,领主们通常设法提高税金和征收各种罚款以削弱自治市的特权。正如米勒所说,英国的城市社团不过是以英王为首的地主阶级统治下的地方组织的一部分而已。③

（三）教区制

1. 教区的起源及外部结构

教区(parish)作为自治主体出现于盎格鲁-撒克逊时代后期。教区主要由牧师与教区居民组成,主要功能是提供宗教的慰藉和规定宗教的义务。604年,在罗彻斯特建立了第一个教区。当时的"地方"都以修道院为中心,修道院院长成为各地的管理者。大量早期发展起来的英格兰城镇成为大教堂的所在地。这些城镇通常由每一教区的居民来讨论涉及农业和防务方面等事务。中世纪的乡村主要由村庄(village)、庄园(manor)和教区(parish)三者组合而成。乡村既传承了村民自我调控的管理方式,又会受到庄园领主的封建统治,还会形成以教区为单位的宗教与民俗的地域性精神文化生活;并且

---

① 参见马克垚:《英国封建社会研究》,北京:北京大学出版社,2005年,第47、227页。

② ［比利时］亨利·皮雷纳:《中世纪的城市:经济和社会史评论》,陈国樑译,北京:商务印书馆,2006年,第128页。

③ 参见马克垚:《英国封建社会研究》,北京:北京大学出版社,2005年,第229页。

乡村离王权也相对较远,具有一定的地方自治性质。随着经济的发展,中世纪晚期时的庄园制解体,村庄、庄园和教区三者组合的乡村共同体赖以存在的物质基础已经消亡,三者复杂的结合方式完全被教区制所取代。但是乡村人民共同参与地方行政管理工作的自治精神却传承下来。

都铎时期(1485—1603 年)地方政府被赋予了济贫功能。1601 年伊丽莎白济贫法(Elizabethan Poor Law 1601)颁布,教区变成了执行济贫法的主体,其地位也从原来的教会基层单位变成了英国地方政府最基层单位。在一些郡长控制的地区,专门设立教区来执行次要职能,这也削弱了郡长的权力。苏格兰和威尔士的教区职能于 1601 年得到广泛扩展,开始负责资助穷人。郭方在指出教区变成地方最基层单位的原因是:"教区本来是天主教会的基层组织,在英国有八千个左右,每个教区面积平均为 4 到 6 平方英里。在宗教改革时期,通过一系列措施,将其改造为基层的地方行政单位。选择教区作为基层单位是有道理的,它不像庄园、市镇、百户、领地等单位存在着大量旧的封建生产关系和社会关系,有着他们的局限并且正在衰落。教区作为一个地区全体教徒,也基本就是全体居民进行经常必不可少的宗教活动的单位,最适合于集权的近代国家全面地统治全体人民的需要。"①

近代教区联盟于 1485 年到 1832 年间建立起来。英国有很多教区,17 世纪的教区数量已经超过了 1.5 万。教区的规模、人口和功能几乎都不一致,每个教区都反映出一个地方特色,最小教区的人口只有十几个人,而有的教区则转变成了名副其实的城市。②随着济贫范围不断扩大,单个教区从 17 世纪开始存在济贫效率低下和费用高的问题。为了解决济贫效率问题,单个教区联合起来成立了一个联合的济贫院。根据安东尼·布鲁丹其的研究,在 17 世纪末到 18 世纪末,存在着两种类型的济贫联合区:一类是根据议会通过的

---

① 郭方:《英国近代国家的形成》,北京:商务印书馆,2007 年,第 81~82 页。

② John Kingdom, *Local Government and Politics in Britain*, New York and London:Philip Allan, 1991,p.21.

地方法令所组建,另一类属于吉尔伯特式的济贫联合区。①

陈日华梳理了安东尼·布鲁丹其对济贫联合区的总结:"这一时期根据地方法令所创建的联合济贫体有以下特点:一是这一时期济贫联合体的创制在于地方,特别是东盎格利亚地区以及什罗普郡,主导力量是地方乡绅。根据安东尼·布鲁丹其的观点:18世纪济贫法的一个显著特点就是东盎格利亚地区百户区联合济贫现象,这其实是对传统行政的一种突破。……第二个特点是一部分地方政府已经把以前济贫管理员的权力转交给了领取薪水的济贫委员会手中,这实际上就是由教区中更有地位与能力的人主管地方济贫。18世纪存在的另一类型的济贫联合体是吉尔伯特式的,这种济贫联合体的特点在于本地居民的自主选择性。安东尼·布鲁丹其总结了这一时期英格兰济贫改革。他指出:这时期的济贫行为都没有受到中央政府的管理,其创新之处是对济贫地方行政体系的革新。总体看来反映了一种新的地方主义。"②

2. 教区的权力结构

盎格鲁–撒克逊时期,教区居民在在教会管辖区的教区议会集合,由所有人以一个真正的平民主义的方式进行决策,并由教区居民轮流去执行所要求的工作。此时决策过程和决策实施都由教区居民共享。教区政府被描绘为拥有田园诗般的民主形式。到中世纪时,教会和拥有土地的地方精英在教区中掌握着主要的权力,他们开始从自己的利益出发进行统治和收取税金。盎格鲁–撒克逊时期,田园诗般的教区政府被破坏,开放的教区议会变成了腐败的教区议会——教会和地方精英的封闭教区议会。尽管教区的权力结构不是很透明,但是地方政府的两个基本权利在不是中央政府给予的情况下,还是自然而然地出现了:所有公民有参与地方决策的权力;社会需要提供公民渴望的服务。③

---

① 陈晓律主编:《英国研究》,南京:南京大学出版社,2009年,第186页。

② 同上,第187~188页。

③ John Kingdom, *Local Government and Politics in Britain*, New York and London: Philip Allan, 1991, p.22.

总之,从以上郡区、自治市和教区制度中可以看出,英国早期地方自治的特点主要表现为:①地方自治主体高度分散。郡区政府、自治市、治安法官和各种法庭分别独立管辖地方事务,在总体上呈现为管辖权高度分散的状况。②此时期中央与地方相分离,英王的行政统辖权十分有限,主要通过郡长去控制郡。对于自治市和教区,国王更加难以控制。教区主要处于郡的监督下,各自治市则通过购买特许状获得自治权。③征税权归于地方政府,地方政府有权控制自身开支,反映出地方政府较高程度的自治性。

二、英国早期地方自治主体的功能

英国早期(440—1832年)地方自治主体的功能比较简单,责任也很有限,只是直接提供比较初级的服务。他们具有维持社会治安的功能、济贫功能,还具有司法功能,并具有税收权、教会立法权和安全事务权。这一时期地方自治的特点就是行政和司法经常混在一起。所以早期的地方自治主体——郡、自治市和教区都拥有自己的法庭解决地方上的争端和审判犯罪。

郡本身的行政功能并不多,更像是一个控制地方机构的组织,更广泛地讲,是维持法律和秩序。[①] 1531年郡开始负责桥梁的修建和维护。之后郡也逐渐负责河道清理的工作。1572年,郡拥有济贫功能,开始征收济贫税。从1555年开始,教区开始负责道路的修建和维护。1601年济贫法的颁布,标志着教区成为了执行济贫法的主体。但是教区解决不了的济贫问题,会交由郡内官员来协调解决。自治市需要处理与各种经济和社会生活相关的事情,例如早期的城市卫生环境比较差,自治市内有法律规定要对破坏环境者进行惩罚。自治市对于食品安全、城市公共设施、水源、市场交易秩序、店铺关门时间等社会和经济生活都有详细规定,并对违反者罚款。与郡和教区一样,自治市也负责一些济贫活动。

---

① J.A.Chandler, *Explaining Local Government:Local Government in Britain since 1800*, Manchester and New York:Manchester University Press,2007,p.10.

早期地方自治主体提供服务功能的依据是地方习惯法或普通法。依据这些法律,个人或者团体都可以在地方提供服务。重要的是,当时英国的每个人都有很强的义务心和责任感来履行各自的职能。一直到 17 世纪末,英国都没有地方行政的概念,也没有我们现在所指的正式官员的出现。[1]其实,最好理解英国早期地方自治组织功能的办法,就是详细了解郡、自治市和教区内的主要管理人员的职责,以及郡、自治市和教区中法庭的功能。例如,村长的主要职责是召集村庄会议,处理邻里纠纷,维护村规民约等各项行政管理事务,还包括缉捕犯罪、维持村庄治安、征收税款、罚金等,如遇重大事务或案件需提交上一级机构处理。由于上文已经做了论述,这里就不再详细论述。总之,英国早期地方自治组织功能比较简单。

第二节　英国现代地方自治的发展(1832—1979 年)

19 世纪 30 年代郡议会的形成开启了英国地方自治制度的民主化进程。[2]一系列法案的颁布使英国逐渐形成民选的地方议会,这些议会使英国的地方自治体制走向现代化和规范化。其中 1835 年颁布的市政法案是现代地方自治政府体制建立的第一步,是有关英国地方政府结构的第一次立法,标志着英国现代地方政府体制的初步形成。英国中央政府于 19 世纪八九十年代完全改组了地方政府体制,建立了选举产生的双层的城市-乡村地方政府结构。于 20 世纪 70 年代中期又重组了地方政府的外部结构,虽然仍然保留了双层地方政府结构,但是却比原来精简了许多。相对英国地方政府的外部结构变化而言,英国现代地方政府的内部结构比较稳定,主要是委员会制(the

---

① David Wilson and Chris Game, *Local Government in the United Kingdom*(*Fifth Edition*),Hampshire and New York:Palgrave Macmillan,p.10.

② 19 世纪对地方政府来说是一个开创的新时期,建立了现代地方自治政府。也是英国历史上的改革年代,发生了三次议会政治改革运动;并且由于农业社会向工业社会过渡以及城市化进程的迅速发展,也发生了许多社会改革运动。

committee system)和部门主义(departmentalism)。随着英国现代地方政府结构的发展,其功能也在不断的变化与增加。

一、英国现代地方政府体制的发展

政治学家对于英国在什么时间形成现代政府体系尚未达成一致。加布里埃尔·A.阿尔蒙德等人的阐述或许比较精准:"宪法史学家或许会把时间定在 1485 年,即中央集权的都铎王朝开始的时候;经济史学家会从 1760 年左右算起,这时开始了工业革命;而失意的改革家则可能声称这一时刻还没到来。最为合理的判断是,现代政府是在维多利亚女王 1837 年到 1901 年这一非常长的统治时期中形成。当时,社会日益城市化、工业化,人们的识字率日益提高,且对于机构未能改革的批评日益严厉,为了解这一社会变化带来的问题,于是创立了许多政府机构。"①伴随着工业革命的到来,英国出现了许多新的问题,原有的早期地方政府体制无法适应时代变化的要求,引发了 19世纪的地方政府体制改革,英国现代地方政府体制由此形成并得以发展。

(一)英国现代地方政府体制的外部结构

与法国在 1789 年大革命后就存在清晰的地方政府制度,并一直延续至今的情况不同,英国于 19 世纪才真正形成地方政府的概念,并于 19 世纪的大部分时间里,英国地方政府仍呈现分散和不统一的状况。法国在 1789 年大革命后,在每个市镇、行政区、教区或乡村社区以及 3.6 万多个村社,无论是最小的村社还是那些教区都有相同的法律地位; 每个市镇都有自己经过普选产生的议会,以及一名同时对中央政府和本区负责的市长。②而在 19 世

---

① [美]加布里埃尔·A.阿尔蒙德、拉塞尔·J.多尔顿、小 G.宾厄姆·鲍威尔等:《当代比较政治学:世界视野》(第 8 版 更新版),杨红伟等译,上海:上海人民出版社,2009 年,第 177~178 页。

② [英]戴维·威尔逊、克里斯·盖姆:《英国地方政府》(第三版),张勇等译,北京:北京大学出版社,2009年,第 55 页。

纪 30 年代以前,盎格鲁-撒克逊时期形成的郡、自治市和教区的这种地方政府单位在英国一直这么混乱地存在着。如本章第一节所述,郡由国王指派的治安法官管理,治安法官具有司法和行政的双重角色,拥有的权力非常大。大约有两百多个自治市获得了皇家特许状,通过建立他们自己的自治市政府来管理自己的事务和法庭,来摆脱治安法官的控制。1.5 万多个教区通过指派没有薪金的官员,如治安官(constables)和公路检查员等方式,各自负责着维持法律和秩序,维护道路和为穷人提供工作或进行财政救济等工作。①

面对工业化和城市化对地方政治的挑战,由土地拥有者利益集团控制的原本拼接式的地方自治政府体制已经不能应对这种挑战引起的复杂社会变化。为了满足新出现的工业化和城市化时期的地方需求,完善"二元政体"结构,中央政府已经意识到对地方政府结构重组的必要性,建立了一系列的单一目的主体(single-purpose ad hoc authorities)。这种单一目的特别政府也被称为特别区政府,是 19 世纪改革中建立的地方民选政府。每一个特别区政府都是在特定的领域提供具体的服务。如依据 1834 年济贫法成立的教区联盟;依据 1848 年公众卫生法设立的地方卫生委员会(local health boards),后经撤并与改组,于 1871 年组建成地方政府委员会;依据 1835 和 1862 年公路法成立的公路委员会(highways boards);以及依据 1870 年教育法成立的学校委员会(elementary school boards)等,均属此类。特别区政府的基本功能是为社会提供公共服务,基本特征体现为:第一,拥有独立征税权,由此而使此类政府在很大程度上享有自治权。第二,接受中央政府的监督和支持。中央政府对地方政府某些服务的最低标准作出规定,地方政府若财力不足可请求中央政府给予援助,中央政府则通过提供财政援助加强对地方政府的监督,由此而对地方事务加以干预。第三,特别区政府不受郡治安法官的管辖。此类地方民选政府的出现缩小了治安法官对地方事务的管辖范围,形

① David Wilson and Chris Game, *Local Government in the United Kingdom(Fifth Edition)*, Hampshire and New York:Palgrave Macmillan,p.55.

成民选官员对郡治安法官的分权。

直至一系列的法案颁布后,例如 1832 年改革法(the Reform Bill of 1832)、1834 年济贫法修正案(The Poor Law Amendment Act 1834)和 1835 年市政法案(the 1835 Municipal Corporations Act),英国才逐渐形成民选的地方议会,主要有郡议会、自治市议会和大伦敦议会。这些议会标志着英国地方自治体制具有了现代化和规范化的特征。19 世纪 30 年代郡议会的形成开启了英国地方自治制度的民主化进程。1832 年改革法使政治权力从贵族阶级转移到中产阶级手中。[1]从 1832 年的改革法开始,平民选举权渐进扩大。1834 年济贫法修正案,宣布要创建更多的单一目的的地方当局,并把原来的教区组合成 700 个教区联盟。该法案结束了教区管理济贫事务的时代,由中央政府管理的联合济贫区和济贫委员按照全国统一标准来履行原来教区的济贫功能,这就使得济贫第一次成为英国中央政府的事情,并且管理人员是中央政府指定的选举产生的专业人士,以取代原来地方上的贵族和乡绅等。

英国现代地方自治政府在保留许多单一目的机构的同时,也开始设立目标多元化的机构。1835 年颁布的市政法是当今英国地方政府运行的基石,是有关英国地方政府结构的第一次立法,确立了选举产生的多功能的地方自治政府原则。[2]该市政法案是现代地方自治政府体制建立的第一步,把中世纪以来大约一万个城镇和教区拥有的分散与单项特权整合进一个统一框架。该市政法案的颁布标志着英国现代地方政府体制的初步形成。[3]该市政法案建立了民选的自治市议会,改变了早期自治市通过向国王购买特许状的方式获得自治权的状况,自治市的地位得以提升。该法案认可不断发展的

---

[1] Frank J. Goodnow, "Local Government in England", *Political Science Quarterly*, Vol.2, No.4, 1887, p.649.

[2] David Wilson and Chris Game, *Local Government in the United Kingdom(Fifth Edition)*, Hampshire and New York: Palgrave Macmillan, p.57.

[3] Atkinson, Hugh, Wilks-Heeg, Stuart, *Local Government from Thatcher to Blair: the Politics of Creative Autonomy*, p.13.

城镇的重要性,并进一步将城市的自治权置于立法议程中,规定自治市政府由选举产生。根据这一法律,在较大的市镇建立了 178 个由选举产生的多功能市议会,他们是地方的代表性机构。议员由纳税三年以上的成年男子选举产生,任期三年。该法剥夺了地方教会的行政管理权,由市议会总揽地方事务。市议会属于综合性的地方政府,主要行使政治和管理职能,并接受居民监督。这种选举产生的地方议会拥有很大的自由裁量权,此时中央政府几乎不对其进行干预和监督。市议会可以决定税率,征收地方税,并且其显著特征是地方当局的行政开支差不多完全来自于其征收的地方税,为维多利亚时期(Victoria,1837—1901 年)地方自治充分发展并达到地方自治的黄金时期奠定了基础。

但是直到 19 世纪末,整个英国地方政府体制仍然较混乱。整个地方政府体制发展不均衡,不能满足不断发展的工业化和城市化社会的需求。上千个委派的、选举产生的单一目的和多重功能的地方当局混乱地并存着。而国家明确不容许地方服务有差异,这是典型的英国现象,这也是地方政府改革者面临的最大的两难境地。①为了解决这些问题,中央政府进一步颁布了一系列的法令。1884 年颁布的《人民代表法》统一了英国城乡公民在议会选举中的选民资格;1885 年的《重新分配议席和选区划分法》统一了各地区分配议席的人口比例,英国大多数的成年男子获得了选举权。到 1918 年时,所有的成年男子和妇女都拥有了选举权。英国中央政府于 19 世纪 80—90 年代完全改组了地方政府体制,建立了选举产生的双层的城市-乡村地方政府结构,但是仍保留了自治市的独立性,这种结构一直持续到 20 世纪 70 年代。1894 年的改革更为激进,创造了一个全新的地方政府层级——区议会,作为现代地方自治的低层纽带。

1888 年的《地方政府法》(The 1888 Local Government Act)规范了城乡居

---

① [英]戴维·威尔逊、克里斯·盖姆:《英国地方政府》(第三版),张勇等译,北京:北京大学出版社,2009年,第 39 页。

民在地方自治中的权利,将民主选举原则应用于郡,实现郡自治制度的民主化。该法规定,作为地方权力机关,郡、郡级市和伦敦郡议会必须由选民直接选举产生,将以往由治安法官负责的大量事务交由议会负责,①大大提升了郡议会的权力地位。郡作为现代地方自治的高层纽带,被赋予了很多职能。根据这一法律,在英格兰和威尔士建立了 62 个②选举产生的郡议会(county councils),大部分郡议会在乡村地区。郡议会第一次成为真正的选举产生的地方当局,接管了治安法官的行政责任,③由选民直接选举产生的郡议会管理郡内事务;在郡内居民人口超过 5 万的城市地区,也就是 61 个比较大的自治市保留原来的自治权,建立多功能的郡自治市议会 (county borough councils)。郡自治市与郡的地位相同,不受郡议会管辖,由选民直接选举产生的郡自治市议会管理市内事务,这也为以后的改革留下了伏笔。此外,还建立一个伦敦郡议会,使伦敦地区单独成为一个郡,由选民直接选举产生的伦敦郡议会管理伦敦事务。郡议会、郡自治市议会和伦敦郡议会成为英国双层地方政府的第一层级。1889 年英国威斯敏斯特议会颁布《1889 年苏格兰地方政府法案》(Local Government Scotland Act 1889),在苏格兰建立了相类似的地方自治机构,建立了 33 个郡议会和 4 个郡自治市议会。

为了进一步简化地方政府,1894 年英国中央政府再次颁布《地方政府法》(The 1894 Local Government Act),在全国 62 个郡议会管辖范围内建立535 个城区议会、472 个乡区议会和 270 个非郡自治市议会(non-county borough councils)(人口在 5 万人以下,简称"郡属市"),成为郡以下第二层级地方政府。也就是自 19 世纪 70 年代以来 1277 个负责城市和乡村公共卫生的

---

① Hellmut Wollmann, "Local Government Reforms in Great Britain, Sweden, Germany and France: Between Multi-Function and Single-Purpose Organizations,"*Local Government Studies*, Vol.30, No.4, 2004, pp.639-665.

② 其中包括伦敦郡议会。

③ David Wilson and Chris Game, *Local Government in the United Kingdom (Fifth Edition)*, Hampshire and New York: Palgrave Macmillan, p.58.

区和非郡自治市。1899 年颁布《伦敦政府法案》(London Government Act)，在伦敦郡议会下设立了 28 个大都市自治市(metropolitan boroughs)，但伦敦市政府(City of London Corporation)以及其市长、法院和议会并没有改革，被保留下来。这样，28 个大都市自治市和伦敦市政府也作为第二层级，完善了伦敦郡政府结构。①但是在英格兰和威尔士的一些地区有一些特例，存在着第三层，具体是在乡区议会以下又分为若干教区(威尔士的教区称社区)，教区人口达 300 人的设立教区议会，不到 300 人的设立教区会议。1900 年中央政府颁布《城镇议会法》(Town Councils Act 1900)，要求所有自治市均设立民选议会，在苏格兰也建立同样的结构。至此，双层地方政府体制完全建立起来。英国统一的地方行政区划和自治性管理体系得以形成(见图 2.1)。

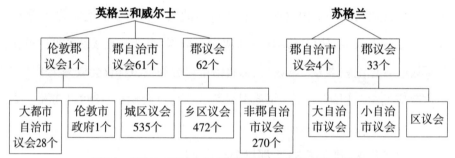

图2.1 1888—1899年重组后英国的双层地方政府结构

资料来源：[英]戴维·威尔逊、克里斯·盖姆：《英国地方政府》，第57~59页。

1929 年，英国中央政府颁布了《地方政府(苏格兰)法案》[Local Government and local Government(Scotland)Acts]，废除了济贫部，并将实施济贫法、公民登记和医疗服务等职权下放给地方政府。此种功能性的变化使英国地方政府的权力发展到顶点。在英国地方政府结构改革的过程中，19 世纪 90 年代到 20 世纪 60 年代被称为英国地方政府的"黄金岁月"，20 世纪 30 年代早期达到了地方自治黄金时期的顶点。②在黄金时期里，这些真正选举产

---

① David Wilson and Chris Game, *Local Government in the United Kingdom(Fifth Edition)*, Hampshire and New York: Palgrave Macmillan, p.58.

② Ibid., p.59.

生的多功能的地方当局通过自己征收地方税来获得收入向公民提供服务，而不是依赖中央政府的财政资助。中央政府也很少对地方事务进行干涉。英国地方主义和中央主义并行发展。

二战后，随着福利国家的发展，卫生项目的国有化等，地方政府的一些功能被逐渐减少。20世纪60年代，地方政府的规模和责任问题迫使地方政府结构改革继续进行。首先是从伦敦开始。英国中央政府于1957年建立赫伯特皇家委员会，调查研究伦敦地方政府制度。调查结果是：此前伦敦郡政府的管辖范围远不足以解决现实问题，不可避免地会出现政府单位与服务边界的冲突问题。该委员会于1960年建议撤销伦敦郡和米德尔塞克斯郡（Middlesex），建立大伦敦市政府。这一建议为当时的保守党政府所采纳，于1963年颁布《伦敦政府法》（London Government Act 1963），1965年该法案生效。该法案建立了大伦敦议会（Great London Council），下辖32个伦敦自治市议会和1个伦敦城议会，其中12个自治市和伦敦城共同组成内伦敦，其余20个自治市构成外伦敦。①这项法案使伦敦的双层体制被重构。新成立的大伦敦议会主要负责提供更具全局性的服务，如消防、救护车、主要道路的维护和废物处理等。但英国地方政府机构改革受政党因素的影响很大，大伦敦议会也先后经历了撒切尔政府时期被废除和新工党政府重新建立的过程。

1966年，英国中央政府又建立了两个皇家调查委员会（Royal Commissions），在英格兰是以雷德里克夫·莫德（Lord Redcliffe-Maud）为主席，在苏格兰以惠特利（Lord Wheatley）为主席。这两个皇家委员会负责调查英国地方政府的状况，并于1969年提出改革建议，主张简化地方政府制度，扩大地方自治权。当时在任的保守党政府最终大体接受了改革建议，根据调查委员会的建议，英国政府对地方政府体制加以改革，重组英格兰、威尔士和苏格兰的地方政府。但是仍然保留以既存郡为基础的双层地方政府体制。

---

① David Wilson and Chris Game, *Local Government in the United Kingdom (Fifth Edition)*, Hampshire and New York: Palgrave Macmillan, p.60.

1972 年颁布的《地方政府法案》(Local Government Act)使苏格兰和威尔士的郡被重新划分,由原来的 62 个减少到 47 个,平均每郡人口是 73 万人,郡仍是地方政府双层体制中的第一个层级。郡自治市的数量通过合并也减少了很多,平均每个郡自治市的人口是 12.5 万人。原来的郡自治市大多都是工党的大本营,受政党因素的影响,这些郡自治市都被合并或被降为地方政府双层体制中的第二个层级。教区议会维持不变。这样苏格兰和威尔士原来的一千多个郡自治市议会、城区议会、乡区议会和非郡自治市议会被合并为 333 个区议会,作为地方政府双层体制中的第二层。在主要的卫星城,建立了六个大都市郡议会,分别是:大曼彻斯特 (Greater Manchester)、默西塞德 (Merseyside)、西米德兰兹(West Midlands)、泰恩威尔(Tyne and Wear)、南约克(South Yorkshire)、西约克(West Yorkshire)。大都市郡议会下又设 36 个大都市区议会。1972 年颁布的《地方政府(北爱尔兰)法案》在北爱尔兰选举产生 26 个单一层级区议会,取代了原来的地方当局。1973 年颁布的《地方政府(苏格兰)法案》[the Local Government(Scotland Act 1973)],也重组了地方政府,第一层为 9 个大区议会(regional councils)和 3 个独立的岛屿议会,第二层为 53 个区议会(district councils) (见图 2.2)。有关苏格兰地方政府的结构发展情况,下文还会做详细介绍。

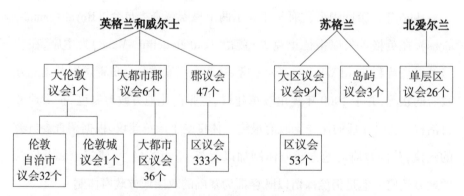

图2.2 1974年重组后英国的双层地方政府结构
资料来源:David Wilson and Chris Game, *Local Government in the United Kingdom (Fifth Edition)*, Hampshire and New York: Palgrave Macmillan, p.56.

总之,英国地方政府机构在 20 世纪 70 年代中期开始的改组,目的是在整个联合王国建立一种完全一致的地方政府模式。①此次地方政府的改革与重组,虽然仍然保留了两级地方政府制度,但是却比原来精简了许多。中央政府在这次改革过程中的指导思想还是工具主义和效率取向。与此时欧洲国家的改革相比,英国地方政府改革最激进,改革后的英国地方政府规模非常极端化。经过 1972 和 1974 年的地方政府改革,英国地方政府的数量差不多从 1500 个减少到了 400 个,可见通过不断的结构改革,英国地方政府的规模越来越大。这比法国地方政府规模要大很多,此时法国还存在着大约三万个地方政府。此次英国地方政府结构改革在某种程度上提高了地方政府的实力和地方政府提供公共服务的效率,但也出现了地方政府规模扩大后尾大不掉、对抗中央政府的倾向。并且,社会快速变化导致地方政府工作日益复杂化,使以业余人员兼职为主的地方政府难以应对,由此推动了 20 世纪 70 年代以后的英国地方政府改革。

　　19 世纪以来,英国地方自治体制的发展显现出明显的民主化趋势和特征,表现为地方议会②、地方官员和议员均由当地居民选举产生,而非由中央政府或上级任命或指派;当选官员和议员对选民负责,而非对上级负责;此时期英国政府出台的一系列法律明确郡议会和自治市议会等地方自治主体的地位,扩大了选民范围,减少了选民资格的限制,地方政府拥有较大的独立权力。③并且在 20 世纪 60 年代的政府结构改革之前,中央政府对地方具体事务基本保持沉默,主要通过立法和财政援助调节地方的社会生活和经济生活,对地方政府实施监督,因而有"二元政体"的说法。

　　① ［英］伊夫·梅尼、文森特·赖特主编:《西欧国家中央与地方的关系》,朱建军等译,北京:春秋出版社,1989 年,第 41 页。

　　② 在英国,地方当局(local authorities)、地方政府(local government)和地方议会(local council)这三个词的含义基本上是一样的,经常交换着使用。本文也是替换着使用的,表达的基本上是一个意思。只是地方议会是地方当局法律上的体现。

　　③ ［英］F.J.古德诺:《政治与行政》,王元、杨百朋译,北京:华夏出版社,1987 年,第 24 页。

(二)英国现代地方政府的内部结构

自从 19 世纪 30 年代以来，英国现代地方政府的内部结构主要是委员会制(the committee system)和部门主义(departmentalism)。委员会由选举产生的地方议员组成，官员(officers)[与中央政府的行政人员有所不同。]担任顾问。委员会定期公开召开全体会议，承担地方议会的大量工作。每个委员会都由一位主席来主持会议，联系官员和代表委员会进行工作。委员会里的地方议员们将他们具备的地方知识和对地方需求的政治分析，与官员的专业型意见相结合，这样能够更加民主地实施地方政策。可见，一项议会政策是议员和官员相互沟通的产物。委员会制可以使得地方当局更加有效地和民主地运作。

委员会制的优点是可以使地方议员获得专业的知识，同时发展地方议员在大众演讲、主持和其他方面潜在的领导技能；决策可以在大众会议下讨论、决定和检验，反对党还可以提出替代性的提议，共同的目标都是希望提高决策质量。①

委员会制也存在一些缺点：第一，地方议会将许多他们的工作和决策权授权给委员会，但是委员会的成员，甚至委员会主席都没有决策执行权。议会的决定权被授权给官员，而不是每个地方议员，甚至不是地方议会的领导或委员会主席。经典的比喻为："一群人决定着他们什么都不能执行的事情。"②因此从法律上讲，所有地方议员都仅仅是决策过程的一部分。第二，委员会浪费大量的时间进行着重复的讨论，严重影响到工作效率，并延缓决策过程。委员会的数量非常多，即使有相同服务责任的议会也会有不同的委员会，不存在两个议会拥有相同委员会的情况，并且委员会之间也很难进行协

---

① David Wilson and Chris Game, *Local Government in the United Kingdom(Fifth Edition)*, Hampshire and New York：Palgrave Macmillan，p.104.

② Ibid.，p.103.

调。委员会讨论的内容主要是以一些工作运行细节为主，对主要政策问题、战略和监督服务质量方面的讨论会相对薄弱。[①]地方议员也过度专业化，不能从整体上分析地方议会的利益。

在随后的发展中，地方委员会不断解决自身问题。几乎所有的地方议会都建立了某种重要的协调委员会，例如政策和资源委员会。但是这种协调委员会由资深议员组成，由地方议会的领导而不是公民直接选举产生的领导主持。这种问题在随后的治理体系下得到了解决。

大多数欧洲国家都是基于部门主义这个原则来发展地方政府体制的，英国也不例外。部门主义就是地方政府以部门的形式来组织。部门由地方议会的雇员和一些官员组成，他们执行由选举产生的议员们制定的政策，负责地方政府的日常运行。在每个部门里，通常由其资深专家来担任长官(a chief officer)，领导与负责部门里的工作，并对委员会和主席负责。多数地方政府都拥有一位首席执行官员，这位官员是地方议会雇员们的领导，负责协调地方议会的运作与政策工作。地方政府中存在着大量相似的部门，一些部门直接向公众提供服务，例如教育、房屋、社会服务、图书等服务；还有一些向其他部门提供服务的部门，例如财政、人事、建筑和设计等服务。[②]

部门主义具有等级性和功能性的传统模式特征。等级制(hierarchy)是地方当局组织和其责任是从上到下，有严格的纵向权力分离。全体议会(由选举产生的成员组成)在这个组织图中占据最高的位置，下一层是一些地方议员的小组委员会(the sub-committees)，再到地方议会雇员的一些特定部门。地方议会事务的责任所在就刚好相反，从每个部门到小组委员会再到全体议会。部门主义还是从左到右，有清晰的、严格的横向功能性分立。地方当局的每个主要功能，例如教育、住房或社会服务，都有一个独立的地方议会委员会或独立的地方议会部门来负责。每个部门都由一个专家来领导，这个专

---

①② David Wilson and Chris Game, *Local Government in the United Kingdom(Fifth Edition)*, Hampshire and New York：Palgrave Macmillan, p.104.

家与相关委员会的主席联系密切。

英国独特的历史和政治因素导致了部门主义这种根深蒂固的文化。英国现代地方政府于19世纪建立之初就是一种单一目的的机构，具有功能分离的文化。1835年市政法案建立的市议会也是具有严格的功能分离特性，地方当局要提供多种服务。二战后，这种部门主义趋势仍在继续，地方当局的新作用就是作为福利国家的一部分。随着福利功能的重要性不断增加，大多数地方当局部门都由专业人士占据主导地位，没有专长的人很难在地方政府中当上主管。①每个部门的特性和风气也逐渐地具有独特职业群体的特征，加深了部门之间的界限。

这种传统的委员会和部门模式反映出英国现代地方政府一直拥有组织他们自己事务的自由。但是这种传统模式在20世纪60年代开始有所转变，在20世纪80年代受到严重挑战，致使许多地方当局试图摒弃传统模式，更加倡导授权的地方当局(enabling authority)、权力下放和社区治理等政策，中央与地方的紧张关系不断升级。

1967年，约翰·莫德(John Maud)为主席②的皇家调查委员会指出了传统委员会和部门模式存在问题，19世纪的传统就是地方议会的成员必须关注每天的行政细节。调查委员会认为地方当局被分成许多个体部门，碎片化严重，缺乏有效的核心行政方向，不利于政策的制定。随后调查委员会提供了许多改进地方政府内部结构的方法：第一，所有主要的地方当局都应该拥有一个具有广泛权力的管理董事会(Management Board)，由5~9名高级议员组成。第二，大力精简委员会和部门的数量，并且每个地方当局都应该任命一位首席执行官(chief executive officer)。面对1967年皇家调查委员会的意见，多数地方当局都非常反对，有些地方当局针对委员会制还是进行了一些合

---

① [英]约翰·格林伍德、戴维·威尔逊：《英国行政管理》，汪淑钧译，北京：商务印书馆，1991年，第152页。

② 后来由雷德克利夫·莫德(Redcliffe-Maud)主持。

理化的改革,一些地方当局还任命了首席执行官。

贝恩斯(Bains)委员会和帕特森(Paterson)委员会成立于 1971 年,主要是为 1972 年《苏格兰和威尔士地方政府法案》和 1973 年《地方政府苏格兰法案》中确立的新的地方政府内部结构改革提供意见。这一次莫德的管理董事会还是没有得到支持。贝恩斯和帕特森认为,传统的部门主义必须让位于范围更广的团体主义(corporate management)。与 1967 年的改革一样,这次许多新的地方当局也都任命了首席执行官,还有一些建立了政策和资源委员会与高级官员管理团队。但是部门主义这种文化从英国现代地方政府一建立就已经具有,且根深蒂固。在这种情况下能够发挥强有力的和协调作用的首席执行官仍然是个例外。

总之,在英国现代地方政府时期,地方政府内部结构比较稳定,变化不大。但是随着英国地方政府外部结构和功能的变革,在英国地方治理时期,英国地方政府内部结构还是有所突破的,下一章有详细介绍。

二、英国现代地方政府功能的演变

地方政府的主要功能就是提供公共服务。随着经济、政治和社会的发展,英国地方政府的功能在不断地变化,服务项目在不断地增加。由于早期地方政府功能比较简单,没有对服务项目进行分类的必要。而英国现代地方政府功能比较多,有必要进行分类。约翰·金德姆在其《英国的地方政府和政治》一书中认为,地方当局承担两个主要类别的功能:"一种是服务社会(community),另一种是支撑自己,就是家政功能,管理土地、人事和财政等资源。"[①]约翰·金德姆又将社会功能具体分为五类——"保护性的:消防、治安和保护消费者等;环境性的:道路、控制人口和规划等;个人性的:教育、职业、住房和社会服务等;娱乐性的:公园、休闲中心、滑雪场所、剧院和艺术画廊等;商业性

---

① John Kingdom,*Local Government and Politics in Britain*,New York and London:Philip Allan,1991,p.35.

的:市场、饭店和交通等。"①莫德在1966年的报告中称,地方政府的功能大约有六十多种,但按性质来看,大致可归纳为三个方面:即保护、便利和福利。②但是这些对地方政府功能的分类并不能解释为什么地方政府要提供这些服务,而其他一些功能要由中央政府提供。理性的解释是,国家内一些功能的分配是为了优化一些人们向往的目标,例如效率、效益或民主。③但理性的解释相互矛盾,因为政府会受到历史因素以及现状惯性的影响。

英国现代地方政府自从产生后,其外部结构和内部结构都在不断发展与改革,但是无论地方政府的组织形式如何发展变化,其都是投送公共服务的最首要机构。公共服务主要包括教育、住房、治安、垃圾清理、道路建设、社会服务、供水、污水处理、消防服务和废物处理等。在现代地方政府体制下,这些公共服务都由选举产生的单一服务功能的委员会(board)负责,尽管不同委员会的职能有所区分,但还是会出现重叠混杂的情况。各种委员会使得地方政府体制复杂化,中央政府为了使地方政府体制更加合理,于19世纪90年代进行改革,形成双层体制的地方政府架构。双层结构履行不同的功能,使得地方政府的功能划分更加清晰。

19世纪,由于工业化和城市化的发展,现代地方政府出现许多新功能。例如在工业化和城市化的发展过程中,工厂数量不断增加,这就要求工业城市也要迅速成长,同时工厂中的劳动力也要有文化、受保护、身体健康和拥有方便的交通等来工作。现代城市的出现与新工业需要的空前劳动力同步进行。工厂是生产的地方,城市就是保持和再现劳动力的地方。这些新的现象需要地方政府提供更多的社会服务,道路、街道照明、给水、排污,一些基础设施和法律秩序都需要改进来满足地方经济。尽管新的工业秩序支持自

---

① John Kingdom, *Local Government and Politics in Britain*, New York and London: Philip Allan, 1991, pp.35-36.

② 胡康达:《英国的政治制度》,北京:社会科学文献出版社,1993年,第203页。

③ John Kingdom, *Local Government and Politics in Britain*, New York and London: Philip Allan, 1991, p.36.

由放任的原则,在自由市场内分配资源,但是中央政府只是对比较赚钱的区域自由放任。所以资本主义要想更好的发展，还是需要来自国家的许多服务。但是资产阶级并不是利他主义,而是为了更好地获取利益。19世纪地方政府功能的分配就是为了服务于有权势的人。此时中央政府奉行最小政府的哲学理念,中央机构比较小,并且机构组织软弱、人员配备不足以及存在腐败问题。而此时的市政当局却拥有资源、专业技术和组织,繁荣工业中心的地方议员还拥有很好的讨价还价的地位。所以这一时期的地方自治发展较好,是地方自治的黄金时期。

19世纪后期,地方政府的作用仍是应对工业化的挑战,同时减轻穷人负担成为地方当局的一项主要职责。世纪之交的时候,地方政府发展成为多功能的地方当局。在20世纪的前十年,初出茅庐的工党对现代地方政府又有新的要求,地方政府不仅要直接服务于工业发展,还要不断提高社会条件。目的是在不威胁到资本主义秩序的前提下,提高地方上工人阶级的话语权。重点是为了满足地方上的基本用途,例如煤气、电和水的供应,街道照明,公共交通。总之,自从1834年以来,市政当局要履行更多的社会服务功能。例如1902年的《教育法案》(the Education Act of 1902)把中等教育这个重要的功能赋予市政当局,地方政府负责小学和中学的教育。

二战后,政党对于地方政府的价值和作用逐渐达成共识,这是英国政治共识期(a consensus era)的开始,地方政府主要是作为综合社会服务的提供者,对英国公共政策的制定有着积极的贡献。二战后是一个新的时期,社会民主代替了自由民主,1942的贝弗里奇报告(the Beveridge Report)在可怕的战争日子里发行,许诺人们如果继续战斗,活着的人们将会迎来新时期的曙光,人们将会摆脱贫困、疾病、肮脏、无知与懒散,国家也应该进入自由市场这个神圣的领域来指导宏观经济。[①]二战后,人们是在经济不断增长和国家

---

① John Kingdom, *Local Government and Politics in Britain*, New York and London: Philip Allan, 1991, pp.34–35.

扩大干涉的背景下研究地方政治的动态性。一旦这些条件改变,地方政府先前所发挥的作用也会发生改变。福利国家到来后,地方政府的作用不断扩大,成为福利国家的一个主要部分。一直到 20 世纪 70 年代中期爆发财政危机,这才使得资本主义经济不能再继续维持上述的社会民主服务。

总之,中央与地方权力的平衡于 20 世纪被打破,权力开始偏向于中央政府,中央政府的权力获得迅速发展。最明显的一点是地方政府失去了医疗服务功能。此外,中央政府害怕过多的济贫政策(Poplarism),害怕工人阶级议员过度慷慨地帮助穷人和他们自己的工作,所以开始在许多方面干涉地方政府的工作。英国集权主义开始发展起来,地方自治逐步受到限制。随着政治和经济制度对社会生活的影响,中央政府的功能也在发展变化与增加中。中央政府从一开始就要履行一些基本的功能,比如保护财产权、维持法律和秩序、从事外交和防御事务,承担照顾穷人的责任。当英国成为一个先进的资本主义国家时,其功能也会相应的增加,比如公共支出的三个方面:社会投资、社会消费和社会费用。

英国现代地方政府把直接向公民提供服务作为其实现地方自治的手段。在一些纯粹的地方性事务方面,拥有充分的自主权。地方政府在提供以财产为中心的服务方面发挥主导作用,如道路维护、垃圾清理、供水以及污水排放等,而在提供以人为中心的服务方面只有有限的职责,如卫生保健、教育以及社会福利。①地方政府的主要功能就是提供公共服务,同时地方政府也要受到越权原则的限制。随着地方政府在服务提供方面重要性的不断增加,又受到越权原则(Wltra vires)法令的正式限制,这就使得中央政府与地方政府之间的关系不断紧张。这种紧张关系的体现就是,中央不断地试图重

① [美]安瓦·沙主编:《工业国家的地方治理》,周映华、张建林译,北京:清华大学出版社,2006年,第 24 页。

构地方政府以及地方不断地努力来维护其独立的地位。①

小　结

英国早期地方自治主体——郡区、自治市和教区，呈现非规范的地方政府体制，出现较为分散和混乱的状况。早期英格兰地方政府自下而上自然形成，并早于中央政府的形成。王室和议会很少过问地方事务，中央也无专门部门管理地方事务。地方政府的权力主要掌握在由本地贵族和乡绅担任的地方官员手中，地方掌管自身事务。早期英格兰地方自治主体的功能比较简单，行政职能与司法职能常常混淆在一起。

英国现代地方自治政府体制的形成和发展使地方政府体制逐渐规范化，显现出现代性的特点。中央政府逐步构建起双层地方政府，并不断对地方政府加以调整和重组。现代英国地方政府的结构较为稳定，主要采行委员会制。现代英国地方政府的功能有所增加，并逐渐发生分化。二战前，英国的地方自治体制和政府结构基本延续了早期的传统，中央政府对地方具体事务基本保持沉默，因而有"二元政体"之说。二战后，英国中央政府呈现中央集权化的趋势，地方自治被削弱。

---

① Hugh Atkinson and Stuart Wilks-Heeg, *Local Government from Thatcher to Blair: the Politics of Creative Autonomy*, Cambridge: Polity, 2000, p.9.

第三章　英国地方自治的变革(1979 年至今)

1979 年以来，执政的保守党政府改变了以往的改革方向，绕过地方政府，采用专门机构和分散性服务供应制度，使英国发生了从地方自治向地方治理的转变。[①]英国的地方治理，主要通过大量地方准自治政府、企业和私人部门去实现。[②]在此过程中，民选地方政府的数量大大减少，准地方自治政府增多，使地方政府的结构发生变化。在实施地方治理的过程中，地方政府的内部结构和功能也发生相应变化。在地方治理的过程中，权力的下放发挥重要作用，其中影响最大的是苏格兰的权力下放。本章将详细论及英国地方治理中的权力下放以及苏格兰的情况。

第一节　英国地方自治向地方治理的转变

二战以来，随着福利国家的出现，地方政府的公共开支不断增加，承担的公共服务职能越来越多，也越来越依赖中央政府。20 世纪 70 年代末以来，全球性的经济危机使地方政府体制中的问题越来越突出。地方政府的公共开支不断缩减，但是公民的服务需求仍在增加，导致公民对地方政府的不满越来越多。在这种背景下，从英国开始了一波全球化的地方政府改革浪潮。

---

① R.A.W.Rhodes, *Control and Power in Central-Local Government Relations*(2nd. ed.), Aldershot：Ashgate, 1999, p.xiii.

② ［英]比尔·考克瑟等：《当代英国政治》(第四版)，孔新峰、蒋鲲译，北京：北京大学出版社，2009 年，第 480 页。

英国保守党政府开展了新公共管理运动，在地方公共服务中引入对私人部门的强制性竞标制度，通过对私人部门进行强制性招标，为地方提供公共服务。中央政府已经意识到不能仅仅靠地方政府管理地方事务，应该让公共部门、准政府机构、私人部门和志愿部门也参与地方事务。但选举产生的地方当局在整个过程中仍然最重要，要发挥领导作用。地方治理是在用一种新的语言来描述地方政府所发生的变化或地方政治，体现政府与非政府之间的互动关系；这种描述来自于公共部门、私人部门和志愿部门等组织参与提供地方服务。在复杂的政府体制中，中央政府把责任推向私有部门和志愿部门，甚至是公民。

一、英国地方自治主体的复杂化

英国的地方治理使其地方自治的主体不仅仅是选举产生的地方政府，还包括大量准地方自治机构，共同参与地方事务的管理。

1. 地方政府由双层结构变单层结构

1979 年撒切尔（1979—1990 年在任）上台后，坚守的理念是地方政府应为中央政府的代理人，①通过多种改革增强了中央政府的权力，并建立了以中央集权为特征的地方自治体制，因而撒切尔政府被人们称为"支持地方民主的中央集权政府"②。并且，政府其他的部长们也认为地方政府"浪费、享乐、奢侈、不负责任、不可理解和难以控制"③。结果，保守党政府提出了大约一百个改革地方政府的法案，这使得中央政府比以前拥有更多的权力。与当代任何国家相比，英国中央政府对地方政府的干预都非常大。首先就是中央政府对地方政府财政进行疯狂的改革，将在下一章详细介绍财政改革，本节

---

①③ See in David Wilson and Chris Game, *Local Government in the United Kingdom*(Fifth Edition), p.64.

② ［英］肯尼斯·哈里斯：《撒切尔首相传》，冯义华、郑芮译，北京：职工教育出版社，1989 年，第213 页。

主要介绍 1979 年撒切尔政府执政后关于地方政府结构的一系列改革。

撒切尔政府以新自由派的最小国家思想为指导,发起新公共管理运动,在地方政府部门的体现即是对其进行激进的分割。撒切尔政府改革主要是针对工党控制的地方政府,英国政党政治在地方政府改革中体现得淋漓尽致。撒切尔政府以减支增效为目的,在更大范围内进行以单层地方政府(single-tier or unitary local government)代替双层地方政府的改革。他们认为,原有的双层地方政府结构存在相互争夺资源和法令,以及提供服务的责任模糊等问题。撒切尔政府在 1983 年的白皮书《精简城市》(Streamlining the Cities)中发表声明,指出六个大都市郡议会和大伦敦议会非常多余,想要取消它们。值得注意的是,这七个地方议会都在工党的控制之下。尽管有反对的声音存在,1985 年《地方政府法案》还是最终通过了这一想法,并于 1986 年 3 月 31 日实施。就这样,六个大都市郡议会和大伦敦议会就不复存在了。它们原有的功能和责任一部分被伦敦自治市、大都市区议会和区议会等接管,还有一些被准地方自治政府接管。撒切尔政府本来的目的是精简城市,但是结果并不理想,精简后的城市变得非常复杂化和碎片化。此外,在英国历史上,撒切尔个人就可以决定选举产生的地方政府的去留,这不符合宪法规定,在其他欧洲国家很少见。可见撒切尔政府时期,中央集权主义一直占据上风。

1990 年 11 月,约翰·梅杰(John Major)(1990—1997 年在任)出任英国首相,在地方政府问题上,他的首要任务是解决撒切尔政府的地方财政改革问题,地方政府结构问题似乎还是合理的。地方政府结构改革的动力来自环境部大臣迈克尔·赫塞尔廷(Michael Heseltine),他在 1992 年保守党的声明中探讨是否可以在全英国全面实行单层地方政府结构,这样地方政府就可以更直接地接近公民,更好地履行责任和更加有效率。这种单一层级的结构既可以基于现存的区,也可以基于合并起来的区。原则上不在乎规模的大小,只是会认为规模越大越有效。但是当咨询公众的意见时,大多数郡还是希望维持现状,也不愿意中央政府过多地干涉他们的事情,反而想要争取更多的地方自治权。所以改革的结果是,在英格兰没有实现全部是单一层级地方政府的构想,出现了一种既有单一层级又有双层架构的大杂烩场面,而在苏格兰和威尔士实现了单层地方政府的架构。

1994 年地方政府法案,决定从 1996 年开始将苏格兰地方政府结构变成32 个单一层级的地方议会,威尔士地方政府结构变成 22 个单一层级的地方议会。在英格兰的城市地区也成立 46 个新的全功能的单一层级的地方议会。经过 1995 到 1998 年间的继续改革,1998 年后的英国地方政府结构只有英格兰有点复杂,似乎又回到了 1974 年以前的结构中(详见图 3.1)。

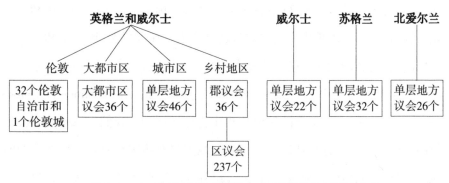

图3.1　1998年重组后,英国地方政府的单层和双层结构①

Resource:Hugh Atkinson and Stuart Wilks-Heeg,*Local Government from Thatcher to Blair:the Politics of Creative Autonomy*,Cambridge:Polity,2000,p.115.

单层地方政府的建立使地方政府数量大大减少,每个地方政府管辖的人口大大增加。地方政府数量的减少,是由直接选举产生的地方政府走向地方治理的一部分。优点是单层政府减少了地方政府人员的数量,降低了行政开支;缺点是改革中地方政府将部分职权交给非选举的准自治机构或特别委员会,使部分地方事务脱离了民选机构的控制,这削弱了当地居民对地方事务的监督和控制。此外,服务机制的日益复杂化,常常使居民在接受服务

————————

①　在英格兰并非所有的乡村地区都是双层结构,如赫里福郡(Herefordshire)就是单层政府结构。

时感到无所适从，以致一些人认为，英国地方似乎又"回复到狄更斯时期伦敦的那种杂乱的大城市政府"的时代。①

1997 年布莱尔(1997—2007 年任首相)领导下的新工党执政后，在以往单层地方政府的基础之上，在英格兰创建新的区域发展机构，并于 1998 年通过《区域发展机构法案》(The 1998 Regional Development Agencies Act)。新的区域发展机构不直接提供具体服务，而是负责各区域的经济发展和整体规划，并通过全民公决决定是否设立区域议会。但是民众的反映是不支持建立区域议会。1999 年通过的《大伦敦政府法》(the Greater London Authority Act)要求在伦敦建立大伦敦政府，与以往的大伦敦议会相比，新的议会规模很小，只包括一名市长和 25 名议员。但是议员选举采用单一选区制和比例代表制两种方式，市长则由公民直接选举产生。在苏格兰、威尔士和北爱尔兰地区则实现权力下放，这一部分将在下一小节重点介绍。

2006 年的地方政府白皮书——《强大和繁荣的社区》(Strong and prosperous communities)在条目 3.50 中也中肯地认识到："我们生活的地方会为我们提供一种归属感和认同感。理想的地方政府结构和界限会反映人们的地方自然感。但是要完成这一目标一直都很难。"②在条目 3.54 提到："仍然还是两层地方政府架构，需要发现新的治理安排来克服层级之间的混乱、重复和无效的危险。"③白皮书还是希望能够有机会创建更多的单一层级的地方政府。在条目 3.55 中也证实这一点，"在一些郡，克服双层安排的危险与挑战的最好方式是实行单一层级结构，因为单层会提高责任、领导和效率"④。

2009 年的《地方政府和公众参与健康法》(Local Government and Public Involvement in Health Act)，进一步在英格兰创建 9 个单一层级的议会，取代原来的 7 个郡和 37 个区议会。经过 11 年的改革，英格兰的地方政府结构还

① 王振华等:《变革中的英国》，北京:中国社会科学出版社，1996 年，第 123 页。

② The Local Government White Paper 2006:Strong and Prosperous Communities, p.62.

③④ Ibid., p.63.

是有所变化的，但是威尔士、苏格兰和北爱尔兰的地方政府结构没有再调整。见图3.2。

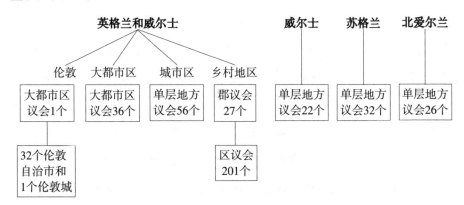

图3.2 2009、2010年重组后英国地方政府的单层和双层结构

Resource：David Wilson and Chris Game，*Local Government in the United Kingdom*（Fifth Edition），p.86.

此外，还值得一提的是第二章一开头所提及的教区①。在英国，早在盎格鲁-撒克逊时代后期就已经出现教区，时至今日教区依然存在，且数量、权力和地位均有所提升，成为英国地方政府阶梯中的第三个层次。目前英格兰大约有10200个教区，其中8700个在乡村地区，他们都有自己的教区议会或镇议会，在苏格兰大约有1200个社区，威尔士大约有750个社区。②但是并不是所有的这些教区都拥有法定地位，2003年工党通过了《高级教区和镇议会法案》（Quality Parish and Town Council Scheme），只有符合规定的教区和镇才能与上一层议会合作来共同治理地方。到2010年，符合高级的教区和镇议会大约有700个。但是这远比不上新出现的非选举产生的地方主体的数量，下面将详细介绍参与地方治理的另一股势力——准地方自治机构。

2. 准地方自治机构大量出现

20世纪70年代末以来，英国保守党政府在地方公共服务中引入对私人

① 教区在英格兰是 parish 一词，在苏格兰和威尔士则是 community。

② David Wilson and Chris Game，*Local Government in the United Kingdom*（*Fifth Edition*），Hampshire and New York：Palgrave Macmillan，pp.85–86.

部门的强制性竞标制度(Compulsory Competitive Tendering,CCT),以解决隶属于地方政府的公有部门开支"极其浪费"和效率低下等问题。强制性竞标制度,意即通过对私人部门进行强制性招标,为地方提供公共服务。在法律上,地方当局要以招标的方式来选择服务或工程,这使得地方当局只能行使许可权,并不拥有直接分配权。强制性竞标制度在一定程度上降低了地方服务的成本,也使英国的地方自治发生重要变化,出现大量准地方自治政府掌有地方政府以往所拥有的服务功能的状况。以教育系统为例,一些国立学校脱离以往民选地方政府的管理,各种成人教育机构通过合并转化为准自治机构。这样地方自治主体不仅有地方政府,还包括企业和各种私人部门,并在地方政府和私人部门之间形成新的合作关系,地方政府成为地方服务的组织者,而非直接提供者。但在此期间,私人部门在地方公共服务方面的参与都是在中央政府主导下实现的。撒切尔政府在实现地方公共服务市场化的同时,也不断扩张着中央政府的权力。

准地方自治机构(Quango)最初是半非自治政府组织(quasi-autonomous non-governmental organisation)的缩写。在随后的发展中,这一词就有了更多的解释。它们是中央政府的代理人,是政府灵活的朋友,是非选举的花费公款的团体。[1]但是所有这些组织的共同点是它们并不受国家或地方民选政治家的直接控制。[2]中央政府直接或间接指派此类组织,指定活动范围,在财政上给予拨款,使其履行原地方政府机构的功能。中央政府通过此种方式转移地方政府的职责,一定程度分解了地方政府的职能,使准地方自治机构与地方相关政府机构间形成一种复杂微妙的关系。有人就认为委任制机构的发展有意架空了民选组织尤其是民选地方政府,因而极有可能导致"新地方

---

① David Wilson and Chris Game, *Local Government in the United Kingdom(Fifth Edition)*, Hampshire and New York:Palgrave Macmillan,pp.154–155.

② [英]比尔·考克瑟等:《当代英国政治》(第四版),孔新峰、蒋鲲译,北京:北京大学出版社,2009年,第510页。

官"的出现,因为直到1888年大多数郡县地方政府都由委任的地方行政官进行治理。①用历史制度主义的视角来看,这体现了路径依赖。

撒切尔和梅杰政府的改革效果:一方面,减少了地方政府开支,增强了地方政府的财政透明度,丰富了地方自治主体;另一方面,也削弱了地方自治,强化了中央政府的权力,是以中央集权去恢复传统的地方自治方式。此时期,选举产生的地方政府数量大大减少,但是需要提供的公共服务数量却并没有减少,大量的准地方自治政府应运而生。下议院公共行政特别委员会在2001年1月的报告中对准地方自治政府的数量进行了总结,大约有五千个左右(见表3.1)。

表3.1 英国准地方自治政府(2000年4月)

成人教育机构	511
靠捐助基金所维持的学校	877
城市技术学院	15
知识和技术委员会	47
地方企业和就业服务公司	39
注册社会业主	2421
住房行动机构	4
警察当局	49
卫生当局	114
国民医疗服务制度机构	387
最初保健护理机构	488
总 数	4952

资料来源:[英]比尔·考克瑟等:《当代英国政治》(第四版),孔新峰、蒋鲲译,北京:北京大学出版社,2009年,第152页。

1997年至2007年布莱尔工党政府时期,并没有逆转保守党政府的"私有化"模式,新工党政府最初在地方层面上鼓励大量的公私合作项目。在政策实施方面,以"最佳价值"政策取代强制性竞标制度,通过公私合作制(PPPs)、私人融资模式(Private Finance Initiatives,PFIs)与私人部门展开合

---

① [英]比尔·考克瑟等:《当代英国政治》(第四版),孔新峰、蒋鲲译,北京:北京大学出版社,2009年,第511页。

作。新工党政府的地方改革超越了保守党政府仅在改革中增加私人部门和企业等地方自治主体的政策,更加强调各地方自治主体之间的合作政策,形成一种纵向、横向自治主体相互结合的新型合作伙伴关系及复杂的地方网络化体系,使地方自治主体更加多元、更加丰富。其中,纵向伙伴关系是指,纵向的不同政府层级间的伙伴关系,以权力下放来打破中央集权,从而形成中央政府与区域性政府、中央政府与地方政府、区域性政府与基层政府等合作关系。横向伙伴关系是指,横向的政府机构、私人机构、志愿机构及参与治理的地方居民之间的合作伙伴关系。在多种关系中,中央政府仍居主导地位,反映出工党和保守党在地方自治体制改革中政策导向的趋同。[1]

2010 年戴维·卡梅伦(David Cameron,2010—2016 年在任)执政后,联合政府在地方上的执政理念与撒切尔时期具有很大反差,倡导责任,而非节约资金。卡梅伦限制准地方自治机构的发展,在 6 个月的时间里撤销了 192 个准地方自治机构。[2]尽管如此,如今英国的准地方自治机构依然在发展中,并履行着重要的公共服务职能。诚然,此类机构不具有选举的合法性、开放性和透明性,成为地方自治机构发展中的一个问题。总之,尽管目前准地方自治政府的数量不断受到限制,但是其在过去几十年的成长中得到了快速发展,这种非选举产生的组织和选举产生的地方政府共同对地方进行治理的体系已经形成,并将继续发展下去。

二、英国地方政府内部结构的多样化

20 世纪 80 年代以来,中央意图控制地方政府,地方当局也被迫不断实施内部结构的改变来符合中央政府的要求。20 世纪 80 年代晚期,所有的地方当局都有委派的行政长官,并且大多数地方当局都建立了政策委员会和

---

① Steve Leach, *The Changing Role of Local Politics in Britain*, Bristol: Policy Press, 2006, p.15.

② David Wilson and Chris Game, *Local Government in the United Kingdom*(Fifth Edition), Hampshire and New York: Palgrave Macmillan, 2011, pp.155–156.

管理委员会。但是莫德委员会的"大就是美"的哲学很快又受到批评,人们反而更倾向于 E.F.舒马赫(E. F. Schumacher)的"小就是美"的哲学。[1]随着对团体管理批评声的不断增加,工党控制的地方当局,主要是"新城市左派"(the new urban left),开始提倡权力下放[2](decentralization),同时也是对撒切尔政府削减地方公共开支政策的一种反对, 权力下放运动卷入有关地方政府的政治冲突中。尽管权力下放在发展中遇到很多问题,但是新城市左派出现的十年之后,权力下放在地方政府内部已经成为主流。有三种主要类型的权力下放:部门权力下放(departmental decentralization)、团体权力下放(corporate decentralization)、政治权力下放(political decentralization)。[3]

威迪康布(Widdicombe)委员会于 1986 年成立,是撒切尔政府对新城市左派的地方当局政策的回应。莫德、贝恩斯和帕特森委员会的改革,都主要集中于组织结构方面,很少注意到地方政府中选举成员的作用和不断突出的政党政治的作用,威迪康布委员会着重解决这些问题。[4]威迪康布委员会在确保地方议员地位的同时,还欢迎政党政治带来的积极特征:更加激烈的选举、更明确的民主选择、更多的政策一致性、更直接的责任感。[5]威迪康布委员会改革的提议在 1989 年《地方政府和房屋法案》(Local Government and Housing Act 1989)中得以实施,在委员会内部引入制衡原则,提倡应该由多党组成委员会,取消一党组成的委员会。高级官员也要禁止参与所有的公共

---

① Hugh Atkinson and Stuart Wilks-Heeg, *Local Government from Thatcher to Blair:the Politics of Creative Autonomy*, p.169.

② 此处的权力下放与下一部分提到的权力下放是不同的,这里的权力下放是针对地方政府内部权力的一种下放。

③ Hugh Atkinson and Stuart Wilks-Heeg, *Local Government from Thatcher to Blair:the Politics of Creative Autonomy*, p.171.

④ David Wilson and Chris Game, *Local Government in the United Kingdom(Fifth Edition)*, Hampshire and New York:Palgrave Macmillan, p.108.

⑤ [英]戴维·威尔逊、克里斯·盖姆:《英国地方政府》(第三版),张勇等译,北京:北京大学出版社,2009年,第 113 页。

政治活动。这是撒切尔时期有关地方政府内部改革的内容。梅杰政府时期则把注意力更多地放在地方政府外部结构改革上,直到1997年布莱尔领导的新工党上台后,有关地方政府内部结构改革才出现了一些真正创新的观点。

20世纪后期,中央集权趋势仍在增强,地方自治权还在弱化,民众对地方选举的态度越来越冷漠,地方选举投票率不断下降。在这种背景下,英国传统的委员会制显现出责任机制日益弱化的趋势,地方议会代表地方政府的权威性也在降低。与撒切尔和梅杰政府时期相比,布莱尔政府时期的城市化进程和相伴随的城市人口规模膨胀等所带来的地方治理问题更加严峻,民众希望地方政府能够更加迅速地回应城市交通、城市规划和污染等问题。而传统委员会制过于关注细节,效率不高,不能迅速解决上述问题。

传统委员会制存在的问题可以概括为:"低效率、保密性强、不透明和缺乏责任感:议员花费在直接与社区相关的工作方面的时间太少,但其实这是他们的最重要角色;他们所花费的大多数时间是无效的——尤其是在准备环节、路途之中和参加委员会会议方面花费大量的时间,而这些会议却经常没有作出真正的决定。对多数议会而言,许多决定是党派通过闭门会议决定的,这使得反对党或是选民公开进行民主监督都不太可能;传统的委员会在发展和体现社区领导方面动力不强,他们将议员的行政(政策制定)职能和代表性职能混淆起来。人们并不清楚谁是决策者,当然也没人知道谁是地方政府的领导,或者谁是教育委员会的主任。当地的人民在选举地方领导方面没有发言权。"①

布莱尔政府专门针对地方政府推行地方政府现代化项目:新的地方政治结构、倡导社区领导、复兴地方民主和实行"最佳价值"。还专门有一套咨询性报告,第一个是《现代化地方政府:地方民主和社区领导,1998》(Modernising Local Government:Local Democracy and Community Leadership,1998)。

---

① [英]戴维·威尔逊、克里斯·盖姆:《英国地方政府》(第三版),张勇等译,北京:北京大学出版社,2009年,第114~115页。

还有《现代化地方政府：接触人民，1998》（Modern Local Government：In Touch with the People，1998）。在此之后还出台了《1999 年地方政府法案》和《2000 年地方政府法案》（Local Government Act 1999 and 2000）。其中《2000 年地方政府法案》对于地方政府内部结构改革起突破性作用，第一次明确划分了地方议会决策的制定、实施以及对政策的监督工作。地方议会政策框架和预算在行政机构的建议下，需经整个议会的同意，随后由行政机构去实施整个议会已经同意的政策框架。《2000 年地方政府法案》针对所有拥有行政安排的议会，设立了审查和监督委员会（Overview and Scrutiny）。这个委员会由非行政机构成员组成，审查和监督议会工作，以确保行政机构负起责任。这个委员会的建立是整个地方政府现代化过程中非常强有力的成分。尽管现代化项目主要是为了更好地改善地方政府的现状，但是工党政府的地方政府现代化项目——也许是中央政府通过激励、监督、规范与控制对地方政府实施管制的更进一步措施，目的就是让地方政府在中央政府的严密监控下能够更好地履行职责。因为新工党接受了撒切尔主义的许多内容——市场机制、低税收、公共–私人伙伴关系，也接受了前任保守党政府治理下的地方政府被不断削弱的现状。

但布莱尔政府针对地方政府内部结构的成功与创新之处是提出了四种新的地方政府内部体制，以提高政府效率、增进地方政府的民主水平。这四种新的地方政府内部体制包括直选市长制（Mayor and Cabinet executive）、议会内阁制（Leader and Cabinet executive）、市长–经理制（Mayor and Council manager）①和修正的委员会制。直选市长制，市长由全体选民选举产生，市长任命由 2~9 名地方议员组成的行政或内阁机构；议会内阁制，行政领导（通常是多数党的领袖）由全体议会选举产生，行政领导可以任命 2~9 名地方议员，或全体议会选举产生 2~9 名地方议员来组成行政或内阁机构；市长–经

---

① 2007 年法案取消了市长–经理制。

理制,市长由全体选民选举产生,市长掌握总的政策方向,地方议会再任命一名经理人来管理日常工作;修正的委员会制主要是针对一些比较小的郡区,经内阁的批准,可以继续实行委员会制。但是要以有效、透明和负责的方式进行决策,还要接受审查和监督。2/3 的比较小的地方当局都继续选择了委员会制。英格兰和威尔士的地方政府可以在上述四种制度中选择一种,而苏格兰此时已经有了自己的议会,它们拒绝接受中央政府的安排,鼓励苏格兰地方政府通过不同的模式来展现丰富的多样性。

2010 年卡梅伦执政后的联合政府,鼓励地方当局自己选择它们治理本区域的方式。地方政府采用委员会制、市长制或内阁制都可以,联合政府已经不再像布莱尔政府那样在乎地方政府内部组织的方式。2010 年《地方主义法案》(Localism Bill 2010)还允许比较大的地方当局,如果它们喜欢委员会制,也可以转化为委员会制。但是总的原则没有改变,就是要保证地方政府内部权力结构透明、开放和负责任。如今的部门主义已经有了很大的变化。部门的术语发生了改变,比如人事(personnel)已经变为人力资源管理(Human Resources Management)等。2009 年威斯敏斯特议会打算取消全部的部门,用 9 个交付单位(Delivery Units)和 10 个服务和战略提供单位(Service and Strategic Support Units)来取代。

总之,如今的地方政府内部结构不再仅仅是委员会制,有多种形式可供地方政府选择,内部结构具有了多样化的特征。

三、英国地方政府的新功能

1979 年保守党上台后发生了一场很深的文化变革。中央政府比以前拥有了更大的权限,转移了地方政府提供的许多服务,削弱了地方政府的地位,使地方政府从直接服务提供者转变为一个服务提供的协调者或授权者,由慈善资助的志愿部门和追逐利益的私人部门来直接提供公共服务。撒切尔政府在 20 世纪 80 年代出于政治的考虑,几乎重构了地方政府的功能,中央政府出于自身目的剥夺了当地政府的一些服务功能。这种激进主义改革体现了英国是工具主义和效率取向占主导的。

（一）地方政府由直接提供服务向授权型权力机构的转变

在地方治理体制下，地方政府也具有了新功能，由原来直接提供公共服务转变为"授权型权力机构"（The enabling authority）。"授权型权力机构"这一思想在1985年《爱丁堡调查房屋的公爵》（the Duke of Edinburgh's Inquiry into Housing）和政府的1987年《房屋白皮书》（White Paper on Housing）中就已出现。但"授权型权力机构"这一概念出现在20世纪80年代末，通常与新右派的环境部大臣（the Secretary of State for the Environment）尼古拉斯·雷德利（Nicholas Ridley）于1988年所写的小册子有关，这本小册子名为《地方权利：授予而不是提供》（The Local Right: Enabling not Providing）。雷德利从中央政府对地方政府的立法项目这种逻辑结果的视角出发，对"授权型权力机构"这一概念形成的影响意义重大。

雷德利提出，地方政府应该转变功能，建立一种全新多元的运行方式，即地方政府不再直接提供服务，只需阐明应提供的服务和标准，然后将服务责任转移给追逐利益的私人部门、慈善资助的志愿部门，甚至是超国家组织，由它们直接提供公共服务。地方政府从直接提供服务者转变为公共服务的授权者或协调者，由此而转变为"授权型权力机构"，地方政府也由"划船"转变为"掌舵"，即地方政府与公共部门、私人部门和志愿部门一起来为地方人民谋福利。地方当局的任务就是要帮助其他部门来发挥它们的作用。雷德利还设想了这样的场景，就是每年只召开一次地方议会，为地方政府的各种服务分发合约。未来地方政府的主要功能将是提供合同服务。雷德利的提法使得"授权型权力机构"的概念获得更加合理的解释与更大的支持。

保守党政府于1988年通过了三个主要立法，促进地方当局授权作用的发挥。这三个法案分别是《地方政府法案》（the Local Government Act）、《房屋法案》(the Housing Act)和《教育改革法案》(the Education Reform Act),这些法案使得地方当局服务范围也受到强制性竞标的影响，例如可以将地方当局房屋的股票自愿转移到房屋协会手中，授权的学校也可以选择摆脱地方当局的控制，引进地方管理的学校。①可见，强制性竞标也参与到了地方政府功能转变的过程中，是地方当局组织变革和功能变革的催化剂。

为了解决地方治理体制下的地方服务碎片化与地方民主之类的问题，1991年的白皮书——《竞争求质量》(Competing for Quality)明确阐明要减少由选举产生的地方政府直接提供服务，详细规定为："在20世纪90年代与21世纪,中央政府要求地方政府的治理以'授权型权力机构'形式运行,地方政府的任务在于明确要求和设定优先项目、制定服务标准和运用最佳方式来达到这些标准,并将提供服务和战略责任加以区分。地方政府不再采用直接提供公共服务的传统模式。"②这一白皮书遭到一些学者的反对,认为"授权型权力模式"是对地方自治政府的冲击。

(二)以社区领导为核心的治理

针对"授权型"改革过程中遗留的问题,改革出现的地方公共服务与组织碎片化现象,以及地方政府权力一直被中央政府削弱的趋势,地方出现"社区治理"(community governance)模式,倡导"以社区领导(community leadership)为核心",以一种整体性的方式提供公共服务。此种模式保留了团体管理原则,主张保持地方政府的战略性地位,地方政府不提供个别服务,而是关注整个地区居民的幸福,关注社区整体经济、文化与自然的健康和谐发展。③

---

① Hugh Atkinson and Stuart Wilks-Heeg, *Local Government from Thatcher to Blair: the Politics of Creative Autonomy*, Cambridge: Polity, 2000, p.173.

② Lawrence Pratchett and David Wilson, *Local Democracy and Local Government*, Hampshire: Macmillan, 1996, p.3.

③ Hugh Atkinson and Stuart Wilks-Heeg, *Local Government from Thatcher to Blair: the Politics of Creative Autonomy*, Cambridge: Polity, 2000, p.178.

社区治理倡导以多种方式提供高效服务,实现公共资源的优化、合理配置。

　　"社区治理"模式建构在多重治理体制和问责机制的框架下,承认地方政府有别于其他组织的民主价值,有助于更加及时地发现和解决社区问题,但仍仅仅是地方公共服务的提供者之一。在实践中,"社区治理"越来越具有成效,表明地方政府找到了有效的地方治理方法。此种模式的成功,得到1997年上台的工党政府的支持,成为政府积极推进的政策。布莱尔政府时期,英国地方政府进而成为"社区治理"的推动者和领导者,强调地方政府要制定社区发展规划,并与地方相关机构建立伙伴关系。1998年中央政府在《地方政府现代化》(Modern Local Government, 1998)白皮书中明确地方政府的新地位,即充当社区领导者,发挥领导社区的作用,[①]由此而提高了"社区治理"模式的地位。继而发布的《2000年地方政府法案》(the Local Government Act 2000)开始实施白皮书的设想,同时赋予英格兰和威尔士地方政府促进地区经济、社会、环境健康发展的权力。[②]2010卡梅伦任首相的联合政府进一步鼓励了社区参与地方治理。"社区治理"模式提高了地方政府的运作水平和效率,解决了基层民众最为关心的问题。

　　社区政府应该是一个更加宽泛的概念。尽管地方政府不直接提供服务,发挥社区领导的作用,但是地方政府仍具有服务功能,为整个社区谋求幸福。随着社会需求的不断增加,地方政府的传统服务已经不能满足人们的需求,当前人们最关心犯罪、就业和健康等问题。[③]例如,人们希望能够拥有一个可持续发展的环境,希望拥有能够减少犯罪行为的更加安全的社区,希望

---

　　① DETR, *The White Paper: Modern Local Government: In Touch with the People*, London: HMSO, 1998, Chapter 8, pp.62–66.

　　② UK Statutes Crown, Local Government Act 2000, p.2. See John Stewart, *Modernising British Local Government: an Assessment of Labour's Reform Programme*, Hampshire and New York: Palgrave Macmillan, 2003, p.8.

　　③ John Stewart, *Modernising British Local Government: an Assessment of Labour's Reform Programme*, Hampshire and New York: Palgrave Macmillan, 2003, p.32.

拥有一个不存在歧视问题的更加公平的社会，希望拥有一个不存在社会排斥问题的更加有意义的生活。①这些问题的解决需要多种自治主体联合行动。

随着经济的发展，各城市、城镇和乡村都在寻找新的发展机会，重塑各自的自治地位。各地方依据其拥有的自治传统以及特色积极寻求发展机会。一些地方想发挥国际作用，一些地方想成为区域中心，还有一些地方想成为文化中心等。②地方积极寻求自治，对中央政府造成挑战，引发央地关系的紧张局势。因为中央政府和地方政府所要解决的首要问题不同，中央政府会着重考虑其首要问题，不会轻易改变其政策，即使这些政策有可能不适合地方环境。良性的央地关系在于中央政府能够修改其政策，组织学习社区战略，与地方政府进行地方战略伙伴(local strategic partnership,LSP)的对话。③此外，中央政府对地方政府的财政控制迫使地方政府努力寻求其他合作伙伴以获取更多资源，例如伯恩茅斯(Bournemouth)伙伴关系就包括了94个组织。④但是随着英国地方政府规模⑤发展得越来越大，规模和复杂性是地方战略伙伴面临的主要问题。

(三)以顾客为取向的地方政府治理

新公共管理的目的是要创建一个更加有效的和以顾客为取向的服务提供模式。地方议会也在发展以顾客为取向(customer-oriented)的文化。⑥但改

---

① John Stewart, *Modernising British Local Government:an Assessment of Labour's Reform Programme*, Hampshire and New York: Palgrave Macmillan, p.12.

② Ibid., p.13.

③ Ibid., p.31.

④ Ibid., p.23.

⑤ 欧洲其他国家地方政府的规模都小于英国地方政府的规模。

⑥ Lawrence Pratchett and David Wilson, *Local Democracy and Local Government*, Hampshire: Macmillan, 1996, p.10.

革的结果却是形成一个范围更大的新的社区治理视角。①传统公共行政与新公共管理的对比可参看表3.2。撒切尔时期的新公共管理在布莱尔时期又有了新的变化,新工党的公共服务提供手段更加现代化:充分利用信息技术提高效率和降低成本;越来越多的公共部门雇员进出私人部门,给妇女和少数族裔提供更多的高级工作机会;绩效与薪酬挂钩以达到激励和奖励的作用;为公共服务设定明确的绩效目标。

　　许多地方当局通过创新手段提高其服务质量和更加接近其顾客:从团体的标志到街道办事处,从一线员工的训练到公众态度的调查,从地方议会的报纸到系统地监听公众的不满。②一些地方还规定了以顾客为取向的服务标准。国家消费者委员会(The National Consumer Council)的报告《1995年消费者关注》(Consumer Concerns 1995)指出,地方当局努力接近公众,已经取得了一些成果。③总之,如果使每个顾客对服务都满意,那么整个服务体系就会有很大的提升。

表3.2　传统公共行政与新公共管理的对比

传统公共行政	新公共管理
通过"公众服务精神"来体现	通过私人部门管理原则来体现
服务通过书面规定,行政裁量权的最小化	服务更加灵活地传达,管理上有更多裁量权
所有公民同等情况下受到相同的服务——公平和一致	服务根据消费者的要求量身定做——服务多样化
对服务提供进行审计,确保严格合法性——授权之后方可支出	服务提供的经济性、效率性和效能性标准(3E原则)

　　资料来源:《当代英国政治》(第四版),第570~572页。

---

①　Gerry Stoker, *The New Politics of British Local Governance*, Hampshire: Macmillan, 2000, p.xiv.

②③　Lawrence Pratchett and David Wilson, *Local Democracy and Local Government*, Hampshire: Macmillan, 1996, p.10.

第二节　权力下放引发的苏格兰转变

　　"权力下放"是当代各国治理的主旋律,如何把握权力下放的"度",解决好权力下放连带的新问题是未来治理中的难题。1997 年英国新工党组建的中央政府对苏格兰、威尔士和北爱尔兰实行权力下放,使这些地区的治理体制更加复杂化。权力下放引发的苏格兰转变最为显著,引发了苏格兰府际关系变革,地方自治权限的改变以及人民独立热情的高涨。

　　苏格兰位于英国北部, 占地面积 77080 平方千米, 约占英国总面积的31%,人口大约 512 万,占英国总人口的 9%左右。民族基本上都是苏格兰族。1707 年 1 月 16 日,苏格兰议会同意了与英格兰的《联合条约》(the Treaty of Union),3 月 25 日苏格兰议会宣布休会,4 月 28 日苏格兰议会解散。苏格兰与英格兰联合为大不列颠,由威斯敏斯特议会统一管理,5 月 1 日开始生效。但联合主要是政治性和经济性的,苏格兰保留了原有的法律、教育和宗教等体系,这为以后的权力下放问题埋下伏笔。

一、权力下放的背景和原因

　　英国在 1919 年就曾举行过专门会议讨论权力下放问题。但二战后,随着福利国家理念的扩展以及平等的社会民主理念不断深化, 人们希望国家是一个整体,要求公共服务的提供要统一化,并且地区发展要平等化。工党和保守党政府也都强调要维护统一的英国, 权力下放问题被搁置了。直到1960 年,苏格兰和威尔士的民族党获得越来越多的支持,开展了有关权力下放的运动。中央政府于 1969 年专门设立一个委员会来处理有关权力下放的问题。委员会的 13 名成员内部意见分歧较大,其中 8 人支持建立苏格兰议会,6 人支持建立威尔士议会。委员会的意见得到了工党的极力支持,但是工党于 1976 年在议会中失去了绝对多数的地位, 权力下放的方案遇到了阻力。1978年，威斯敏斯特议会通过了《苏格兰法》和《威尔士法》，但是在苏格兰与威尔士举行的全民公投中，赞同率都没有达到40%，其中在威尔士79%的投票人不赞同，苏格兰也仅有32.9%的投票人赞同，所以这两个法案一直没有成立。

1979年保守党执政后，废止了《苏格兰法》和《威尔士法》。从1979到1997年，保守党反对任何关于权力下放的议案。这主要源于英国政党（苏格兰民族党、工党和自由民主党在苏格兰是影响最大的三个党。自20世纪60年代以后，保守党在苏格兰的影响力不断下降，苏格兰民族党影响力不断上升。）政治的传统，奉行实用主义与新自由主义的保守党政府在威斯敏斯特议会中占多数席位，但在苏格兰占有的席位并不多。工党是苏格兰的主要政党，并且其力量还在不断地增加，席位已经从1979年的41.6%上升到1997年的45.6%，而保守党在苏格兰的席位则从1979年的31.4%下降到17.5%。这种发展趋势导致20世纪80年代和90年代苏格兰政治发展的路径与威斯敏斯特议会所建造的英国政治路径非常的不同。英国政府用来管理苏格兰的苏格兰办公室逐渐地与英国总的地方习俗和偏好不相协调，尤其体现在地方政府治理方面。

1994年，新工党①转变施政理念，奉行新自由主义模式和社会福利改革模式之间的"第三条道路"，积极利用其在地方政府占有多数议席的优势，作为竞选宣言的一部分，致力于劝说人们支持权力下放的提议。1997年新工党竞选成功，成为执政党后履行其原有承诺，于9月11日，在苏格兰和威尔士又一次举行了全民公投，这次公投的结果与上一次有了很大的变化，苏格兰74.29%的投票人支持建立苏格兰议会，威尔士也有50.5%的投票人支持建立自己的议会。这次新工党政府真正实现了权力下放，发行了白皮书《苏格兰

---

① 1994年布莱尔当选工党党魁，开始全面改造工党，将工党改名为新工党，修改党章和党徽。新党章淡化了工党的阶级色彩，除了包括工人阶级外，还要联合中间阶级；党徽用红玫瑰替换原来的劳动工具图案。

议会》,建议成立一个新的苏格兰议会。

二、权力下放前的苏格兰政府体制

苏格兰在多个世纪的发展过程中,塑造了自己的部分特色,尤其在历史、法律制度、教育制度、政党、地方政府和经济方面,可以说存在所谓的"苏格兰政治体制"。苏格兰人建立了有别于其他地区的政治和社会价值观,例如苏格兰地方当局雇佣了大约23.8万全职工作人员,并且苏格兰地方当局对许多服务负责,特别是教育、房屋、社会工作、供水和交通,这些服务开支大约占苏格兰预算的40%。有评价认为,苏格兰地方当局拥有的权力要超过澳大利亚、美国和加拿大的市政当局拥有的权力。

(一)权力下放前的苏格兰政府管理部门

苏格兰办公室(the Scottish Office)是权力下放前管理苏格兰政府的部门,于1885年建立,是英国中央政府的一个部门。苏格兰办公室并没有立法权,由苏格兰秘书(the Secretary for Scotland)进行管理。1926年,秘书地位上升为国务秘书(Secretary of State),通过部长委员会与中央政策网络相连接。1939年,苏格兰办公室的地点从伦敦迁到爱丁堡(Edinburgh),政府部门的功能也从伦敦转移到爱丁堡。爱丁堡的圣安德鲁之家(St. Andrew's House)是苏格兰办公室的总部。

苏格兰办公室属于行政权力下放,主要负责处理苏格兰在健康、司法、教育、农业和渔业等领域的事务,重点是调试英国的政策使其适应苏格兰,但允许苏格兰可以与英国其他组成部分有所不同。苏格兰办公室在实践中发展了自己的地方政府制度和自治范围,但是中央政府会严格限制苏格兰在法律、财政和政策方面的自治权,全英国的政策在苏格兰会有小的改动,但是并不能完全反映出苏格兰选民的意愿,苏格兰只是在一定程度上有所不同。

(二)权力下放前苏格兰的地方政府结构

苏格兰的地方政府结构拥有悠久的发展历史,随着英国封建制、工业化以及二战后的历史发展,苏格兰地方政府结构也从封建制下的自治市发展为单一层级的地方当局。11世纪前对苏格兰人生活的记录很少。12世纪,随着封建制的建立,在封建法律下,国王为了回报封臣的军事服务,创建了由封臣拥有的领地或庄园。大卫一世(David Ⅰ,1124—1153年)统治时,苏格兰基本的权力结构构建起来——苏格兰国家由国王统治,并与教会和贵族形成联盟。在这种社会关系的背景下,地方行政要服务于国王和教会。大卫一世授权一些自由的自治市(burghs)①以贸易权,用来垄断地方和外来的贸易。王权则通过这种方式获得更多的税收,同时把一些责任也推给了自治市,还便于对苏格兰社会的不稳定区域进行军事和政治控制。事实上,此时的自治市具有有限的独立性,自治市仍受控于郡守、自治市领主的官员或其他官员,尤其是代表领主征税的市政官(bailies)。随着贸易的发展与人口的增加,自治市才开始拥有更多的自治权,其行政系统也开始变得越来越复杂。此时,也形成了另外一种形式的地方行政——教区,发挥教育和济贫功能。

从16世纪到20世纪,资本主义关系的发展是驱动苏格兰地方变革的动力。1833年,英国通过了《自治市改革法案》(the Burgh Reform Act),规定拥有10英镑(£10)财产的人才有资格参加苏格兰选举。1868年和1884年的改革法案赋予大约2/3的苏格兰男性选举资格。1845年教区丧失了教区委员会拥有的济贫功能,学校委员会于1872年建立,这对苏格兰教区及其在苏格兰政治和公民社会中的作用是一个更大的打击。到了19世纪80年代,苏格兰地方结构需要进一步的改变来应对工业化和城市化的压力。1889年,苏格兰建立了选举产生的郡议会,接管了许多原有委员会和委员的功能。

---

① 第一批成立的四个自治市是罗克斯堡、贝里克、爱丁堡和斯特林(Roxburgh,Berwick,Edinburgh,Stirling)。

1894 年建立了选举的教区议会,接管了教区委员会的济贫功能。20 世纪初,一个更加清晰但又复杂和多样的苏格兰地方政府体制形成,由 869 个教区议会、33 个郡议会和 200 个自治市议会构成。1929 年,这一地方政府体制高度碎片化,分解为 21 个大的自治市议会、176 个小的自治市议会、33 个郡议会和 196 个区议会。

二战后,英国的失业率不断飙升,贫困问题严重,尤其是工人阶级的孩子在学校仍然相对贫穷。随后英国在 20 世纪 60 年代末发生了内乱,一系列非正式的罢工使得威尔逊政府(Wilson Government)要应付的问题不断增加,地方公共服务的提供面临严峻考验。在这种背景下,皇家委员会(A Royal Commission)于 1966 年在惠特利大臣的主持下建立起来,形成的惠特利报告称,苏格兰地方政府存在严重问题,根源是目前的苏格兰地方政府结构不合理。但惠特利报告并不支持建立一个更加整合的体制,而是要改变权力的平衡,使权力从威斯敏斯特议会和苏格兰办公室转移到地方当局,鼓励地方参与并给予社区更多权力。

经过 20 世纪 60 年代和 70 年代的惠特利改革(the Wheatley reforms),1973 年《地方政府(苏格兰)法案》取消了原来苏格兰地方政府的郡议会、区议会和自治市议会结构,最终苏格兰于 1975 年形成了双层郡区制(region-district system)的地方政府结构:第一层级是 9 个区域议会(regional councils),第二层级是 53 个区议会(district councils)和 3 个岛屿议会(island councils)。后经过 1996 年的地方政府结构改革,苏格兰地方政府变成了 32 个单一结构的地方当局(unitary authorities)。保守党执政的中央政府改革逻辑就是要创建精简的且更加有效的结构,在服务提供上达到更大的一致性和有效性;同时许多服务由选举产生的地方当局转移给准地方自治政府,例如供水、污水处理和环境保护等服务。其隐藏的一个战略是削弱工党在苏格兰的势力。但是这种改革缺乏基础,例如斯特拉思克莱德区(Strathclyde Region)占苏格兰人口的一半,在 1994 年就供水服务进行公投时,97%的选民都支持此项服务由地方当局提供。

（三）权力下放前的苏格兰地方政府权限

权力下放前苏格兰地方政府拥有一些强制性权力（mandatory powers）和一些许可性权力（permissive powers）。强制性权力是义务性的，例如为5~16岁的人提供教育服务、消防服务和社会福利，并为无家的人提供住所和参与社区规划的过程等。这些公共服务开支要占到地方当局总开支的70%到80%；许可性权力是法律允许地方当局承担一些服务功能，但是并没有强制要求地方当局一定要这样做，例如促进经济、文化和旅游业发展，允许本地公民不在本地登记也可以结婚等，原则是只要不与法令上的规定相冲突即可。①

在地方财政权限方面，中央政府会控制苏格兰地方当局的财政自由。中央政府可以限制地方政府的资本支出，有权决定是否给予地方政府财政补贴和拥有收回地方议会征收商业税的权力。尤其是人头税（Poll Tax）②改革，在苏格兰只得到了16%的支持，但还是于1989年自上而下地在苏格兰实施，还要比英国的其他地区早一年执行。在政策执行权方面，苏格兰地方当局也要遵守中央政府的政策，但可以有稍许的不一致。例如1979—1997年的保守党政府时期，苏格兰地方政府也要受到中央政府的强制性竞标政策和奉行的3E原则理念的影响。但这一政策在苏格兰并不是很受欢迎，因为苏格兰地方当局的市场风气反对这种对公共服务的直接规定，认为其不灵活，并且产生了大量的额外费用，中央政府允许在苏格兰地方政府实施过程中存在一点有限的变通。

三、权力下放引发的苏格兰府际关系变革

1997年新工党上台执政后，履行了其在竞选时的承诺，在苏格兰、威尔

---

① Allan McConnell, *Scottish Local Government*, Edinburgh：Edinburgh University Press，2004，p.15.

② 人头税由于不符合英国地方政府的财政传统，于1993年被废止。

士和北爱尔兰实行权力下放,分别成立了苏格兰议会①、威尔士大会和北爱尔兰议会。苏格兰议会属于立法分权或政治分权,拥有原始立法权和征税权,可以控制地方政府和苏格兰公共生活的大多数领域,但没有财政自治权,并且苏格兰议会有关地方政府结构、功能和财政的立法也都来自威斯敏斯特议会。威尔士大会属于行政分权,拥有附属立法权。威斯敏斯特议会保留外交事务、防卫、货币政策和社会保障的权力。1998 年 11 月 9 日,英国威斯敏斯特议会通过《苏格兰法案》(The Scotland Bill)并获得御准,该法案建立了苏格兰议会(Scottish Parliament)和苏格兰行政(the Scottish Executive)②。有关苏格兰议会的协商指导小组(The Consultative Steering Group)在 12 月份做了题为"塑造苏格兰议会"的报告,提出了苏格兰议会的主要原则以及议会应该怎样运作。

权力下放后,苏格兰的府际关系架构中新增加了苏格兰政府这一层级,政府层级间关系发生转变。1997 年建立的麦金托什委员会(The Mackintosh Commission)专门负责调查苏格兰议会和苏格兰地方当局的关系,苏格兰议会的创建是否会限制苏格兰地方政府的作用。麦金托什委员会经过两年的调查后认为两者有可能存在潜在的冲突,但确定苏格兰政府与地方政府两个政府层级间的关系应该是伙伴关系,要相互尊重,遵守辅助原则(the principle of subsidiarity)③。苏格兰政府与苏格兰地方当局是相互需要的。一方面,苏格兰政府需要地方议会来实施其政策;另一方面,鉴于地方当局会受到法律限

---

① 苏格兰议会选举采用简单多数制与比例代表制相结合的方法。

② 苏格兰行政实际上就是苏格兰政府,但是布莱尔政府考虑到苏格兰政府这个词有分离主义的含义,就回避了这个词。2007 年 5 月 3 日,第三次苏格兰议会选举,苏格兰民族党(SNP)形成第一个少数派政府,他们决定采用"苏格兰政府"(Scottish Government)的头衔来替换苏格兰行政。苏格兰政府接管了苏格兰办公室的大部分职权。

③ 辅助原则是指中央政府应具有一项辅助职能,反对就地方政权有效职能以外的事务进行管理的学说。这一原则支持权力下放,认为公共政策的制定应该尽可能地接近地方。认为地方自治更具有多样性和灵活性;地方服务可以满足从一个地方到另一个地方的地方需要;地方议会比中央政府对地方情况更能做出迅速和合适的反应等。

制,地方当局也需要苏格兰政府给予其指导,需要通过收益支持补助金(revenue support grant)、商业税(business rates)和封顶补助金(ring-fenced grants)来获得苏格兰政府的更多资金。①事实上,苏格兰政府仍占主导地位,苏格兰地方政府并没有足够的法律地位来有效地发挥其多功能的作用。苏格兰地方当局大会(Convention of Scottish Local Authorities,COSLA)在2003年宣言中称,苏格兰议会需要给予地方政府稳固的宪法地位,新的伙伴关系也需要法令的保护来真正实现相互尊重,在法令上也需要建立代表32个地方当局的长期大会。②

苏格兰地方当局大会在新的政府间关系中要重新定位,对其来说是一个不小的挑战。苏格兰地方当局大会③由苏格兰地方议会自己资助,成立于1975年,目前代表32个苏格兰地方议会中的31个,只有福尔柯克地方议会(Falkirk Council)不在其中。权力下放前,苏格兰办公室被视为殖民地前哨(colonial outpost)之类,是不符合苏格兰人民意愿的一个政府部门,苏格兰地方当局大会的作用就是保卫地方当局和地方民主,④并于20世纪80年代和90年代开始开展苏格兰地方自治的运动,形成与中央政府相互对立的关系。权力下放后,苏格兰地方当局大会从一种长期独立的地位转变为苏格兰政府的内部人士。一些地方当局就认为,苏格兰地方当局大会与苏格兰政府在政策制定方面太靠拢。贝内特(Bennett)等人对苏格兰议员的调查发现,40%的人都认为苏格兰地方当局大会与苏格兰政府在政策制定方面太靠拢,只有28%的人觉得苏格兰地方当局大会是平等和公平地代表所有地方当局的利益。苏格兰地方当局大会如何挑战权力下放后的角色定位,依然维护苏格兰地方当局的利益是未来发展过程中的难题。2001年,苏格兰地方当局大会

---

① Allan McConnell,*Scottish Local Government*,Edinburgh:Edinburgh University Press,2004,pp. 28-29.

② Ibid.,p.14.

③ 地方政府协会(The Local Government Association)代表所有英格兰和威尔士的地方议会。

④ Allan McConnell,*Scottish Local Government*,Edinburgh:Edinburgh University Press,2004,p.35.

也因工党控制的格拉斯哥市议会（Glasgow City Council）、福尔柯克地方议会、苏格兰民族党控制的克拉克曼南郡议会（Clackmannanshire Council）的退出而备受打击。格拉斯哥市议会的退出，使得苏格兰地方当局大会每年损失了 22 万英镑的会员费，是苏格兰地方当局大会陷入经济危机的一个主要原因。2003 年 5 月，格拉斯哥市和克拉克曼南郡又重新回归苏格兰地方当局大会，给苏格兰地方当局大会带来了好运气。[①]

四、权力下放对苏格兰地方自治的影响

权力下放在苏格兰引发了一系列有关地方自治的新问题：新增加的苏格兰政府这一层级是否会对地方政府构成威胁？苏格兰地方政府有机会转变成一个更加重要和自治的政府层级吗？苏格兰地方政府是否能够摆脱先前的中央与地方相互对立的关系？苏格兰地方政府是否塑造了不同于英格兰和威尔士地方政府的独特路径？

一方面，权力下放给予了苏格兰地方当局与苏格兰政府之间更多相互对话的机会，苏格兰地方当局大会与苏格兰政府之间的关系为伙伴关系，增强了地方自治。如果说从 1999 年到 2007 年之间，苏格兰政府更多地是在贯彻中央政府的政策，从 2007 年苏格兰民族党执政后，苏格兰政府给予了苏格兰地方政府更多的财政自由裁量权并减少了法律限制，这在一定程度上恢复了苏格兰地方自治，使得苏格兰地方政府越来越具有区域化的特色，与整个英国其他区域的地方政府会越来越不同。许多研究英国政治的学者都提出了苏格兰会有一个不同于英格兰的故事版本。[②]

另一方面，苏格兰政府的治理风格与其他区域有着相似之处。权力下放后，苏格兰政府继承了保守党反对"大"政府的哲学理念，更倾向于分散的公

---

① Allan McConnell, *Scottish Local Government*, Edinburgh: Edinburgh University Press, 2004, p.37.

② Neil McGarvey, "Expectations, Assumptions and Realities: Scottish Local Government Post-Devolution," *The British Journal of Politics and International Relations*, Vol.14, 2012, p.170.

共部门,形成了更加碎片化的地方治理体制。苏格兰地方当局与一些准自治主体①形成了网络关系。这些准自治主体与地方政府合作,代表地方政府行动。

此外,苏格兰地方当局还是要受到中央政府在法律、财政和政策方面的限制。例如在法律上,苏格兰地方当局与英国其他组成部门的地方当局具有相同的法律地位。②在《2003年苏格兰地方政府法案》(Local Government in Scotland Act 2003)中,中央政府还为苏格兰1222名议员制定了新行为准则,让他们来维护中央政府的法律,如果谁做不到,就要接受惩罚;在财政上,苏格兰地方当局与英国其他组成部门的地方当局都要执行中央的收益支持补助金制度(the Revenue Support Grant system)和地方市政税制度(the Council Tax system)。苏格兰地方政府的财政权限很有限,从1997年到2003年,中央的财政自由裁量权与地方财政自治权的百分比是70%:30%;③在政策上,苏格兰地方当局也都要执行中央的"最佳价值",鼓励公民以邮递方式投票,公民陪审团和社区论坛等新形式参与地方事务。

在一定程度上而言,中央与地方的关系模式与权力下放前的关系模式相比变化不大。中央与地方政府之间的紧张关系在苏格兰、英格兰和威尔士一样显著。有许多学者认为,权力下放并没有使苏格兰地方政府发生根本性变革,只不过是旧瓶装新酒。改革困难的根本原因是英国奉行渐进主义(Incrementalism)的理念,新政策是对旧政策的补充和修正。同时,英国威斯敏斯特模式的根深蒂固,威斯敏斯特议会是英国的主要政治机构,所有的正式政治权力都来自于威斯敏斯特议会,甚至可以说,英国国会下议院可以取消苏格兰议会。"游戏规则"是由英国政府制定的,针对苏格兰、威尔士和北爱尔兰的自治法案只是威斯敏斯特议会的一个正式的普通法案,威斯敏斯

---

① 有两种类型的准自治主体、机构和委员会:管理和提供地方服务型与组织型。

② 苏格兰议会制定苏格兰地方法律,威斯敏斯特议会制定英格兰和威尔士的地方法律。

③ Allan McConnell, "Has Devolution Transformed Scottish Local Government? Notes from a Small Country Facing Common Problems of Governance", Refereed paper presented to the Australasian Political Studies Association Conference, University of Adelaide, 29 September—1 October 2004.

特议会可以不经过任何具体的程序就随时改变法案。权力下放仅仅是威斯敏斯特议会的一个宪法改革，并没有彻底到改变联合王国使其成为联邦制国家，在某种程度上可以称其为一个不对称性的"准联邦国家"。①

五、权力下放激发了苏格兰人民的独立意识

权力下放，在一定程度上激起了苏格兰人民的独立热情，呈现分裂主义和民族主义倾向。最好的证明就是 2014 年 9 月 18 日举行的苏格兰独立公投，由苏格兰人民来决定苏格兰是否脱离英国而独立成为一个国家。公投的问题设计为"苏格兰是否应该成为独立的国家"，答案选项为"是与否"。公投的最终结果是反对苏格兰独立的选票占 54%，支持苏格兰独立的选票占 46%，苏格兰仍然留在联合王国中。尽管苏格兰独立公投以失败告终，但其独立事件的影响却是巨大的。在英国国内的影响表现为各政党对分权立法程序和内容开始相互指责。保守党希望在向苏格兰分权的同时，也向英格兰、威尔士和北爱尔兰下放包括税收在内的自治权，实现准联邦制；工党希望更加缓慢和渐进式的放权；自民党批评卡梅伦政府不应把向苏格兰放权的过程与英国其他地方分权联系起来。②国际影响是激发了其他国家中地区的独立情绪，例如 2014 年 9 月 11 日，受苏格兰独立公投影响，西班牙的加泰罗

---

① 戴维·威尔逊和克里斯·盖姆在他们第五版的《英国地方政府》一书中对英国为什么是准联邦国家给予了合理的解释："在联邦国家，中央和地方是相对自治的，两者在宪法上都拥有明确的权力，彼此不能侵犯，并且在国家的重要政策制定上都可以发表意见。从这一点来看，英国确实不是联邦国家。因为英国的统治权还在威斯敏斯特议会手中；也没有成文宪法和保护宪法的最高法院；下放的机构只拥有很小的征税权力；在核心政策的制定上也没有制度化的地位。威斯敏斯特议会在宪法上仍然是至高无上的，但是在实践中，这种至高无上的权力对于英国的四个组成部门却意味着不同的事情，具有不对称性。权力下放后，苏格兰、威尔士和北爱尔兰的大量权力已经不在威斯敏斯特议会部长和成员的权限范围内。"See David Wilson and Chris Game, *Local Government in the United Kingdom* (Fifth Edition), Hampshire and New York: Palgrave Macmillan, 2011, p.89.

② http://baike.baidu.com/link?url=qMYlk-hS68CoP3gBCG7P6Ene6imBMFT02-lpab2K8i7cVIs3Bse5mljuMzRrAjGgfatNME0CR3tBz0acokgOaa, last accessed on 1 July 2016.

尼亚地区独立情绪高涨。180 万人在巴塞罗那市举行集会,庆祝加泰罗尼亚民族日并要求独立。[①] 2015 年 11 月 9 日加泰罗尼亚议会赞成从西班牙独立的决议。2017 年 10 月 1 日加泰罗尼亚议会进行独立公投,单方面宣布独立,但西班牙政府并不承认其合法性。

值得注意的是,苏格兰是亲欧盟派,一直反对英国退出欧盟。2016 年 6 月 24 日英国脱欧公投中,51.9%的英国民众赞成脱离欧盟,英国将在 2019 年正式脱离欧盟。但 62%的苏格兰人投票留在欧盟,英国退出欧盟是否会掀起苏格兰人民再次要求独立的激情是未来值得我们关注的议题。

总之,1997 年的苏格兰权力下放是一种必然的历史发展趋势,既受到了"苏格兰政治体制"和文化传统的影响,也有来自英国政党政治和"威斯敏斯特模式"的影响,使得苏格兰在赢得部分自由裁量权的同时,也要受到英国中央政府在法律、财政和政策等方面的限制。此次权力下放的影响力不容忽视,其在某种程度上改变了英国宪法的性质,使英国成为一个"准联邦制"国家。新增加的苏格兰政府这一层级,改变了原有的府际关系模式,这样是否为苏格兰地方政府带来了更大的自治权限还需辩证地看待, 但其的确激发了苏格兰人民的独立意识是个不争的事实。

小　结

英国的地方治理是对传统地方自治体制的挑战,呈现多样性、复杂性,乃至模糊性的特征。地方治理丰富了地方自治主体,不仅包括选举产生的地方政府,还有大量准地方自治机构参与地方事务。与此同时,中央政府也把一些公共责任转移至私有部门、志愿部门乃至公民自身。在此种情况下,地方政府需相应调整并重新进行定位。在地方政府外部结构改革方面,地方政

---

① 1714 年 9 月 11 日,巴塞罗那在西班牙王位继承战争中沦陷,加泰罗尼亚并入西班牙版图,11 日为加泰罗尼亚民族日。

府由以往的双层体制逐步改革为单层体制，其中改革最为显著的是中央政府对苏格兰、威尔士和北爱尔兰的权力下放。在地方政府内部结构改革方面，不再仅仅呈现为委员会制，还包括市长制和内阁制等。地方政府的功能随之发生改变，不再仅仅直接提供服务，而是转变为授权型权力机构，成为提供地方服务的领导者，并以社区领导为核心和以顾客为导向。

第四章　英国地方自治发展变革的影响因素

综观英国政治发展的历史，影响英国地方自治发展变革的有以下诸种因素：地方政府的差异性和创新性因素，单一制国家结构形式，多种政治哲学理念，以及政治、经济和社会环境等。可将这些因素分为两种：一种是有利于英国地方自治发展的因素，另一种则是制约英国地方自治发展的因素。

第一节　地方政府的差异性和创新性因素

英国由英格兰、苏格兰、威尔士和北爱尔兰这四个区域联合组成，各组成部门都保留了自己的政治传统。这就会使得本来就具有多样性的地方政府在不同区域差异性更大。同时，英国人从盎格鲁-撒克逊时期就已经形成的地方自治传统使他们在面对中央集权的压力时，能够不断寻求创新地方政府自治的新形式来延续地方自治的传统。

一、地区政治传统的差异性

英国又称"大不列颠及北爱尔兰联合王国"，由英格兰、苏格兰、威尔士和北爱尔兰四部分组成，形成于1801年。作为主权国，联合王国的权威源于威斯敏斯特议会。从法律角度讲，威尔士在1536年与英格兰合并组成"不列颠"。事实上早在1284年，两者已经合并。苏格兰原本是一个独立的王国，经常与英格兰发生战争，直到1603年与"不列颠"都由苏格兰国王詹姆斯六世（James VI）统治，1707年苏格兰议会解散，与英格兰签订《联盟法》（the Act of

Union），组成一个国家——"大不列颠"，但是苏格兰仍然保留其原有的司法、宗教、行政制度和教育体制的传统。爱尔兰于 1800 年加入大不列颠，至此联合王国诞生。1921 年爱尔兰的南部和中部地区脱离联合王国，并组成一个新的独立国家——爱尔兰共和国。北爱尔兰由六个郡组成，到 1972 年为止，通过在斯托蒙特的一个自治议会实施自我管理。在北爱尔兰有两个主要的宗教派别，分别是天主教和新教。新教徒占多数，是其人口的 3/5，在民族认同上，他们把自己看作英国人，希望北爱尔兰继续作为联合王国的一部分；天主教徒占少数，在民族认同上，他们把自己视为爱尔兰人，并想离开联合王国，加入爱尔兰共和国。由于 1968 年以来发生的新教徒和天主教徒之间的民族政治暴力运动，英国中央政府于 1972 年废止了斯托蒙特这个自治议会，北爱尔兰地方事务交由英国内阁大臣领导的北爱尔兰事务部管理。

基于英国各组成部分历史、社会、经济和政治的不同，英国中央政府允许一定程度的区域自治。地方政府的多样性为地方创造自由裁量权的机会，要想理清英国各组成部分中地方政府拥有的自治权限大小，首先我们需要从英国地方政府最明显的不同之处——地方政府结构的不同入手，了解四个地区地方政府结构具有的特色。

最具特色的是伦敦的双层结构。《1963 年伦敦政府法案》(The London Government Act 1963)创建大伦敦议会(the Greater London Council, GLC)作为双层结构的上一层，32 个伦敦自治市作为双层结构的下一层。1986 年，撒切尔政府取消这些选举产生的大伦敦议会和六个都市郡议会，这些议会原有的权力转移给了复杂的联合委员会(joint boards)、委员会和中央部门。这就使得伦敦成为西欧国家中唯一一个没有民主选举产生的地方当局的首都。①此种情况随着 2000 年大伦敦当局(the Greater London Authority, GLA)的建立而消失。大伦敦当局由一个直接选举产生的市长和 25 名成员构成，

---

① Allan McConnell, *Scottish Local Government*, Edinburgh: Edinburgh University Press, 2004, p.63.

负责交通、安全、紧急规划和经济发展等事宜，许多功能都由准地方自治机构承担，例如伦敦交通局（Transport for London）和伦敦发展机构（the London Devolopment Agency）。

英格兰经过 1974 年的地方重组后，也试图建立起地方政府的双层架构体制——郡和区，这在第二章已经详细阐明，本部分要阐明的是苏格兰地方政府结构的特色，即在 1974 年和 1995 年之间，英格兰（伦敦除外）其实还存在着第三个层级——约 8000 个教区和城镇地方议会，覆盖非城市区域几乎 30%的人口，拥有一定的法定权力，负责处理墓地、公交候车亭和普通牧场等有关事宜。①经过 1995 年到 1998 年这三年的进一步改革，英格兰形成了混合的地方政府结构。在英格兰的一些乡村地区，地方政府的层级存在一层、二层或三层的情况。在英格兰的城市地区，地方政府结构主要以单一层级的地方政府（unitary authorities）为主，例如卢顿（Luton）、雷丁（Reading）、斯劳（Slough）、布里斯托尔（Bristol）和诺丁汉市（Nottingham City）就是单一地方当局的结构；一些城市地区是双层体制，例如北约克郡，诺福克，肯特和多西特（Dorset）；一些城市地区也存在三个层级，保留了大约一万个教区和城镇议会。②

苏格兰和威尔士的地方政府结构有许多相似之处。例如经过 1974 年的地方政府重组后，都形成了郡和区的双层架构。经过 1996 年的改革，地方政府由原来的双层架构都变成了单一层级结构。虽然是单一层级，但是在苏格兰和威尔士的许多区域实际上还存在双层架构，即最低一层还存在社区议会。这一层类似于英格兰的教区议会，只是在苏格兰和威尔士被称为社区议会。威尔士的社区议会与苏格兰社区议会略有不同，威尔士的社区议会跟英格兰的教区议会比较相似，都拥有实施一些较小法令的权力，而苏格兰社区

---

① Allan McConnell, *Scottish Local Government*, Edinburgh: Edinburgh University Press, 2004, pp. 62-63.

② Ibid., p.63.

议会却没有这项权力。此外,苏格兰两个比较大的城市——爱丁堡和格拉斯哥与英格兰比较大的城市伦敦不一样,这两个大城市是单层架构,且其结构安排要符合苏格兰的发展,而伦敦的结构安排只需符合其自身的发展就好。

北爱尔兰的地方政府结构也很有特色。北爱尔兰的结构与其独特的社会和政治环境有关。1972年《地方政府(北爱尔兰)法案》创建了26个单一层级的区议会,自此以后就没有变过,这在第二章的几个图中可以清晰地体现出来。在北爱尔兰,为了避免宗派偏见,区的功能划分也非常清晰,但传统的地方当局在教育、住房和社会服务领域仍有权力,并由北爱尔兰办公室的委员会、机构和部门负责。[①]

通过以上分析可以看出,英国不同地区的地方政府结构安排各具地区特色。由于不同地方政府结构中各层级地方政府拥有的自治权限不同,相应地,各自履行的功能也有所不同。此外,由于英国各组成部分在英国所处的地位略有差别,英国不同地区进行结构调整的决策过程也有所不同。在英格兰,地方政府结构改革会向公众和各部门进行咨询。而在苏格兰和威尔士,苏格兰办公室和威尔士办公室在考虑单层地方当局的原则时不会向任何机构进行商议,因为尽管现在苏格兰地方政府的结构安排完全掌握在苏格兰议会手中,但是所有的重组都由威斯敏斯特议会负责。这也就引出了我们下面要探讨的问题,也是造成地区差异性最大的一项政策,1997年的工党针对苏格兰、威尔士和北爱尔兰的权力下放。

权力下放后,英格兰仍然由中央政府直接进行控制,而在苏格兰、威尔士和北爱尔兰分别由苏格兰议会、威尔士国民大会和北爱尔兰大会进行管理。这使英国不同组成部分本来就不同的结构更加具有了不对称性。而即便是在苏格兰、威尔士和北爱尔兰,下放的权力范围和程度也不同,相应地每个区域与地方政府的关系也不一样。在苏格兰,苏格兰政府继承了原来苏格

---

① Allan McConnell, *Scottish Local Government*, Edinburgh: Edinburgh University Press, 2004, p.64.

兰办公室很好的政策发展能力,且地方政府支持权力下放问题,这为苏格兰议会提供了许多政治上和物质上的帮助。苏格兰地方政府支持权力下放的报酬就是要求苏格兰议会的决策尽可能地接近公民并尊重地方政府的地位。在威尔士,威尔士国民大会和地方政府之间的关系也同样是共同尊重。在北爱尔兰,地方政府问题要比苏格兰和威尔士的地方政府问题更复杂。相对来说,北爱尔兰的地方政府比较弱小,所以北爱尔兰政府执行自愿联合的伙伴关系。

值得一提的是,苏格兰和威尔士的区域与地方关系为北爱尔兰和英格兰提供了经验。北爱尔兰也要加强下放机构与地方政府之间的合作关系。英格兰为了使地方政府变得更加强大,也要建立适度的中层结构。在伦敦,许多自治市支持在伦敦范围内执行政策合作的原则,所以建立了大伦敦当局。大伦敦当局要密切联系各自治市,但遗憾的是,其与各自治市的关系还比较模糊。

总之,苏格兰和威尔士的机构比较开放,比中央政府更容易接近部长和文官,地方当局还可以绕过官员直接接触苏格兰的部长们。地方政府对权力下放的反应也都较为积极。但代表苏格兰和威尔士的地方政府各协会面临很大挑战,因为它们权力下放以前的地位是代表苏格兰和威尔士反对中央政府,权力下放后的地位是要与苏格兰政府和威尔士政府形成新的伙伴关系,它们的作用被复杂化,这就需要它们重新进行定位来找到平衡点。所以苏格兰和威尔士的地方政府协会要更加努力地适应权力下放带来的影响。

但在实际的运行过程当中,如果单从地方政府这一层级来看,权力下放是否类似于新的集权,是否新的下放中心会制定新目标,新的管理形式以及相应的财政限制是否制约地方自治。中央政府白皮书规定,权力下放应该尊重地方政府,不会削弱地方政府的地位,两者应该是建设性的伙伴关系。但这种伙伴关系在实践中进行得并不是很顺利,并没有减少新的下放中心对地方当局的控制。这与英国二战以来的长期发展趋势相吻合,即不断减少地方当局的自由裁量权。所以权力下放会改变地方政府的地位吗？苏格兰和威尔士的回答都是，它们在治理的过程中不会削弱地方政府的作用，但是它们还是会利用合作机制来影响地方政府的自由裁量权。

二、地方政府自治形式的创新

英国地方当局追求"创造性自治"的政策。[①]创造性自治对于英国地方当局来说非常重要，因为英国地方当局受到越权原则的限制，同时缺乏"一般权限的权力"，这就意味着如果地方当局没有得到中央政府的法律允许，它们能够从事的活动就会存在很大的法律限制。二战后，英国中央集权趋势明显增强，中央政府不断控制地方活动。1979年撒切尔政府上台后，大刀阔斧地削减了地方政府的开支，更是将中央集权发展到集权历史中的顶点。并且，当时英国的经济也处于衰退期，地方当局在此种情况下积极寻找到新的方法发展经济，不断创新地方自治形式。

首先，英国地方当局寻找创新性自治的方法以保卫其独立制定政策的功能，仅地方社区就提供了许多新鲜的想法来重塑地方政府的地位。例如它们构想的地方经济战略，就是试图使地方当局发展独立于国家经济管理的政策。[②]地方领导人积极发展本地区的社区治理。在地方治理体制下，新的民主伙伴的加入丰富了地方体制，接管了地方社区的一些服务功能。但地方政府的地位并没有被削弱，决定着对地方社区的较为重要的事情。[③]

其次，地方政府的主体性与活力性是其进行创新地方自治的前提条件。地方政府具有多样性，各地方的生态环境、经济水平以及发展理念不同，相应地，它们面临的问题也就有所不同。所以地方政府首先要明确本地方具有

---

① Hugh Atkinson and Stuart Wilks-Heeg, *Local Government from Thatcher to Blair: the Politics of Creative Autonomy*, Cambridge: Polity, 2000, p.2.

② Ibid., pp.78-79.

③ Gerry Stoker and David Wilson, *British Local Government into the 21ˢᵗ Century*, Hampshire and New York: Palgrave Macmillan, 1996, p.248.

哪方面的优势以及存在哪些问题。在此基础上，为了保持地方政府拥有持续的活力，地方当局们要不断提高相互学习的能力以进行创新，从而找到解决本地问题更好的方法。地方当局之间可以通过不同的学习方式了解比较优秀和有效的地方自治创新方法，这些学习方式有：通过审计委员会（the Audit Commission）、促进和发展机构（the Improvement and Development Agency）这样的官方主体；通过灯塔议会项目（the Beacon Council programme）和地方创新奖（Local Innovation Awards）等地方自治创新项目，并宣传"最佳实验"的例子；通过会议、论坛、许多地方政府专业的杂志和期刊；通过简单的口头交流等。①

　　几乎每个地方当局都发展了一些创新性的服务项目，这些创新的新服务随后也被其他一些地方所学习。例如英格兰的非都市郡诺福克下辖的布罗德兰区（Broadland），通过社区层面的电话服务帮助居民解决各类问题。伦敦的兰拜斯区（Lambeth）则成立街道小分队来解决街道上垃圾随意堆放和乱涂乱画等问题；英格兰西北部的自治市利物浦（Liverpool）星期天为公众开放多个图书馆，因而被称为"英国最便利的图书馆城市"。英格兰西北部的自治市诺斯利（Knowsley）为公众推出"快餐、经典、流行"的早餐服务项目，尤其是那些未吃早餐的学生可以在享受经典音乐的同时，还可以享用早餐。②尽管中央政府不断对地方政府加以控制，然而基于地方政府的多样性，使之仍然能在中央政府总的原则和大的方面指导下获得一定的自由裁量权和自治机会。

　　最后，英国地方政府利用可持续发展的机会重塑地方政府的地位。20世纪70年代之前，人们很少讨论环境问题，一般都是通过政府的规章来解决环境问题。随着追求短期经济利益和地区生存的长期利益这两者之间的紧张关系不断升级，自20世纪80年代以来，联合国和欧盟都积极提倡可持续

---

　　① David Wilson and Chris Game, *Local Government in the United Kingdom（Fifth Edition）*, Hampshire and New York：Palgrave Macmillan, p.46.

　　② ［英］戴维·威尔逊、克里斯·盖姆：《英国地方政府》（第三版），张勇等译，北京：北京大学出版社，2009年，第45页。

发展。1992 年,在里约热内卢举行的联合国环境与发展峰会上(the United Nations Conference on Environment and Development,UNCED),一百五十多个国家制定了协议决定实施"21 世纪议程"(Agenda 21),六百多页的行动规划目的是为了引进可持续发展。

21 世纪议程的目的,就是把可持续发展任务的责任分配到政府的各个层级。国际、国家和地方当局都应当把可持续发展付诸实践。21 世纪议程在其第八章给地方当局也分配了任务,并使得地方当局处于非常重要的地位。21 世纪议程能否成功,地方当局的合作与参与是实现目标的一个决定性因素。21 世纪议程提倡用全面的方法来完成政策制定,涉及地方经济和社会等许多方面,打造一种全球与地方的新政治和经济关系。为了突出地方政府的重要性,议程规定所有的地方当局在 1996 年之前,都应该发展 21 世纪地方议程(Local Agenda 21)。

大多数英国地方当局都欢迎这个可持续发展战略。英国地方政府对 21 世纪地方议程的反应更是非常迅速,比欧洲其他国家地方政府的反应要积极得多。例如四十多个英国地方当局在 1996 年之前准备好了 21 世纪地方议程,而在德国没有一个地方政府这样做。[①]到 1998 年年底,130 个英国地方当局都采纳了 21 世纪地方议程的战略。[②]布莱尔政府还宣称,到 2000 年让英国所有的地方当局都采用 21 世纪地方议程。英国地方当局把这种可持续发展战略作为重塑它们地位的机会,试图在地方层面上进行全新自治,这种环境政策就被地方当局视为一种创造新政治空间的手段。

总之,一些成功的自治创新形式被当成典范,被英国中央政府所采用,成为英国重要政策创新的来源之一。例如工党的"地方政府现代化"白皮书采取了一系列来自地方政府的自治创新形式。比较英国地方当局与德国地

① Hugh Atkinson and Stuart Wilks-Heeg,*Local Government from Thatcher to Blair:the Politics of Creative Autonomy*,Cambridge:Polity,2000,p.193.

② Ibid.,p.194.

方当局会发现:尽管德国地方政府受宪法保护并拥有很大的财政自治权限，但是德国地方当局在一些方面并没有英国地方当局具有的创造性和革新性自治，所以德国地方当局把英国地方政府的许多方面都当作模范，德国人还赞扬英国在地方层面上"公共-私人伙伴关系"的成功。①但是并不是英国所有的地方当局都能进行创新性的自治，一些自治创新形式可能并不成功，或仅仅是适应它们本地的情况。英国地方政府要想在中央集权的形势下生存，自身就要不断地进行各种形式的自治创新，从而保持活力，并与中央政府相抗衡，保持英国自古以来的地方自治传统。

第二节　英国单一制国家结构形式的影响

在单一制的英国，中央政府享有最高的政治权力和最终的决策权，控制着税收与公共开支，其控制程度非常之大，在其他欧洲国家并不多见。中央政府可以通过议会的法律和法规，把其要实施的政策绑定到公共机构身上。中央政府可以创立地方政府，同样也可以取消地方政府在某项事务上的控制权，甚至还可以通过制定或修改法律来撤销地方政府，成立新的出于不同辖区的政府管理单位。

一、地方自治的宪法地位

英国没有成文宪法，其不成文宪法起源于中世纪的习惯法，是由议会法令、法院判例、惯例和习惯混合而成的。英国宪法就是总结已经发生过的事情，这种宪法传统在过去的任何时刻都没有被打破。与美国的成文宪法相比，英国的不成文宪法具有非常少的限定。美国的成文宪法将政府做决策的最终决定权赋予最高法院；而英国不成文宪法的最终权威归威斯敏斯特议

---

① Hugh Atkinson and Stuart Wilks-Heeg, *Local Government from Thatcher to Blair: the Politics of Creative Autonomy*, p.x.

会,在任政府可以通过掌握议会的多数票做出尚无先例的行动来更改宪法。英国由于缺乏综合性的和编集成典的宪法,整个的地方政府都是"议会的创造物"。

尽管英国地方政府的起源可以追溯到盎格鲁-撒克逊时期,时间要早于英国国家的形成,但是地方政府要支持国家才能够存在。因为英国地方政府的存在要依靠议会法令(Acts of Parliament)。而在大多数西方民主国家中,地方是通过普通立法(ordinary legislation)而不是宪法安排来组织的,尤其是在一些联邦制的国家中, 例如美国是州而不是国家决定着地方当局的结构和权力。①英国法律决定着地方政府的结构、功能、财政和运行过程。在苏格兰,此种决定地方政府结构和行动的权力从 1999 年开始已经正式由威斯敏斯特议会转移到苏格兰议会。在威尔士,此项权力则由威尔士大会管理。当然这些都是在英国中央政府的限制范围内进行的。

英国现代地方自治确立于 19 世纪, 影响其确立的宪法因素则相互矛盾。一方面是议会主权原则,另一方面自治地方政府是一种宪法惯例。于是,现代地方自治政府就处于宪法和政治相互矛盾的地位。议会主权原则(the principles of parliamentary sovereignty)是宪法家戴西在 19 世纪提出的,是指所有的宪法权威只存在于威斯敏斯特议会, 这是英国宪法的一个最基本原则。此种原则意味着威斯敏斯特议会可以随时取消地方政府,地方政府的任何权力都得不到宪法的保护。议会主权原则是代议君主制长期发展的结果,就连王室也要处于议会的约束之下。并且,英国没有成文宪法,这就使得议会的地位要高于其他国家机构,并且其地位不可被挑战,威斯敏斯特议会可以随心所欲地实施或终止几乎所有权力。可见,议会主权原则使得英国呈现内在一元化与集权化的发展趋势。

英国地方自治在法律上也受到限制,具体而言,在地方政府的管理上存

---

① J.A.Chandler, *Local Government Today*(Fourth edition),Manchester and New York:Manchester U-niversity Press,2009,p.2.

在限制英国地方自治发展的越权原则①,即地方当局只能在议会法案授权下才能拥有相应的权力。地方当局必须遵守越权原则,只能执行地方政府法律范围内的事情,只能在议会法案允许其行动的领域活动,只能提供那些议会明确授权的服务。越权原则起初是解释公司权力范围的一种工具,在发展过程中逐渐与地方当局产生联系,这一原则使得地方当局的权力范围在许多方面都具有了不确定性。②越权原则是英国地方政府在法律地位方面的一个特色。因为许多国家的地方政府都差不多具有这样的权限,即地方政府能够自主处理不是中央政府特别禁止的所有事务。而英国的这项越权原则却恰恰相反,这项原则规定,如果地方政府不能提供一个具体的法例来证明它们曾具有对某类事务的管理权,它们就不能自行地去处理这类事务。如果地方政府涉及了该类事务,中央政府就会认为地方政府超越了权限,必须终止这种非法行为。可见,越权原则限制了地方政府的自治权,而英国地方政府一开始就是在这一原则下活动。这个限制地方自治的原则对于缓和维多利亚时期资本家的想法很有必要,因为资本家害怕议员会以挥霍的方式使用他们的税费达到救济穷人等目的。

很多学者都认为,地方自治在深受越权原则影响的国家难以生存。但是英国地方自治在深受越权原则限制下依然生存下来了。因为英国法律规定,地方政府必须要履行一些职责,例如在学龄儿童的教育、休闲设施、消防服务、提供福利工作等方面。地方政府对这些地方事务的管理拥有自由裁量权。布莱尔政府时期还试图不断扩大地方政府的自由裁量权,让地方政府可以采取有益于它们社区的行动,当然这需要在严格的中央控制下进行。③

总之,议会主权原则和越权原则,意味着英国地方政府只能履行法令支

---

① 超越了法律规定的权力范围。

② Lawrence Pratchett and David Wilson, *Local Democracy and Local Government*, Hampshire:Macmillan,1996,p.210.

③ J.A.Chandler, Local Government Today(Fourth edition),p.2.

持的功能。如果地方政府想要履行一项新功能,必须要在议会通过一项私有法案,这是 19 世纪的常事,但现在因为这个程序的费用太高,已经不常使用了。

此外,在大多数欧洲国家,地方政府都具有"一般权限"这项权力。这个权力出自于地方政府的概念,意思是地方当局有权力代表地方社区(除非法律上特别禁止),为本地居民解决本地区的问题,成为其依靠并为其谋取幸福。[①]"一般权限"允许地方议会能够不受中央阻碍且自由地执行任何地方希望的政策活动。宪法给予地方政府"一般权限",让地方政府在其领域内实现其任何合法的功能。"一般权限"还会使地方政府释放出创新地方自治的能力。但英国一直缺少"一般权限"这项权力,这就意味着,如果英国地方当局没有得到法律允许的话,它们能够从事的活动就会存在很大的法律限制。[②]这项权力的缺失可能会严重制约英国地方自治的创新和发展。但是非常具有讽刺意味的是,那些拥有"一般权限"的欧洲国家地方当局发现中央强加给它们的规定比英国地方当局的还要多。[③]可见,英国存在着深厚的地方自治传统,尽管没有"一般权限",地方政府还是很少会受到中央政府的限制。当然,这一情况随着英国中央集权的发展,在二战后,尤其是在 20 世纪 80年代,已经发生了彻底的变化。尽管现在"一般权限"在英国地方政府中已有所改善,但是英国地方自治更好的发展还是面临着很大的压力。

尤其是撒切尔政府拒绝签订欧洲地方自治宪章的决定,进一步削弱了英国地方自治。欧洲地方自治宪章(the European Charter of Local Self-Government)在欧洲议会的支持下建立,起草于 1985 年,1988 年 9 月开始实施。欧洲地方自治宪章要求签订这一宪章的国家都要遵守某些原则:自治原则,

① John Stewart, *Modernising British Local Government: an Assessment of Labour's Reform Programme*, Hampshire and New York: Palgrave Macmillan, p.10.

② Hugh Atkinson and Stuart Wilks-Heeg, *Local Government from Thatcher to Blair: the Politics of Creative Autonomy*, Cambridge: Polity, 2000, p.2.

③ Lawrence Pratchett and David Wilson, *Local Democracy and Local Government*, Hampshire: Macmillan, 1996, p.211.

所有的地方当局都应该在确保地方居民利益的前提下，负责管理大量的公共事务;保护地方自治的原则,地方当局还可以通过法院捍卫它们的利益。[①]欧洲地方自治宪章还确保签订这一宪章国家的地方当局能够在政治、行政和财政上都独立。目前欧洲有 47 个成员都签订了这一宪章。但是当时撒切尔政府拒绝签订这一宪章。直到 1997 年布莱尔政府执政后,英国才签订这一宪章。英国的《2000 年地方政府法案》中体现了欧洲地方自治宪章的某些原则。《2003 年苏格兰地方政府法案》还要求地方当局要从事能够惠及它们地区每个人幸福的活动。虽然布莱尔政府签订了欧洲地方自治宪章,但是英国中央政府在实践中却没有完全依照欧洲地方自治宪章的要求进行。

英国的法律由宪法惯例和司法实践而构成，能够制约一元化与集权化趋势，使英国在现代历史发展中能够保持民主化和自由主义，这是影响 19 世纪英国现代地方自治确立的宪法因素的另一方面。英国地方政府的宪法地位一直遵循着传统单一制的地方政府模式,保持协商和自愿的态度,给予地方议会审议和执行功能。随着地方行政管理不断地复杂化和专业化,地方政府开始走向行政领导权二元化的发展模式。目前英国地方政府还拥有辅助原则(The principle of subsidiarity),认为中央政府应具有一项辅助职能,反对就地方政权有效职能以外的事务进行管理的学说。这一辅助原则支持权力下放,认为公共政策的制定应该尽可能地接近地方。因为地方自治更具有多样性和灵活性,地方服务可以满足各地方的实际需要,地方议会比中央政府对地方情况更能做出迅速和合适的反应等。总之,英国地方自治的宪法地位体现出英国一直存在着地方主义和中央主义相互矛盾的现象。

---

① Janice Morphet, *Modern Local Government*, Los Angeles : Sage, 2008, p.39.

二、地方政府的财政权限

20世纪70年代末开始的英国地方治理，首先就从地方财政改革入手，中央政府通过调整地方政府经常性支出与基本建设费用支出的比率、重构财政补贴、改变地方税种以及制定封顶政策（rate capping）①等逐步控制地方财政权，削弱了地方政府的自治权，使英国逐步走向中央集权化的道路；拥有地方自治传统的英国地方政府则通过调整税率、欧洲区域发展基金、与私人部门合作等手段争取更多的资金，获得一定的财政权限，赢得有限的地方自治裁量权。近年来，英国中央政府在大幅度削减地方政府补助金的同时，对地方公共服务提出了更高更多的标准，地方居民对公共服务的需求和要求也在增加，导致地方财政出现了所谓的"巴尼特末日图"（the Barnet Graph of Doom）困境。解决英国地方财政困境的最好方式，就是在地方自治和中央集权之间找到一个平衡点，但是在英国地方治理体制下找到这个平衡点受到诸多因素的影响，需要在地方税种、税收的独立性以及中央政府的政策和补助金等方面做出根本改变。地方政府的财政权限在一定程度上决定着地方政府的自治权限，从侧面反映出地方自治的发展历程。

（一）英国地方财政体制架构

英国地方财政体制由财政支出和财政收入两部分构成，其财政体制的设计原则首先是责任明确，在财政收入和财政支出上体现一定的透明性。早在1976年，在莱菲尔德委员会（Layfield Committee）报告有关责任方面的讨

---

① 封顶政策是指中央对地方政府的征税数额加以限制，是英国中央政府控制地方政府财政支出增长的一种手段。此政策随着时间的发展逐渐形成，在每年的4月1日，地方政府财政年开始之前，地方政府就必须要做出财政预算方案，如果方案违背中央政府的封顶政策，地方政府就必须要修改此方案。

论中就指出,问责制要求那些为花销负责的人也应该为筹集资金负责。[①]在随后的讨论中出现平均问责和边际问责的概念：平均问责是指付钱的人将有权力来决定怎么花，边际问责则强调承担支出增加部分的人将拥有自由裁量权。[②]其次,资源平等分配,体现公平性。莱菲尔德倡导的地方问责在一定程度上支持税收方面和公共服务分配方面存在区域不平等现象，这就需要对贫困区域给予补偿等方式来达到某种意义上的公平。最后,征税能力具有灵活性。征税方面的灵活性能够提高地方政府提供公共服务的能力,可以针对当地居民需要采取有效的行动,提高居民对政府的信任度。地方财政体制的这些设计原则具有理想化成分,需要与现实世界中的政治相结合。坚持每一种税收都要达到绝对的透明性是不可能的，并且过分强调地方问责会破坏资源分配的平等性以及征税能力的灵活性，设计理念需要与本国的政治文化传统相关联,英国更加重视财政体制的公平性。

（1）英国地方政府的财政支出构成

英国地方政府支出几乎占国家总支出的1/4,占国内生产总值的9%。[③]在2014至2015年英国财政部公共支出数据分析（Public Expenditure Statistic Analysis,PESA）的报告中,英国地方政府的财政支出占全国公共预算支出的23%。其中,教育和住房服务在地方政府支出中占据了几乎一半。地方当局有两种类型的费用支出:经常性支出/收益支出（revenue /current expenditure）和基本建设费用支出/资本支出（construction capital expenditure）。经常性支出是用来维持地方政府每天服务功能运行的开支,包括员工的工资和薪金、图书馆的电费、儿童福利院的取暖费、办公文具和学校的书本费、地方

---

① ［英］格里·斯托克:《转变中的地方治理》,常晶等译,长春:吉林出版集团股份有限公司,2015年,第165页。

② Watt P. and Fender J., "Feasible changes in the UK controls on local government expenditure", *Public Money and Management*, Vol.19, No.3, 1999, pp.17—22.

③ David Wilson and Chris Game, *Local Government in the United Kingdom*（Fifth Edition）, Hampshire and New York: Palgrave Macmillan, 2011, p.230.

议会车辆和垃圾车使用的汽油费；基本建设费用支出是针对地方政府长期资产的支出，费用比较大，获益也比较大，例如用来建设道路和建筑物、购买土地和大型项目等的开支。

通常，地方当局的经常性支出要多于基本建设费用支出。在20世纪60年代，经常性支出与基本建设费用支出的比例是2:1,20世纪70年代的比例是3:1,20世纪80年代和90年代的比例至少是8:1，到了1999年和2000年，这一比例已经非常高，是12:1。①在2007年和2008年的时候，英格兰总的地方政府开支差不多是1500亿英镑，其中1300亿英镑用于经常性支出，而仅有200亿英镑用于基本建设费用支出。②并且,2010年的综合开支审查（Comprehensive Spending Review）还打算在2014到2015年间将基本建设费用的支出减少45%。③预算责任办公室④统计的数据显示2015到2016年用于基本建设费用的支出略微有点增加，但在之后的预算开支中并没有继续增加的趋势（见表4.1）。地方政府的基本建设费用支出不断减少的原因是中央政府不断地给地方政府施加压力，限制地方政府在基本建设费用方面的支出。这是中央政府对地方政府的控制和管理不断增强的表现，同时反映出英国在基本建设方面的投资非常少。

---

① ③　David Wilson and Chris Game, *Local Government in the United Kingdom* (Fifth Edition), Hampshire and New York：Palgrave Macmillan,2011,p.209.

②　Ibid.,p.208.

④　预算责任办公室(The Office for Budget Responsibility,OBR)成立于2010年,独立和权威地分析英国公共财政。

表4.1　2016年3月的支出预测　　　　　　　　单位:十亿英镑

项目年份	2015—2016	2016—2017	2017—2018	2018—2019	2019—2020	2020—2021
地方财政的经常性支出	40.5	40.8	43.3	45.1	47.0	48.8
地方财政和国有企业的基本建设费用支出	23.1	21.7	20.9	18.7	18.4	19.8

资料来源:2016年3月预算责任办公室:经济和财政前景,www.gov.uk/government/publications。

（2）英国地方政府的财政收入构成

第一,地方税,这是地方政府的主要收入来源。地方税收在地方财政收入中所占的比例,将继续主导所有关于地方政府财政未来的讨论。[①]长期以来,英国地方政府一直享有征税自主权,这成为英国地方自治的重要内容。地方税在传统上被称为财产税(the rates),起源于1601年的济贫法。财产税是针对财产征收的一种税,具体就是地方当局向拥有土地和建筑物这类财产拥有者征收的一种地方税。财产税具有容易征收的特点,并且纳税人也不容易逃税。财产税可分为两种类型:家庭税(domestic rates)和商业税(business rates)。二战后,财产税的一些问题开始凸显出来,主要表现为各个家庭的地方税存在不平衡问题。例如一个领取救济金的单身汉和住在其隔壁的夫妇(这对夫妇还有子女,一家人都拥有稳定收入)要缴纳同样多的税费;大约有一半参与地方政府选举的投票人不缴纳地方税,他们对有些地方财政问题不发挥作用;租用工厂、店铺和办公楼的人尽管缴纳地方税,但是却没有投票权,不能对地方财政体制进行监督。

1989年,撒切尔政府首先在苏格兰将财产税改革为人头税。1990年,在英格兰和威尔士也开始实行人头税。人头税是针对个人征收的税,即向18岁以上的居民按照统一标准来收取税费。具体措施是用人头税取代家庭税,

① ［英］格里·斯托克:《转变中的地方治理》,常晶等译,长春:吉林出版集团股份有限公司,2015年,第163页。

国家非家庭税(National Non-Domestic Rate,NNDR)取代地方商业税。人头税具有征收税费程序非常复杂的特点。改革后的实践证明,在地方实行人头税后,利益受损者比利益获益者多出三倍。最大的利益受损者是本来拥有财产比较少,工资收入比较低,但是没有穷到需要帮助地步的人群,他们与富人要缴纳同样多的税费。人头税改革的失败使人们意识到,在英国已有数百年历史传统的财产税具有天然合理性,大多数地方服务均围绕居民财产展开,财产多者享受更多的地方政府服务,因而理应多纳税。撒切尔试图改变税收来源的政策,违反了英国地方长期的税收传统,遭到各地的强烈反对,最终导致了她的下台。撒切尔政府的这项改革,是英国20世纪地方政府财政改革中最为激进的,也是二战后中央政府最不受欢迎的一项政策,对英国地方自治的影响堪称最大。

1993年4月梅杰政府开始实行市政税(the council tax),取代人头税。市政税是财产税和人头税的结合,由居民数量和拥有财产的价值来决定缴税多少。市政税被分为八个等级,实质上还是一种财产税,却有别于原来的财产税,仍然保留了国家非家庭税。如果你是单身,无论收入多少,在缴纳市政税时,可以享有25%左右的折扣;18岁以下的人、全日制的学生或者残疾人都可以享有50%左右的折扣;对一些低收入的人群会免掉全部税款。但是市政税的使用仍然受到中央政府的干预,地方政府只能支配15%的市政税收入用来提供地方服务,体现出英国中央集权的发展趋势。布莱尔政府时期并没有重大的地方税改革政策,但是2007金融危机后,在总体财政紧缩政策的影响下,2010年联合政府实施了冻结市政税税率的政策,进一步限制了地方政府在地方税征收方面的权力。

第二,各种收费。每个地方当局收取费用的种类都有所不同,但具体收费项目都包括:客运、家务助理服务、停车场、上门送餐服务、校餐和使用地方当局娱乐设施等;地方当局也可以收取房屋的租金。《1989年地方政府和房屋法案》赋予地方当局可以收取任何服务费用的权力,除了教育、警察和消防、选举和图书馆书籍的借阅费用。①这些费用的收取更加明确了地方政府的责任。

第三，基本建设费用支出除了以上两种收入方式，还可以通过其他三种方式来获得资金：资本收入（Capital receipts）、资本补助金（Capital grants）和借钱。这三种方式主要由中央政府控制。首先，地方当局可以通过出售资本资产来获得资本收入，例如出售土地、建筑和房屋。1979—1997 年的保守党政府限制地方当局的资本收入花费，规定不能花费出售房屋收入的 25% 和出售其他资产收入的 50%；②布莱尔工党政府时期逐渐放宽对出售房屋收入的使用限制。其次，地方政府的资本支出还可以收到多种资金来源的资助。中央政府会对一些特殊的专项资本项目进行资助，例如单项再生预算挑战基金（the Single Regeneration Budget Challenge Fund）、资本挑战基金（Capital Challenge），欧盟也会通过欧洲区域发展基金（the European Regional Development Fund）来资助地方政府的基本建设费用开支，1979—1997 年的保守党政府还创造新的方式来增加地方资金，即与私人部门形成伙伴关系，这种方法现在政府还在用。③最后，每个地方当局还可以向中央政府借一些资金用来资本支出项目，但是借来的资金不能用于经常性支出。地方议会 50% 的资本投资都是来源于借钱这一制度。④ 2004 年，中央政府精简借款程序使这一制度的操作更加方便。此外，地方当局拥有许多借钱的资源，包括公共工程贷款委员会（the Public Works Loan Board）、英国和欧洲的商业银行。地方当局也能够发行债券和股票来增加收入。

---

① David Wilson and Chris Game, *Local Government in the United Kingdom*(Fifth Edition), Hampshire and New York: Palgrave Macmillan, 2011, p.218.

②④ Hugh Atkinson and Stuart Wilks-Heeg, *Local Government from Thatcher to Blair: the Politics of Creative Autonomy*, Cambridge: Polity, 2000, p.88.

③ Ibid., pp.86-87.

第四,经常性支出除了第一和第二两种收入方式,还可以通过补助金和国家非家庭税/统一的商业税(Uniform Business Rate)①这两种方式来获得资金。与基本建设费用的资金来源一样,经常性支出也可以获得中央政府的补助金。传统上,中央政府的大部分补助金支持都采用收益支持补助金(Revenue Support Grant,RSG)的形式,地方政府可获得一整笔补助金且拥有自由裁量权来决定怎样花费这笔钱。但是近些年来,中央政府不断强调通过更加专门的和明确的补助金形式(special and specific grants)来资助地方政府,例如学校补助金和警察补助金。在2009和2010年,总的中央政府补助金的比率从58%下降到54%,其中通过专门补助金形式的补助增加到了50%,通过收益支持补助金形式的补助下降到了4%。②2016年1月地方政府协会的预算支出统计显示收益支持补助金将会被大幅削减,仅2016到2017年间就减少26亿英镑,到2019或2020年时,收益支持补助金将会减少27%,地方议会可以通过提高市政税来弥补这类补助金的减少。③这种专项补助金,地方政府只能用于专项开支,这限制了地方政府的自由裁量权。可见,中央政府试图更加直接地影响地方政府的运行。

在统一的商业税体制中,地方政府征收完商业税后,再由中央政府从上而下地按人均重新分配给地方当局,但在苏格兰这种税收被视为是地方的财政收入而不是中央政府的支持金。商业税保留政策(business rate retention)是近几年地方政府财政改革中最显著的改革,可以减少地方财政的不确定性。从2013年4月1日开始,在英格兰实施商业税保留方案,即允许地方当

---

① 统一的商业税也被称为国家非家庭税,目前被归类到中央政府的税收中,是地方当局针对非家庭财产征收的税。1989年在苏格兰,1990年在英格兰和威尔士开始运行,取代了旧的家庭税制。统一的商业税在英格兰每年可以增加260亿左右的收入。

② David Wilson and Chris Game, *Local Government in the United Kingdom*(Fifth Edition),Hampshire and New York:Palgrave Macmillan,2011,p.219.

③ The LGA's Budget 2016 Submission,Local Government Association,29 January 2016,www.local.gov.uk.

局保留 50%它们征收的商业税,来增加所在区域的收入。财政大臣提议允许英格兰地方政府保留它们在英格兰征收的所有商业税。中央政府在2015年秋季声明中宣称,会让英格兰地方当局保留 100%的商业税。新的改革意味着剩下的 50%的商业税也将被地方政府保留。2015 年威尔士的商业税,也被视为是地方增加的财政收入而不是中央政府的支持金。地方当局也将被给予削减商业税的权力,实行市长制的当局还被给予增加商业税的权力来资助基础设施工程。改革的挑战是主要的中央政府补助金将逐步减少,额外的支出责任也将下放给地方当局,地方议会要在地方经济增长与避免意想不到的结果中找到平衡点。

(二)英国地方财政权限改革的路径分析

自地方治理实施以来,英国地方政府与中央政府一直进行着财政权限博弈,英国地方财政的改革几乎都是自上而下地由中央政府发起,英国中央政府通过控制地方财政,使得地方政府拥有有限的财政控制权,制约了地方自治的发展。面对此种局面,拥有地方自治传统的英国地方政府不断利用新的机会来赢得更多的财政权限。

(1)地方税率权限的争夺

地方税的征收权一直被英国地方政府视为其拥有财政权的重要标志,通常在资金紧缺的情况下,地方政府可以通过调整地方税率来增加资金。但封顶政策的实施从实质上偏离了原来的实践,第一次剥夺了地方当局自1601 年以来设定自己财产税的权力,彻底打破了英国央地关系的平衡。比如1980 年 1 月地方当局以财产税形式征收的地方税占总收入的 26%,1995 年6 月,以市政税形式征收的地方税仅占到地方当局总收入的 11%。[①] 2014 年

① Hugh Atkinson and Stuart Wilks-Heeg,*Local Government from Thatcher to Blair:the Politics of Creative Autonomy*,Cambridge:Polity,2000,p.87.

到 2015 年市政税的收入是 282 亿,国家总收入是 6548 亿,市政税仅占总收入的 4.3%。

1979 年以来,撒切尔政府主要通过封顶政策来控制地方政府开支。为防止中央政府给予地方政府的财政补贴削减后,地方政府通过增加税收来维持其功能,从而加重纳税人的负担,英国中央政府出台了《1984 年财产税法案》(Rates Act 1984),取消地方政府征收追加税的权力,实行地方税率封顶制度。这一法案试图控制每个地方当局能够征收的实际财产税,通过给予环境部大臣(the Secretary of State for the Environment)权力来限制每个地方当局的具体税率,并对英格兰、威尔士和苏格兰的所有地方当局都设有限制标准。此法案引起了中央政府和许多工党控制的地方当局(提倡地方主义的伦敦最具代表性)之间激烈的意识形态斗争,尽管有四十多个工党控制的地方当局选择不遵守封顶政策的战略,由于战略缺乏一致性而以失败告终。中央政府在一定意义上获得了胜利,但是封顶政策进一步削弱了地方当局的财政自治权,严重打击了地方自治的积极性,其存在的最大问题是中央政府会难以约束那些预算少于其认定支出的地方政府,而且此政策实施的时间越长,地方政府就会越少按低于实际需要水平的情况来列出支出预算。1998 年布莱尔政府取消了封顶政策,但是这一政策的影响并没有完全消失,审计署使用"最佳价值"标准来评估地方政府的工作,形成了以绩效评估为主的地方治理模式,在财政上进行奖惩。可见,中央政府仍然要评估地方政府的支出并限制地方政府的预算。

尽管征收地方税的权力不断受到中央政府的干涉,英国地方政府一直都在积极争取,期望中央政府在市政税方面给予地方政府更多的自由,使市政税真正成为地方税,满足地方的现实需要。2016 年中央政府改变了收益支持补助金的分配方法,让地方当局更多地依赖市政税的收入,开支审查(Spending Review)部门也提出结束市政税冻结的体制。地方政府协会建议所有类型的地方当局都应该享有同等的市政税增加原则,拥有最多增加 5 英镑或 2%市政税的权力。

(2)财政补贴的重构

依据英国地方自治的传统，英国地方政府的财政开支属于地方自治范畴，但二战以来，地方政府越来越依赖于中央政府的财政援助，从而获得很大比例的收入来提供地方服务。20 世纪 70 年代中期，中央政府的补助金占地方政府总收入的 60%。[①] 1979 年撒切尔上台后，为了医治福利国家政策所造成的"英国病"[②]，开始从调整中央政府的财政补贴入手，达到限制地方财政开支和增强中央政府权力的目的。具体表现为缩减中央政府对地方政府的财政补贴，对超标开支的地方政府，中央政府不仅逐步减少拨款，还要施以惩罚，追究当事者个人的法律责任。出台的第一个法案是《1980 年地方政府规划和土地法案》(Local Government Planning and Land Act 1980)，主要目的是试图减少中央政府向地方政府提供的地方补助金[③]。改革前的中央政府关注总的地方政府开支和地方补助金，此项法案改变了这一点，产生一个新的概念——补助金相关的支出评估(grant-related expenditure assessment, GREA)，即中央政府为了决定每个地方当局提供普通服务的花费，运用各种经济、人口和社会标准对地方花费做出的详细分析。[④]在这项法案下，如果地方当局

---

① Hugh Atkinson and Stuart Wilks-Heeg, *Local Government from Thatcher to Blair: the Politics of Creative Autonomy*, Cambridge: Polity, 2000, p.99.

② 英国病是指英国经济发展缓慢、走走停停、"三高一低"即高赤字、高通货膨胀、高失业与低增长同时并存的局面。陈国申:《从传统到现代:英国地方治理变迁》,华中师范大学博士论文,2008年。

③ 地方补助金(block grant)是中央政府为支持地方政府的活动而支付的款项,至于它如何使用或用于哪个地方的公共事业则没有特定的限制。英国于 1958 年实行地方补助金制,旨在降低中央政府的控制程度,因为这种控制可以通过指定补助金的专门用途来达到。尽管在实践中地方政府受中央关于各项公务立法规定的法定条件限制,但在理论上,地方当局能自治决定如何使用其地方补助金。参看[英]韦农·波格丹诺主编:《布莱克维尔政治制度百科全书》(新修订版),邓正来主编,北京:中国政法大学出版社,2010年,第 54 页。

④ Hugh Atkinson and Stuart Wilks-Heeg, *Local Government from Thatcher to Blair: the Politics of Creative Autonomy*, Cambridge: Polity, 2000, p.92.

的花费超过支出评估，中央政府就会减少其地方补助金。

地方政府为了保持地方自治，应对此项法案的措施主要是通过提高征收的财产税来弥补地方补助金的减少。但随后中央政府又出台了《1982年地方政府财政法案》(Local Government Finance Act 1982)，一方面对花费超标的地方当局进行加罚，扣留其赞助金(grant holdback)；另一方面取消地方当局在财政年中期征收额外税的权力。①这项法案又进一步削弱了地方政府的财政自治权限。此外，中央政府还调整其提供的财政补贴构成。基于地方政府有权自由支配中央政府所提供的综合性补贴，中央政府难以对补贴的实际用途加以控制，于是缩减了综合性补贴的比例，增加了便于控制的专项补贴的份额，加强了中央集权。

(3)新型伙伴关系的建立

英国中央政府一方面为地方财政支出设定限制，另一方面严格控制地方税的税种和税率，以及地方治理体制下对地方政府开支的大规模削减，使得地方预算收支缺口较大并严重依赖中央预算补助。此种情况下，地方政府为了减少地方开支，又不影响地方服务的提供，与私人部门形成伙伴关系，通过推行私人融资计划(PFI)，以及政府和公私合作的模式，将其一部分公共服务(交通、教育和住房等)转移给私人部门经营，与私人部门合作来共同为民众提供服务。此种方法也正是地方治理理念在地方财政领域的体现。

(三)英国地方财政发展的困境与调试

经过20世纪70年代末以来地方财政体制结构的调整，地方财政权限的改革，以及英国人口结构的变化(老年人和儿童比例增加)，英国地方财政出现所谓的"巴尼特末日图"(见图4.1)困境。

---

① Hugh Atkinson and Stuart Wilks-Heeg, *Local Government from Thatcher to Blair：the Politics of Creative Autonomy*, Cambridge：Polity, 2000, p.93.

2010 年以来，地方议会不得不面对中央补助金减少 40% 的局面。以此种资金发展的路径来看，地方政府协会预计到 2019 和 2020 年间，地方政府将面临 58 亿英镑的资金缺口。在 2011 年到 2016 年间，地方议会在成人社会关怀（adult social care）服务上出现了 50 亿英镑的资金缺口①，需要抽出其他服务资金来尽力弥补。中央政府承认成人社会关怀的重要性，《2014 年关怀法案》（Care Act 2014）的实施，要求地方议会竭尽全力发挥它们的作用，中央政府允许提供社会关怀的地方当局（social care authorities）增加 2% 的市政税专门用于成人社会关怀服务的费用。地方议会可以充分使用它们的权力，将拥有增加 5 英镑市政税的灵活性。不考虑政治后果，一些地方居民的收入很低，没有能力缴纳更多的市政税。许多地方议会还是存在资金缺口，尤其是国家最低生活工资（the National Living Wage）此项开支。②中央政府补助金的减少和地方税收的增加，改变了地方当局目前的环境。事实上，地方议会增加的市政税收入要远远低于中央补助金的减少数目，一些地方议会可能会爆发大规模的财政危机，一些地方议会可能会面临一系列的"财政悬崖"（fiscal cliffs），促使它们停止向地方居民继续提供一些高质量的服务。

①② Adult social care funding, 2016 state of the nation report, *Local Government Association*, November 2016.

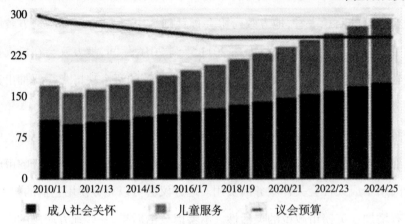

単位:百万英镑

图4.1 巴尼特末日图

资料来源:https://www.gmcvo.org.uk/graph-doom-and-changing-role-local-government。

"巴尼特末日图"指的是巴尼特①市议会的收入与支出不断扩大,尤其是将支出越来越多地用于成人社会关怀和儿童的服务上。《卫报》公共服务领域的编辑戴维·布林德尔(David Brindle)指出:"在未来20年内,除非发生巨大的改变,否则巴尼特市议会将不能提供除成人社会关怀和儿童服务外的任何服务,将会没有图书馆、公园和娱乐中心,甚至没有垃圾收集点。"②事实上,所有英国地方当局几乎都存在巴尼特的这种财政困境,整个地方政府的收入和支出近年来呈现扩大化特征(见图4.2)。

---

① 巴尼特是大伦敦的一个市,位于伦敦西北部。

② David Brindle, Graph of Doom: a bleak future for social care services, Tuesday 15 May 2012. https://www.theguardian.com/society/2012/may/15/graph-doom-social-care-services-barnet?INTCMP=SRCH.

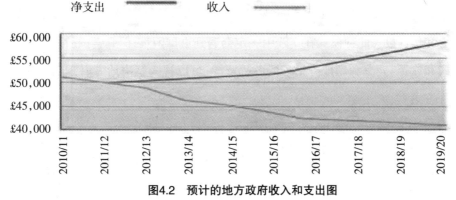

单位:百万英镑

净支出 ———— 收入 ————

图4.2 预计的地方政府收入和支出图

Resource: Catherine Staite, Making sense of the future: can we develop a new model for public services? Institute of Local Government Studies, University of Birmingham, A discussion paper, October 2012.

　　这种扩大化的特征,主要是由于 20 世纪 70 年代末以及 2007 年经济危机爆发后,中央政府不断削减公共开支和实施财政紧缩政策,并通过各种手段限制地方政府资金的使用范围。但是这三十多年来,公民的服务需求以及中央政府的要求却呈增加趋势, 这导致英国总的公共支出和税收收入的比例失调。英格兰银行和国家统计局的数据显示,到 2020 和 2021 年间总的公共部门开支下降到占国内生产总值的 36.9%,这是自 2000 和 2001 年间以来的最低点; 收入到 2020 和 2021 年间占国内生产总值的 37.4%。事实上,自 2007 和 2008 年间以来,收入就没有高于国内生产总值的 37%(见图 4.3)。中央政府的财政紧缩政策会影响到地方政府服务供给的质量与数量。地方议会需要尽力节约地方资金以及重塑服务来适应补助金减少的新财政环境。地方政府服务供给的改革就是保护重要服务的预算,削减一些其他服务的开支(比如减少乡村路线的补贴),减少一些预防性服务(preventative services)的投资。

　　面对此种困境,英国学界更多地从地方治理的视角来解决问题,伯明翰大学地方政府研究中心提出了一种新的公共服务提供模式(见图 4.4),为公共服务的领导人提供了一个工作框架, 使其能够更好地理解当前复杂的地方治理体制,并为地方财政困境找到解决方案。具体模式是通过与社区建立强有力的关系,合产①和行为改变,使得公共服务达到服务要求,增强服务能力和信任度。此种模式在实践中一定会遇到重重困难,但其尝试通过各种方式和途径,充分利用地方治理的各种资源,可以视为解决地方财政困境的一种方案。

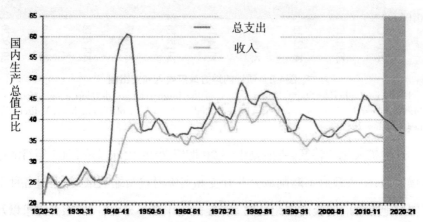

图4.3 总的公共部门支出与收入图

资料来源:2016年3月预算责任办公室:《经济和财政前景》,www.gov.uk/government/publications。

与社区建立强有力的关系

公共服务

行为改变 合产

图4.4 新公共服务提供模式图

Resource:Catherine Staite,"Making sense of the future:can we develop a new model for public services?"*Institute of Local Government Studies*,University of Birmingham,*A Discussion Paper*,October 2012.

---

① 公民合产已被视为紧跟财政紧缩措施和社会结构变革之后的一种解决公共服务制度的方法。通常来说,在合产过程中,公民和专业服务生产者的角色被重新定位。这种角色的转变可以被描述为"为公众提供公共服务"发展为"由公众提供公共服务"。See Sanna Tuurnas,Jari Stenvall,Pasi-Heikki Rannisto,"The impact of co-production on frontline accountability:the case of the conciliation service",*International Review of Administrative Sciences*,2016,Vol.82(1),pp.131-149.

中央政府试图通过权力下放来解决地方政府的财政困境。2010年联合政府执政后，提倡财政分权改革，出台《2011年地方主义法案》(The Localism Act 2011)，其首次明确指出中央政府要给予地方政府一定的财政权限。《2016年城市和地方政府权力下放法案》(Cities and Local Government Devolution Act 2016)阐明地方可以自己决定适合本区域的治理模式，地方公共财政面临的挑战不仅仅是花得更少，而且要花得更明智。权力下放对地方政府来说，是一种新的发展机会，使得针对地方服务的公共开支都用于地方人民，并且地方人民可以对其进行问责。这种以地方为基础的公共服务需要进一步财政权力下放的支持。地方政府财政独立委员会(Independent Commission on Local Government Finance)也支持将财政权进一步下放给地方政府。具体措施将在市政税设置上给予地方当局更多的自由和灵活性。总之，权力下放非常关键，在重塑经济平衡、保持英国经济的全球竞争力，以及地方服务更加可持续发展方面将发挥重要作用。①

（四）英国地方财政权限演变的启示意义

英国地方财政权限的演变表明地方政府要想拥有可观的自由裁量权来决定主要服务的水平、样式和标准，一方面受制于地方政府可用的财政资源（包括地方税征收的情况），另一方面受制于中央政府的财政政策以及对服务提供的监管。

1. 税种多样化

英国地方税的特色是只能征收一种地方税，且只占收入与支出的一小部分，地方政府收入的2/3由中央政府提供。这使得英国地方政府拥有的财政资源非常有限，不能够支持地方民主所需要的财政，限制了地方当局的预算自由裁量权。如果有不同种类的地方税，由不同群体的纳税人缴纳税费，

---

① Adult social care funding,2016 state of the nation report,*Local Government Association*,Novemer 2016.

会比仅有一种地方税和由一种群体纳税的选择面要更大一些。例如,在比利时,每个自治市都可以设有自己的税种,供自治市选择的地方税种差不多有一百三十多项。在日本,可以针对居民、消费额、商业、汽车、烟草、财产购买等的许多项目征收地方税。在美国,纽约市场有四种主要的税种:财产、个人收入、总销售和公司税。

2. 税收独立化

财政独立和自治是英国地方自治传统最重要的基础。[①]但目前英国的地方财政制度与其他欧美国家相比较而言,中央政府与地方政府的财政关系依然高度集权化,使英国成为西欧国家中最为集权的国家之一。许多在地方层面提供的服务都被中央政府部门控制,导致服务的决策和问责之间出现人为的界限。[②]近年来,中央政府认可地方治理体制下地方政府发挥社区领导作用的重要性,承认地方政府是公共部门中最有效的机构,在保持经济增长方面发挥重大作用,能够给地方人们提供所需的高质量服务。中央政府将和地方政府合作来共同提高人民的生活,目前正在积极放权,将权力从中央政府下放到地方政府是目前公共服务改革的重要部分,确保地方政府能够拥有一定的独立征税权。

3. 中央补助适度化

现代国家需要中央政府在财政上支持地方的社会服务,以确保每个人的生活与福利。地方政府在一定程度上也需要中央政府的财政支持,但太依赖于中央政府的资助,会严重削弱地方自治的能力。地方政府应以地方税的形式提高收入比例,但会遇到各地方资源不平衡的问题,比较富裕的地方能够征得更多的税收收入,不太富裕的地方能够征得的税收收入相对较少,比

---

① Pratchett, Lawrence, "Local Autonomy, Local Democracy and the 'New Localism'", *Political Studies*, Vol.52, 2004, pp.358–375.

② The LGA's Budget 2016 Submission, Local Government Association, 29 January 2016, www.local.gov.uk.

较贫穷的地方就会面临更大的压力,相应地会要求拥有更多的资源。无论实践上中央政府的目的是什么,中央政府向地方政府提供资助金的一个很好的理由就是平衡各地方资源。由于地方政府的财政状况会对地方自治产生很大的影响,需要很好地处理地方财政、地方自治与中央集权三者之间的关系。①中央政府和地方政府都应该对地方财政存在的问题负主要责任。最好的解决地方财政问题的办法,就是在地方自治和中央支持之间找到一个平衡点,采用一种能够增加足够多的地方收入,并且既公平又对地方负责的税收制度。

第三节　多种政治哲学理念的影响

至少从柏拉图时代开始,政治观念(political ideas)就在政治学研究中扮演着重要角色。有人曾这样说,观念具备改变我们这个世界的能力。②在影响英国地方自治的多种政治哲学理念中,各种理念对自由的新理解以及新治理理念的出现对英国地方自治的发展及变革产生了重要影响。

一、多种理念对自由的新理解

19世纪英国存在的主要意识形态包括:自由主义、国家主义/集体主义、保守主义和社会主义。

(一)自由主义

自由主义所包含的政治理念在英国影响最为深远,英国各主要政党都会被其所影响。在第一章中已经详细阐述了自由主义思想的起源、包含的内

---

① 1976年莱菲尔德委员会的建立就是为了调查整个地方政府财政问题和中央与地方关系问题。

② [英]比尔·考克瑟等:《当代英国政治》(第四版),孔新峰、蒋鲲译,北京:北京大学出版社,2009年,第81页。

容,以及对地方自治的影响,此部分将阐明19世纪工业革命带来的经济、政治和社会变革影响下,自由主义思想产生了哪些变化。在自由主义思想的影响下,英国地方自治也具有了现代性的特征。实际上,自由主义有时被认为是"支配性的意识形态",无处不在地渗透进现代政治之中,以至于英国的保守主义和社会主义都可以被看作是某种"自由主义的变体"。①

自由主义者在18世纪以及19世纪早期反对传统绝对君主制的时候,持一种革命性的意识形态,但是到了19世纪后期他们持统治性的意识形态。②因为19世纪的中后期政治权力正从旧的土地贵族手中慢慢转移到新兴工业资产阶级手中,此时的自由主义者服务于拥有资产的资产阶级,反对拥有土地的保守主义者。资产阶级作为新兴阶级需要寻找更广泛的社会支持,19世纪市政改革的目的绝不是民主参与。③实际上,自由主义者认为的自由是要享有权力来拥有财产,并可以追求经济利益。19世纪末的自由主义发生很大转变:自由要求一些经济保障,进而要求增加税收,形成更加积极的政府。在边沁的功利主义哲学影响下,英国人认为政府应该是实用的,并不是拥有权力的独立实体,而是满足个人需要、资本主义社会和经济发展的工具。

19世纪自由主义代表一个新阶层(商人和专家)的意识形态,与工业资产阶级的利益紧密相连。19世纪的自由主义者认为,基本的人权和自由比权威、社会和国家更重要,个人不能伤害其他人,也没有人可以限制个人自由。政府的存在就是为了保护个人自由,而不应该干预经济和保护农业。自由市场和自由贸易能够促进个人自由和经济增长。个人可以借助市场的力量来获得利益,实现社会进步。

自由主义在19世纪得到充分发展,但是几十年后,由于社会贫富差距

---

① [英]比尔·考克瑟等:《当代英国政治》(第四版),孔新峰、蒋鲲译,北京:北京大学出版社,2009年,第86页。

② 同上,第84页。

③ John Kingdom, *Local Government and Politics in Britain*, New York and London: Philip Allan, 1991, p.16.

的扩大,传统自由主义逐渐发展为新自由主义(New Liberalism)。新自由主义一改早期倡导的自由市场与有限政府,反而重视国家政府的干预。因为传统自由主义具有有限性,只是追求政府压迫统治下解放的自由。而新自由主义追求的是要实现个人幸福的自由,这就需要国家政府的干预以保障充分的就业等。

(二)集体主义

在19世纪,集体主义(collectivism)逐渐增长,个人主义逐步下降。但是所有人都既是集体主义者又是个人主义者,在真正的政治生活中要一直平衡这两者。集体主义/国家主义(statism)与个人主义似乎一直相互排斥,现代政治的历史就在这两者之间摆动。英国政治的本质就是综合了日耳曼式的国家主义和自我算计的个人主义。其实左–右翼思想①带来的各种问题主要是:市场对国家、个人主义对集体主义、效率对平等、低税收对高税收。可见集体主义与个人主义的对立也受左–右翼思想的影响。

(三)保守主义和社会主义

进入20世纪后,保守主义和社会主义等思想开始在英国发展。如果也用左与右来划分,保守主义属于右翼,而社会主义处于左翼。随着社会的变化,这些思想也会发生变化,但他们都会关注全球化、欧盟、福利政策和经济体制等问题。

传统保守主义的代表人物是埃德蒙·伯克(Edmund Burke,1729—1797年)。保守主义者强调传统、节制和权威,认为人类并不完美,光靠市场的力量不能实现人类幸福,需要节制和权威来维护法律和秩序。这种家长式作风

---

① "左翼"和"右翼"这两个词汇源于1789年法国大革命后成立的国民大会上议席的分布位置,当时最为革命的议员坐在会场的左侧,而最为保守的议员则坐在右侧。[英]比尔·考克瑟等:《当代英国政治》(第四版),孔新峰、蒋鲲译,北京:北京大学出版社,2009年,第85页。

的政府观点不一定会支持市场与现代化。19世纪的保守主义者与早期支持工业化带来变革的自由主义者不一样,他们怀疑和排斥变革,害怕变革会冲击传统的一些观念。与早期自由主义代表新兴资产阶级的利益也不一样,传统保守主义代表拥有权力的土地贵族的利益,想要维护现行的政治秩序和保护农业。但是保守主义还是在与自由主义的对抗中生存下来,并于20世纪后发展起来,成为一种主流意识形态。主要原因是保守主义者一直在进行渐进式的变革,而不是进行激进的变革。在过去的两个世纪中,灵活性、渐进主义和实用主义一直是英国保守主义的重要特征。①但在保守主义内部,存在着自由放任主义和集体主义两股对立思想传统的持续张力,二者之一可能会在不同时期占据上风。②

二战后,国家的作用迅速上升。存在着一些共识理念:集体主义、福利国家、国家干涉主义、凯恩斯主义(Keynesianism)。凯恩斯理论的经济思想把国家开支放于政府政策的核心,奉行干涉主义(interventionist)哲学理念。凯恩斯主义者认为,地方政府是这个新国家战略的一个重要成分,在住房、教育、城镇规划、社会服务、经济发展和其他方面履行新的责任。与整个西欧其他市政体制一样,英国也需要一个更加理性和一致的制度来解决国家在地方层面需求的不断增加。保守党接受了凯恩斯式的这些理念。

社会主义也是对早期工业化的一种反映,是工业资本主义的产物。社会主义者要求改善工人阶级的生活,保护个人权利,但是拥有有限的经济自由。社会主义者倾向于以激进手段达成收入和财富的再分配,希望采取计划经济而非自由市场经济。③英国的社会主义独具特色,一般被认为是工党的议会社会主义,而不是马克思版本的社会主义。

---

① [英]比尔·考克瑟等:《当代英国政治》(第四版),孔新峰、蒋鲲译,北京:北京大学出版社,2009年,第92页。

② 同上,第95页。

③ 同上,第101页。

总之,在工业革命的影响下,19世纪的自由主义者主要代表新兴资产阶级的利益,不再代表拥有土地的贵族阶级的利益。资产阶级作为新兴阶级为了寻找更广泛的社会支持,也给予工人阶级广泛的权利。为了满足这些新的需求,英国现代地方政府体制逐步建立起来,英国地方自治也具有了现代性的特征。但是到了19世纪末自由主义逐渐演变为新自由主义。新自由主义开始重视国家政府的干预,就这样国家主义在19世纪后期也发展起来。尤其是二战后,凯恩斯主义在英国非常盛行。在英国现代地方自治发展起来的同时,国家主义也发展得非常迅速,尤其是二战后,英国逐步走向中央集权化的道路,地方自治逐步受到中央政府的各种干预。

二、新治理理念的出现

二战结束后不久,英国率先建立了福利国家,地方政府承担的职能与日俱增,中央政府则不断补贴地方政府高额的公共开支。20世纪70年代末爆发的全球性经济危机,凸显出英国高福利引发的央地关系发展的不平衡,地方政府在财政上对中央政府的依赖,削弱了地方政府的独立自主性。与此同时,民众对地方政府的期望和对公共服务的需求大大提升。在这种背景下,英国提出了新的地方治理理念,展开地方政府改革运动。1979年撒切尔执政后,支持新右派(The New Right),倡导"撒切尔主义",强调市场作用,认为市场是摆脱英国经济困境的有效工具,同时坚持中央集权和强政府,使"自由经济和强国家"相结合,将"新自由主义"与新保守主义相结合。[①]

所谓"撒切尔主义",包含货币主义、自由主义与国家主义的核心原则。遵照货币经济学家米尔顿·弗里德曼(Milton Friedman)的货币主义理念,他认为政府经济政策的作用是通过控制货币供应去维持低通货膨胀,反对由政府去维持就业率。撒切尔政府倡导的货币主义打破了二战以来的凯恩斯

---

① [英]比尔·考克瑟等:《当代英国政治》(第四版),孔新峰、蒋鲲译,北京:北京大学出版社,2009年,第96页。

主义,主张实现国有工业私有化、限制工会权力、减少福利开支。①弗里德曼认为:撒切尔代表的是 19 世纪"曼彻斯特的自由主义传统",是"自由市场与自由贸易的传统"。②

与之同时,撒切尔修改了早期倡导有限政府和自由市场的做法,遵循哈耶克的"新自由主义"(New Liberalism),强调国家干预。撒切尔政府认为,传统自由主义追求的是从政府压迫统治下获得解放的自由,具有有限性特征,"新自由主义"追求的则是实现个人幸福的自由,需要通过国家政府的干预去为自由市场的有效运行创造条件,以保障充分就业等。此外,撒切尔政府重拾 19 世纪后期以来的国家主义理念,认为国家在维持法律秩序方面应该发挥重要作用。

撒切尔的改革理念改变了英国地方自治的性质,形成新的地方治理发展模式。一方面,"撒切尔主义"的市场化准则扩大了地方自治主体的范围,大量私有部门和志愿部门通过竞争机制参与到地方自治过程中,形成政府和非政府组织共同提供地方服务的局面,构建起新型的地方治理体制。另一方面,撒切尔的强政府理念又强调中央集权。在撒切尔政府看来,地方政府阻碍了中央政府的运行,因而有必要减少地方政府的财政支出,削弱地方政府在重大领域的作用,由此而通过大量准地方自治政府绕过地方政府去进行地方治理,在一定程度抑制了地方政府的自主性。

以"撒切尔主义"为代表的新右保守主义体现出改革取向和趋于国家专断的双重特征,使英国从一个"统一的和高度分权的国家"变成了一个"统一的和高度集权化的国家",与此时期,欧洲其他国家的地方分权化改革趋势

---

① Hugh Atkinson and Stuart Wilks-Heeg, *Local Government from Thatcher to Blair: the Politics of Creative Autonomy*, p.59.

② [美]加布里埃尔·A.阿尔蒙德、拉塞尔·J.多尔顿、小 G.宾厄姆·鲍威尔等:《当代比较政治学:世界视野》(第 8 版 更新版),杨红伟等译,上海:上海人民出版社,2009 年,第 179 页。

不相一致。① 20世纪90年代新工党上台后，布莱尔在总体上秉承撒切尔的治国理念和私有化举措，承袭保守党实用主义与渐进主义的改革路径。② 2010年卡梅伦当选首相，组成联合政府，进一步延续"撒切尔主义"，从2010年至2015年奉行"大社会"政策，鼓励社区和公民参与地方事务并承担相应责任。

第四节　经济、社会环境和政治的影响

英国经济、社会环境和政治因素也影响着地方自治的发展与变革。英国的工业化和城市化推动着地方经济的发展，全球化与欧洲一体化为地方政府发展提供机会与挑战。近年来，英国政党控制着大多数地方政府使其成为党派斗争的场所，英国地方政府也要进行调整来适应此种新变化。

一、地方经济与社会的影响

马克思主义认为，经济力量是历史发展的动力，经济基础决定上层建筑的创建，例如特定社会关系、文化标准和政治制度的创建。利益影响着人们的价值和观念，不同时期占统治地位的观念基本上是在社会经济中占据优势地位阶级利益的体现。资本积累是推进经济和社会进步的主要动力，中世纪晚期所有一切进步如果没有资本积累这个基本因素，就什么也建立不起来，③并且在政策制定群体中经济利益和商业利益占主导地位，商业代表对政策结果产生重要影响。

理解地方政府变革的最好方法就是厘清其与主要利益的关系。例如20

---

① ［德］赫尔穆德·沃尔曼、埃克哈特·施罗德编：《比较英德公共部门改革——主要传统与现代化的趋势》，王峰、林震、方琳译，北京：北京大学出版社，2004年，第107页。

② ［英］比尔·考克瑟等：《当代英国政治》（第四版），孔新峰、蒋鲲译，北京：北京大学出版社，2009年，第115页。

③ 王玉亮：《英国中世纪晚期乡村共同体研究》，北京：人民出版社，2011年，第218页。

世纪 60 年代和 70 年代,英国地方政府结构重组就与商业利益相关。20 世纪 90 年代的改革也是如此,中央政府试图使地方政府符合商业利益。中央政府视地方政府的两层或三层体制为政府议程的障碍, 认为这些体制浪费了国家开支,在经济上毁坏了英国利益,在政治上毁坏了政府体制,此种多层架构以及其中根深蒂固的政治和官僚利益是地方政府充当授权作用的障碍。①事实上,当中央政府感到其受到了地方政府在政治和经济支配上的威胁时,就会对地方政府进行改革。中央改革的基本目标是为了使地方政府更加服务于主要利益的功能,使其利益者能够直接控制地方政府的开支,对地方政府进行干涉, 所以英国地方政府重组的研究就是一项努力对抗主要利益者的相对自治的研究。②

工业革命产生一种新的生产模式,相应地出现新的阶层——资产阶级,它们拥有丰富的资源和强大的权力,几乎重新建构了整个国家的建筑,在建造大批工厂的同时,也建造了许多新的城市房屋,且有强烈重构劳动力的欲望。地方政府在工业化和城市化过程中受到巨大影响,成为资产阶级拥有权力的核心地区。工业化和城市化给予了地方政府发展的巨大动力,创造了现代地方政府。

但工业化的过程也使得社会和经济问题变得相当复杂, 大量的人口从农村地区涌向城市地区,形成以前并不存在的人口稠密的城市社区。人们要求改善地方基础设施,工业化带动了城市化的发展。19 世纪初,英国只有 1/5 的人居住在城镇,但是到了 19 世纪末,已经有 4/5 的人居住在城镇了,与此同时,人口也在空前增长,1695 年城镇人口大约是 550 万,到 1801 年已经达到 1100 万,到了 19 世纪 30 年代已经达到 1650 万。③此时在英国谈论城市化,

---

①② Allan McConnell, *Scottish Local Government*, Edinburgh: Edinburgh University Press, 2004, p.65.

③ John Kingdom, *Local Government and Politics in Britain*, New York and London: Philip Allan, 1991, p.4.

不仅仅是指城镇或城市的生活，而是整个国家都被城市化力量支配着。1920年到1940年间的芝加哥学派（the Chicago School）在早期城市化研究中较有影响力，他们研究的主题是"城市经济"。

约翰·金德姆在著作《英国的地方政府和政治》中阐述了城市化带来的巨大变化：贫民窟、疾病、运输不足、恶习和腐败、剥削、污染、贫穷，以及恐惧。他对这八个方面的详细论述如下："①贫民窟。随着城市人口的增长，人们对住房的需求增加，资本家在工厂周围匆忙地建设质量比较次，面积比较小而密集的房屋，长此以往就形成了贫民窟。②疾病。城市的建设并没有排水和卫生设施，这种脏乱使得传染病不断危害着人们的健康。③运输不足。工业革命早期的道路非常不好，原材料和产品的运输都有困难。④恶习和腐败。大城市出现了人们以前都不敢想的恶习，比如伦敦和曼彻斯特，有着数以千计的妓女和男娼，他们中的许多人还都是孩子。随处可见的强盗和小偷使资产阶级开始担心他们的生活和迅速积累起来的财富。⑤剥削。工厂的工作环境也很简陋和危险。工人工作时间长且工资低。⑥污染。资产阶级最关注的是经济利益，并不关心大气、水或土壤的污染，为了远离污染，把他们壮阔的房子建在城市的西面，使得盛行风吹走有害的工厂废气。⑦贫穷。尽管工业革命使英国成为世界工厂，积累了大量财富，但是工人们只有一点可怜的工资，并且英国到处都游荡着失业人员，大约有 1/3 的人生活在贫困线以下。⑧恐惧。尽管产生了巨大的财富，但是整个社会却处在刀子的边缘，农业社会下人们已经接受的旧制度中的等级制带来的和谐社会，已经被新的个人主义竞争和不平等形式所破坏。法国大革命也给英国的富有者们拉响了警报，提醒他们需要进行根本的改革。"[①]

这些发展使得地方政府开始为许多工业化过程中产生的工人和他们的家人承担更多的公共服务职能，例如基础教育、住房福利、供应用水、处理污

---

① John Kingdom, *Local Government and Politics in Britain*, New York and London: Philip Allan, 1991, pp.24–26.

水、修建和保养道路、处理垃圾、规划土地使用和管理路灯系统等。但地方政府必须要服务于资产阶级，同时也要通过地方民主为普通人提供权利，这是一个相互矛盾的难题，地方政府就在这种复杂的和相互矛盾的利益平衡中发展。①此外，经济发展中的城市化和工业化在促进地方政府发展的同时，还要求中央政府确保城市的安全和卫生，在这一过程中，城市化和工业化一定会导致更多的国家控制和干涉主义。

二、全球化与欧洲一体化的影响

全球化与信息技术革命正在推动着越来越多的国家重新思考不同层级间政府的地位，以及它们和私人部门与公民社会之间的关系。这些变革使得地方政府的责任变得越来越重大，同时地方治理也发展起来。经济活动全球化正在削弱着中央政府管理国家经济的能力，有一种观点就认为，国家对经济的干涉转移到了地方和区域层面上。②罗兹指出，中央能够控制次级政府的范围正在被内部空洞(例如机构碎片化)和外部空洞(例如全球化)这两个过程而削弱。③

欧盟是欧洲大多数国家的一个独特的经济和政治组织，有 28 个成员国。欧洲一体化过程为多层政府共享权威和政策制定创造了条件，导致了区域政府作用的增强。英国于 1973 年 1 月 1 日加入欧盟，尽管目前英国正在积极筹备脱欧的议程，但欧洲一体化对英国地方自治的影响较大。本节将从两方面来详细阐述影响：欧盟能够为英国地方政府提供什么，以及英国地方政府怎样利用欧盟来实现地方自治。

---

① John Kingdom, *Local Government and Politics in Britain*, New York and London: Philip Allan, 1991, p.9.

② Hugh Atkinson and Stuart Wilks-Heeg, *Local Government from Thatcher to Blair: the Politics of Creative Autonomy*, Cambridge: Polity, 2000, p.80.

③ Ibid., p.77.

（一）欧盟为英国地方自治创造条件

欧盟在欧洲一体化过程中推行辅助原则（subsidiarity），地方当局促进持续发展的重要性得到了国际认可，也逐渐达成了经济全球化加强地方政策介入的重要性的共识。[1]许多地方当局使用持续发展的战略作为在地方上赢得独立政策发展的基础。欧盟为英国地方自治提供了许多资源，地方当局也不断使用许多新方法来参与到欧洲一体化的过程中，许多方面都超出了中央政府的控制范围。英国逐渐形成多层次治理的局面，不断扩大了民主国家的空洞化。

首先，欧洲一体化过程为英国地方当局获得资源进行地方自治提供了机会。欧盟于20世纪80年代中期创建了单一市场，为欧洲一体化提供更好的条件。英国地方当局也都受到了欧盟的影响，有一些地方政府在参与欧洲事务的过程中比较活跃，比许多其他欧洲国家的地方政府更加热情和活跃。许多学者就指出，英国地方政府正在不断"欧洲化"（Europeanization）[2]。

其次，欧盟主要通过结构基金（structural funds）为地方当局提供资金。结构基金来源于1975年发起的欧洲区域发展基金（European Regional Development Fund，ERDF）。20世纪80年代末之前，结构基金对英国地方当局相对不那么重要，许多地方当局并不知道有这样的资助机会。只有伯明翰（Birmingham）和斯特拉斯克莱（Strathclyde）少数几个大议会得到了结构基金的资助。自从20世纪80年代末以后，情况发生了很大的变化，英国从1989到1999这十年就得到了1400万英镑的结构基金。[3]但是英国中央政府不断

---

① Hugh Atkinson and Stuart Wilks-Heeg, *Local Government from Thatcher to Blair: the Politics of Creative Autonomy*, Cambridge: Polity, 2000, p.3.

② Ibid., p.204.

③ Ibid., p.210.

给地方政府施加压力,控制地方政府使用结构资金的范围,以阻止其参与欧洲项目。2016 年 6 月英国通过全民公投退出欧盟①,一定程度上可能会不利于英国地方政府继续获取欧盟的财政资源。地方政府协会随后声称中央政府必须确保地方政府在未来的几年内依然能够收到 5 亿欧盟再生资金(EU regeneration funding),一直持续到 2020 年,不能受到退欧的影响。

最后,欧盟立法(EU legislation)为英国地方自治提供一些法律上的保护。布莱尔政府时期,英国政府签订《欧洲地方自治宪章》(the European Charter of Local Self-Government)。特里(Terry)在 1993 年估计地方当局在欧盟政策方面的法令数量不断增加,有关食品、环境、健康和安全方面就有 101 项法令。②这些立法增加了欧洲委员会与地方当局的联系。欧盟立法赋予地方立法两个独特的责任:需要地方当局遵从欧盟的法令和规章,给予地方当局执行这些立法的地位。③但是在立法方面的影响也不能夸大,主要还是中央政府而不是地方政府来执行欧盟的法令,此外,教育和社会服务这些政策领域是有关英国地方当局的花费功能方面,欧盟在这方面的能力还很有限。④

(二)英国地方政府利用欧盟提供的机会进行自治

英国地方政府欧洲化的原因就是地方政府不断受到中央政府的限制,地方政府想通过欧盟来发展自治,摆脱中央的限制。并且英国地方政府把欧洲一体化作为创新地方自治的一种手段。尤其是 20 世纪 80 年代,英国中央政府集权程度非常高。英国地方当局把欧盟作为其摆脱中央政府限制的手段,弥补其失去的功能,以及获取更多资源的机会。

---

① 2016 年 6 月 24 日英国脱欧公投中,51.9%的英国民众赞成脱离欧盟。

②③ Hugh Atkinson and Stuart Wilks-Heeg, *Local Government from Thatcher to Blair:the Politics of Creative Autonomy*, Cambridge:Polity, 2000, p.207.

④ Ibid., p.208.

英国地方当局参与欧盟政策过程的渠道有很多。但是每个地方政府参与欧洲一体化的程度并不一样,可以自由选择是否参与。通过以下调查可以反映出英国地方当局参与欧洲化的变化:1991年审计署的一报告指出不到1/3的地方当局认为欧洲议程会对他们有影响,不同类型的地方当局参与欧洲化的程度非常不同,70%的伦敦自治市和大都市地方议会,以及63%的郡县认为,欧盟会对他们的当局有影响,但是只有19%的郡区(shire districts)会认为欧盟对其有影响。① 1993年,地方政府管理委员会(Local Government Management Board,LGMB)的调查发现只有20%的地方当局采取了参与欧洲事务的战略,但是到了1996年,调查发现仅仅过去三年,80%的地方当局自信地讲它们有能力对欧盟立法做出回应,这些数据表明,英国地方当局在20世纪90年代间参与欧洲事务的数量和程度都在增加。②

总之,随着欧盟在政府间关系中的重要性不断提高,可能会发生地方分权和中央集权两种后果,也极有可能两种后果同时发生。③

三、政党政治对地方自治的影响

英国的主要政党有工党、保守党和自由民主党。工党通常把中央政府视为经济和社会福利提供的主要机构,上台执政后的主要目标就是完成政党的国家政策。相对来说,工党会忽视地方政策。从1896年开始,费边主义开始强调地方政府的作用和市政社会主义,但是工党在1945年大选胜利后,关注地方政府的趋势又有所转变,还是更倾向于把中央政府作为政策行动最合适的场所。1997年,新工党上台后非常关注地方政府,执政之初就要改变地方政府与民主制度运作的方式。在布莱尔政府执政的最后阶段,地方政

---

① Hugh Atkinson and Stuart Wilks-Heeg, *Local Government from Thatcher to Blair:the Politics of Creative Autonomy*, Cambridge:Polity, 2000, pp.206-207.

② Ibid., p.206.

③ Ibid., p.222.

府成为核心问题。保守党拥有的一个长期历史传统就是强调地方政党制度的自治。二战后，保守党的这种地方主义被削弱，因为战后中央政府的地位不断提高，1979 年撒切尔执政后，这种地方主义的传统进一步被削弱，因为她使用中央政府的权力来直接控制地方当局的许多活动。[1]自由民主党既强调社会民主党的中央主义，又强调自由党的个人主义和参与主义，具有开放、协商和参与的特征。

(一)英国政党对地方事务的参与

辉格党和托利党于 17 世纪 70 年代中叶以后出现在英国政治舞台上，各郡治安法官的任免开始与党派政治产生联系。政党于 19 世纪组织起来，当代英国地方政府的一个主要特征就是政党政治。英国不同组成部门的竞争议席的政党也不同。北爱尔兰比较特殊，英国各政党不在这里竞争议席。主要有四个政党在竞争议席，在苏格兰分别是自由党、苏格兰民族党、保守党和工党，在威尔士分别是威尔士民族党、自由民主党、保守党和工党。实际上，现在大约有 90%英国地方议会按照政党路线组织。[2]政党来提名议会候选人，政党选举出来的领袖要么是首相，要么领导反对党。英国政府是一个政党政府，但是政党政治的地位和作用通常被英国政府忽视。

保守党与自由党在 1885 年左右开始全国范围内的竞选。从 19 世纪 80年代的郡议员被第一次引进开始，在莱斯特郡(Leicestershire)，有关政党市议员职位的分配上就有过激烈的讨论，当时的地方议会主席希望政党精神应该尽可能被忽略，但是在 1889 年新的地方议会就职选举中，至少三分之一(15 个)的地方议会由政党组成，也就是说从 1889 年开始，政党政治就已

① Steve Leach, *The Changing Role of Local Politics in Britain*, Bristol: Policy Press, 2006, p.17.

② [英]约翰·格林伍德、戴维·威尔逊:《英国行政管理》,汪淑钧译,北京:商务印书馆,1991 年,第 143 页。

经是一个非常重要的因素。[1]

工党和保守党的政策于二战后逐渐趋同,进入了一段共识期。这种政策趋同与经济政策和福利国家相关,经济上都同意凯恩斯主义的重要性,福利上要实现英国公民从摇篮到坟墓的国家卫生服务(National Health Service)。地方政府的责任是,提供和管理许多社会福利政策,例如教育、公共住房、社会服务和社会保障,这提高了地方政府的地位,使地方当局在英国公共政策上发挥了重要的和创造性的作用。

英国大部分地方当局自从1974年以来都由政党政治所控制。因为1974年地方政府重组后,地方政府的特性被削弱,地方政府的规模比以前更大,在政治层面上趋向于寻求相对较好的和更大的组织资源——政党,独立的地方议员就会处于弱势。中央政府建立莫德委员会调查地方政府的管理情况,发现"在1967年,50%的地方议会在政党的控制下,随后的研究发现,在1985年,这一数字已经增长到了80%。只有16%的地方当局是由自己独立控制,而且这些当局大多数在英国农村地区。到1995年,英国地方议会只存在10%的独立地方议员"[2]。发展到2005年,在苏格兰和威尔士的所有地方议员中只有9%没有公开地表明他们属于哪个政党的成员,只有3%(12个地方当局)的地方当局拥有独立的行政。

在1945年到1970年间,保守党和工党在英国地方政治中占据明显优势,这两个政党在选举中的得票加在一起,平均达民众选票的91%,1951年这一数字更是高达97%。[3]但是当两个最大的政党名誉扫地时,其他政党就会有发展的机会。1974年大选后,多个政党开始在地方政治中发挥作用,保

---

① Steve Leach, *The Changing Role of Local Politics in Britain*, Bristol: Policy Press, 2006, p.3.

② Hugh Atkinson and Stuart Wilks-Heeg, *Local Government from Thatcher to Blair: the Politics of Creative Autonomy*, Cambridge: Polity, 2000, pp.26-27.

③ [美]加布里埃尔·A.阿尔蒙德、拉塞尔·J.多尔顿、小 G.宾厄姆·鲍威尔等:《当代比较政治学:世界视野》(第 8 版 更新版),杨红伟等译,上海:上海人民出版社,2009 年,第 212 页。

守党和工党只获得了 75%的选票,自由党赢得了大约五分之一的选票,在苏格兰、威尔士与北爱尔兰,民族主义政党也赢得了一些选票。政党在发展过程中也呈现碎片化的趋势。

(二)英国政党对地方政治的影响

政党政治影响着英国现代地方政府体制的发展。从 1835 年市政法案(the 1835 Municipal Corporations Act)开始,代表地方政府集体观点的群体竞选市政领导,阐明现代地方政府应该怎样提供更好的公共服务。例如伦敦郡议会从 1899 年创建开始就由政党政治控制。

政党政治有时会导致地方政府与中央政府之间的冲突。在英国,政党是中央与地方相互联系的最重要渠道,发挥着媒介与控制作用,减少了政治家个人的作用。政党还可以把地方政府的问题变成其纲领,此种政党政治对地方事务的参与会抑制地方政府的活力,导致中央政府的集权。例如 1965 年大伦敦的设置、1985 年大伦敦的废除,以及 1999 年大伦敦政府的建立等,表明执政党可以随意改变地方的组织结构,中央政府可以彻底介入地方制度。

在 20 世纪,英国的主要政党——保守党、工党和自由党(随后改名为自由民主党),在地方政府都很活跃。1979 年以后,政党政治的热潮把新自由主义的政策变成了针对地方政府的战争,这激怒了工党的大多数成员。英国的中央和地方关系原本是一种相对相互独立的关系,由于政党组织在 20 世纪 80 年代后的参与,使得中央政府对地方事务漠不关心,致使地方自治也缺乏活力。保守党政府在地方政府中所占席位的不断减少,加速了地方政府的改革,在地方上出现了跨政党的合作。20 世纪后半期,地方政府政治化不断增强。因为政党政治的作用与民主的责任和合法性相联系,自从 20 世纪 70 年代以来地方政府就处于持续的危机状态。①

---

① Steve Leach, *The Changing Role of Local Politics in Britain*, Bristol: Policy Press, 2006, p.5.

小　结

英国区域政治的传统、地方政府的多样性和创新能力、新的地方治理理念，以及全球化趋势和欧盟为英国地方政府提供发展的机会等多种因素，都推动着英国地方自治的发展。尽管如此，英国是一个单一制和不成文宪法的国家，奉行议会主权原则，视地方政府为"议会的创造物"，没有保护地方自治的成文宪法，也没有大多数欧洲国家地方政府所拥有的"一般权限"。英国的地方政府受到越权原则的限制，地方政府的财政权限不断受到中央政府的限制。在城市化和工业化的进程中，地方政府无法单独应对发展中出现的新的挑战，需要中央政府不断予以援助和加以规范，这就必然导致中央政府更多的控制。此外，英国的政党也将地方政府作为彼此间相互竞争的场所，从而参与到地方的政治、社会活动中，进而限制了地方的自主性和活力。在错综复杂的地方政治过程中，多种因素纵横交错，共同推动和抑制着地方自治的发展。近年来，英国中央政府集权化的趋势日增，地方政府要求打破限制、寻求更多自治权力和自我创新的愿望也不断加强，使二者间出现新的博弈，并呈现新的紧张关系。

第五章 对英国地方自治及未来发展的评析和预测

英国地方自治发展的历史是地方政府不断争取自治权的历史。地方政府早期向国王争取统治地方的自由权力;英王成为虚位君主后,则呈现为地方政府向中央政府争取地方自治权的过程。地方政府一方面要反映地方的利益诉求,另一方面则不断与中央政府相抗衡,显现为寻求中央权威与地方自治二者间平衡性以及相互间博弈的过程。

第一节 对英国中央政府与地方政府间关系的评析

英国的地方自治和中央集权一直在并行发展,评析英国的央地关系,既要尊重英国深厚的地方自治传统,又要认清英国中央集权化明显增强的趋势。英国的央地关系经历了王权与地方分权、"二元政体"和"伙伴关系"三个主要发展阶段,地方政府多样性为地方创造自由裁量权的机会,部门主义传统使得中央与地方能够相互独立,而政党政治和地方治理体制使得央地关系复杂化与碎片化。评析英国央地关系的主要特征以及适合分析英国央地关系的代理模型、权力依赖模型和政策共同体与网络模型,有利于明确今后英国央地关系改革的方向和平衡发展。

英国地方政府早期拥有较大的自由裁量权,其发展也早于中央政府的发展。伴随英国政府的发展,逐渐构成中央主义和地方主义双重性,形成了"二元政体"的局面。二战后,地方政府承担的服务职能不断增多,中央则通过多种途径干预地方事务,使英国的地方自治权受到削弱。历史上,英国的地方自治曾经是欧洲国家的典范,近代以来,逐渐走向中央集权的道路,有必要深刻分析央地关系变化背后的原因,从而提出改革调整的建议。

从英国地方自治的视角来解读央地关系,主要经历了三个发展阶段,即从王权与地方分权到现代地方政府体制下的二元政体,发展到地方治理前提下的中央地方新型"伙伴关系"。

一、王权与地方分权

中世纪时,英国逐渐形成一个封建国家,此时中央与地方政府的关系相互独立,中央政府的政治权威掌握在国王手中。1066年,法国诺曼底公爵威廉一世(William Ⅰ,1066—1087年在位)入主英格兰后,政治上最大的特色便是强调中央权力的集中。诺曼征服时期(1066—1087年)英国实行法国化,建立起强大的中央集权制,并获得中小封建主、教会和富裕市民阶层的支持。

在地方层面,仍旧延续了盎格鲁-撒克逊时期的村庄(village)、采邑(manor)和教区(parish)自治特色,逐渐形成自治市与郡二元并立的地方权力结构。早期英国的地方行政区域包括郡、自治市和教区。

郡政府既是中央统治单位,同时也是皇室代理机构,在一定意义上是地方传达中央政策的场所,由国王任命和管辖的郡守进行管理,国王通过郡守在地方贯彻实施其命令。国王从郡获得财政收入和军事支持,在郡内招募新兵;通过设立郡法庭维持法律秩序,郡法庭不仅分担了皇家法庭的压力,也成为公民聚会的场所;各郡可向议会派出骑士,享有建议权。[①]

自治市镇(the boroughs)政府是英国真正意义的地方政府,通过向国王购买皇家宪章(a Royal Charter)来获得不受王权干涉的自由权。市镇政府自治权限很大,拥有独立的司法权和税收权,具有民主的运行方式——行会

---

① John Kingdom, *Local Government and Politics in Britain*, New York and London: Philip Allan, 1991, p.23.

(guilds),代表各类阶层的利益,是一种行政有效、财政廉洁和有序管理市镇居民生活的责任政府,由此形成浓厚的地方主义传统,并成为现代地方政府的雏形。

教区政府(parish government)是最基层的政府,成立于在盎格鲁–撒克逊时期,每个教区政府具有浓郁的地方特色,为了能够为教区居民提供更好的服务,赋予教区居民参与讨论教区事务和决策的权利,地方主义传统进一步深化。

都铎王朝时期(1485—1603 年),商品经济迅速渗透乡村,英国开始步入近代资本主义历史时期。亨利八世(1491—1547 年在位)于 1529 年发起宗教改革运动,断绝英国与罗马天主教会的关系,建立了英国国教。国王既是政府的最高首脑,也是教会元首,这使得国王拥有的权力和特权得到了充分的保证。1533 年颁发的《限制申诉法令》构建了英国的主权学说,规定英国是一个"帝国",在其自身的教会和国家问题上具有最终的、不可申诉的司法权。[①]宗教改革以及《限制申诉法令》充分保证了英王的最高权力,同时确立了英国中央政府高于教权的至高权力,英国成为不受罗马天主教会干涉的真正意义上的主权国家。

斯图亚特王朝(1603—1649 年,1660—1714 年)以来,资本主义经济发展迅速,强大的资产阶级和新贵族对王权的统治越来越不满。国会于 1641 年提出了《大抗议书》来抵制王权,随后议会于 1642 年提出"议会主权理论"。但国王查理一世(1625—1649 年在位)反对这一理论,不愿放弃君主制赋予其的传统权力。因为这一理论是专制主义论。首先,"主权"和"专制主义"是含有重叠意义的术语,博丹在定义主权时赋予它"最高的、绝对的、永久的权力";其次,议会主权理论产生于 1641 年和 1642 年,利用了数十年来斯图亚特王朝专制主义变化中主要的语言和概念资源,"主权"的含义是多

---

① [英]尼古拉斯·菲利普森、昆廷·斯金纳主编:《近代英国政治话语》,潘兴明、周保巍等译,上海:华东师范大学出版社,2005 年,第 345 页。

方面的，非常接近于中世纪在帝权与教皇权斗争中分享权力（plenitudo potestatics）的观点，在这两种情况下，古代宪法和普通法都不会偏离国王和议会的专制。①可见，英国拥有一个古典式的混合制政府，都铎王朝时期和斯图亚特王朝早期的英国被认为是符合古典理想的，具有包括君主、贵族和民主要素的一种平衡制或混合制政府。②同时，英国君主政治也要受到法律的限制。

议会和国王争夺权力的斗争通过17世纪的第一次内战分出了胜负，议会战胜了国王，权力从国王手里转移到议会手中，国王成为没有实际权力的虚位君主。此时期在地方上，由于对法战争和贵族之间的争斗，郡区的管理被削弱，治安法官逐渐取代郡守掌管地方事务。治安法官起初仅发挥监督功能，主要监督地方长官尽职与否、是否严格执行中央政府的法令，以及各项法令在地方贯彻落实的真正情况，很好地维持了地方治安的稳定。在发展过程中，治安法官的权力通过中央政府的一系列法令而扩大，拥有了代表国王在各郡行使的司法权，以及议会通过立法手段授予的行政权。这样国王的派出人物——治安法官，就成为地方行政的关键人物，成为中央政府在地方实现政治统治的重要工具。

但治安法官都选自于不领取薪金而地方威望极高的地方贵族和乡绅，在履行中央政府指令时会考虑本地方的实际情况，以本地方利益为中心，灵活变通地调试着中央政府的指令，使得作为地方行政区域的郡拥有很大的自治权限。中央政府对治安法官的此种做法很不满意，枢密院开始指派巡回法官和实行都尉制监督治安法官，防止其滥用职权以及地方自治权的进一步扩大。这种由地方管辖的中央集权模式包含着固有的紧张关系，但通过治安法官，地方主义和中央主义的传统联合起来，尽管两者之间的紧张关系依

① ［英］尼古拉斯·菲利普森、昆廷·斯金纳主编：《近代英国政治话语》，潘兴明、周保巍等译，上海：华东师范大学出版社，2005年，第85~86页。

② 同上，第88页。

然存在。①

二、现代地方政府体制下的"二元政体"

18世纪60年代,伴随工业革命的到来,英国在工业化与城市化的发展进程中,城镇居民成为一种重要力量,使社会产生阶级力量的新变化。在议会中,新兴力量取代旧有的土地贵族,通过一系列法律重塑地方政府形式与功能,改变了以往的国家权力平衡关系。地方政府的发展有助于满足基层民众救助贫困、维持秩序、保养道路和桥梁等多种需求,使普通民众更加接受地方自治传统而非国家传统。

19世纪中叶,传统的贵族治理体制转型为一个能够制定和贯彻法律的新体制,从而有助于加强公共卫生和教育方面的服务,也便于征收提供新公共服务所需要的税收。但是新的现代政府体制的创立并没有解决掉旧体制遗留下来的治理问题。工业革命之前就存在固有的地方政府改革传统,这种传统不仅要先于维多利亚时期,也先于中央政府本身,并且这种传统深深嵌入现代政府体制。②因此,地方政府改革是一种双轨发展,英国现代地方政府的产生明确了两个相互矛盾的传统:地方主义和中央主义。③

面对工业化和城市化的挑战,要求更多的国家控制,中央政府权力得到迅速发展,并开始对地方政府的层级结构加以重组。这一时期,一方面,中央政府秉持工具主义的态势,将地方政府视为贯彻执行中央政策的工具;另一方面,则保留了地方决定地方税率、征收地方税,以支撑地方政府行政开支的地方主义。此外,固有的地方政府改革传统深深嵌入了现代地方政府体制。

总体而言,到19世纪初,英国央地关系之间的悖论凸显出来,中央政府

---

① John Kingdom, *Local Government and Politics in Britain*, New York and London: Philip Allan, 1991, p.24.

② Ibid., p.21.

③ Ibid., p.20.

在理论上要依据议会主权原则行事,且地方政府必须遵守越权原则,但在实际的运行层面,地方政府主要负责"低层政治",管理国家的日常性事务;中央政府主要负责"高层政治",制定国内政策、开展外交活动、管理帝国,这种中央与地方政府的实际分工构建起保持地方主义和中央主义双轨体制的"二元政体"。这是 19 世纪英国地方自治政府发展的特征。

此后,在这一基础上,英国的央地关系经历了持续的变革。地方政府于整个维多利亚时期(1837—1901 年)将征收的地方税用于管理地方事务,财政上的独立使其能够进行地方自治,且地方居民都可以参与地方决策,尤其是男性公民都有选举权,这种黄金的地方自治时期一直持续到 20 世纪 30 年代。英国这种"分权"的二元治理模式使英国地方政府高度自治,欧洲其他国家纷纷效仿。

三、地方治理前提下的中央地方新型"伙伴关系"

二战后,伴随福利国家①的出现,英国地方政府在基础设施和社会政策方面的职能迅速扩大,在这一形势下,中央政府不断加入和干预地方事务,同时提出地方政府"国家化"的要求,即由中央政府确定地方政府的组织机构和管辖范围,使地方政府逐渐转变为中央政府实现福利国家政策的工具。截至 20 世纪中期,英国中央政府的集权程度还很有限,地方政府依然是中央政府提供公共服务方面的重要伙伴。20 世纪 60 年代至 70 年代初,福利国家的思想在英国得以广泛传播,英国各主要政党在国家治理理念上趋同,由

---

① 福利国家(welfare state)的构想开始孕育和发展于第二次世界大战后。福利国家是一种由国家通过立法来承担维护和增进全体国民基本福利的政府形式,保障个人和家庭在遭受工伤、职业病、失业、疾病的情况下和老年时期维持一定的固定收入并获得其他各种补助。[英]韦农·波格丹诺主编:《布莱克维尔政治制度百科全书》(新修订版),邓正来主编,北京:中国政法大学出版社,2010 年,第 684 页。英语中的福利国家这一术语最先出现在约克郡大主教威廉·坦普尔(William Temple)1941年的书中,随后在 1955 年版的《牛津英语词典》中第一次正式出现。在英国,福利国家思想得到很好的发展,社会保障的对象是全体英国人民。

此而缓解了政治上的矛盾。随着福利国家思想达到高潮,地方政府成为中央政府急需解决的问题之一。中央政府从地方收回大型建设项目管辖权,且要求地方加大教育和住房投入,这些政策使地方政府功能得以增强,成为地方社会服务的主要提供者;同时使地方政府对中央政府的财政依赖不断增强,由此也为中央政府走向集权奠定了基础。从 20 世纪 70 年代中期至 90 年代,英国的福利国家政策出现危机,导致中央地方的关系紧张。1995 年后,英国的地方政府已沦为中央政府的代理人。总之,战后地方政府对中央的依赖程度加深,中央政府的集权趋势发展迅猛。

针对地方政府的变化,英国中央政府对地方政府进行了一系列的改革,形成了多元主体共同提供公共服务的地方治理体制。在多元主体的网络化治理体制下,中央政府明确与地方政府形成平等的"伙伴关系",但是"伙伴关系"更多地表现为一种形式,并没有共同承担起地方治理的责任,真正意义上的"伙伴关系"并未完全建立起来。中央政府不断集权,通过立法创建、修改和取消地方政府权力。从 20 世纪 70 年代到 90 年代,保守党政府制定了对地方政府具有影响的法案有两百多个,以至于保守党宣称,自 1997 年以来,有三百多条关于地方政府的立法。①除制定相关法律外,中央政府还通过发布通告(circulars)的形式对地方政府加以指导,充分体现英国中央政府的干涉主义趋势。

面对中央集权的扩展,具有深厚地方自治传统的地方政府一直积极争取和维护其自治权。21 世纪初,工党政府在地方政府权力方面予以创新,2007 年通过《可持续社区法案》(Sustainable Communities Act 2007),规定社区居民可以把需求反映给地方政府,地方政府拥有自由裁量权来决定将哪些提议提交给中央政府,代表居民要求中央政府实施举措,推动地方社会与经济的发展。基于这一法案,2009 年,地方政府协会收到三百多项提议,其中

---

① David Wilson and Chris Game, *Local Government in the United Kingdom*(*Fifth Edition*), Hampshire and New York:Palgrave Macmillan,p.168.

有199项提交给中央政府。①此外，中央政府社区大臣还与地方政府协会主席于2007年签订了《中央-地方协议》(Central-Local Concordat)，提出中央政府和地方政府共同合作服务于公众的原则。然而由于中央政府过于强势，导致在实践中没有履行协议原则，地方政府仍仅获得有限的自治权力。

自20世纪70年代以来，英国地方政府还通过司法审查途径捍卫自身的自由裁量权。随着保守党政府对地方政府自由裁量权的限制，司法审查案件也不断增多。1974年司法审查案件仅为160件，至1995年此类案件便已上升到4400件。②洛夫琳(Loughlin)认为："在当代塑造中央政府与地方政府的关系过程中，议会和法院再次重返舞台并发挥作用。"③

四、英国央地关系的影响因素分析

综观英国政治发展的历史，影响其央地关系的有以下多种因素。

(一)地方政府多样性为地方创造自由裁量权的机会

英国地方政府的多样性主要表现为两个方面：一方面，由于英国是联合王国，各组成部分具有不同的社会、经济、政治背景和自身独特的历史传统，使各组成部分的政府均具有自身特色，突出地表现于地方政府结构。如第二章提及经过1974年地方政府重组，英格兰(除伦敦外)在乡村的地方政府有一个层级、两个层级或三个层级的情况。城区主要以单一层级政府(unitary authorities)为主，也存在三个层级的情况。而苏格兰和威尔士地方政府主要为单一层级架构。北爱尔兰于1972年创建了26个单一层级的区议会，此后一直保持此种结构。不同区域地方政府结构不同，所拥有的自由裁量权和履

① David Wilson and Chris Game, *Local Government in the United Kingdom (Fifth Edition)*, Hampshire and New York: Palgrave Macmillan, p.169.

②③ [英]戴维·威尔逊、克里斯·盖姆：《英国地方政府》(第三版)，张勇等译，北京：北京大学出版社，2009年，第171页。

行的功能也有所不同,对中央政府的权力诉求也必然有所不同。

另一方面,每一个地方政府都有自己的历史传统、做事方法和政策议程,以及服务和财政支出选择权,各自追求自身的"创造性自治"政策和活力,①倡导社区治理和地方经济策略。如第四章论述了一些地方政府利用地方特色进行创新自治的方式,成立街道小分队来解决街道上垃圾随意堆放和乱涂乱画等问题,星期天为公众开放多个图书馆,为公众推出"快餐、经典、流行"的早餐服务项目等。尽管中央政府不断对地方政府加以控制,然而基于地方政府的多样性,使之仍然能在中央政府总的原则和大的方面指导下获得了一定的自由裁量权和机会。

(二)部门主义传统使得中央与地方能够相互独立

在英国,独特的历史和政治因素导致部门主义(departmentalism)文化。部门主义具有等级性(hierarchy)和功能性的传统模式特征,无论是中央政府还是地方政府,均具有十分浓厚的部门主义传统。第二章已经提及英国部门主义的传统非常深厚。

一方面,英国现代地方政府基于部门主义原则而发展,于19世纪30年代建立之初就是一种单一目的的机构,具有功能分离的特性。地方当局的教育、住房、社会服务等主要功能都分别由专家领导的独立部门或委员会负责。在福利国家时期,英国地方政府的福利功能增强,各部门主管都需有很强的专业化知识,这种部门之间的职业化特征突出了各部门间的界限。英国的部门主义传统的延续也从侧面体现出地方政府拥有管理内部事务的自治权限。

另一方面,英国部门主义的传统非常深厚,不仅地方政府是以部门主义原则来组织的,中央政府也有许多部门,而不是一个单一的统一实体。英国

---

① Hugh Atkinson, Stuart Wilks-Heeg, *Local Government from Thatcher to Blair: the Politics of Creative Autonomy*, Cambridge: Polity, 2000, p.2.

中央政府各部门在发展历程中如同地方政府一样，也都形成了自己的文化传统和工作方式，一些部门采用自由放任或减少干预的管理政策，一些部门如交通部与内政部采用规章制度管控地方，一些部门如教育和科学部则采用鼓励机制以激励地方政府发挥积极作用。[①]英国的这种部门主义传统使得中央与地方基本上能够保持相互独立的关系。

(三)政党政治使得央地关系复杂化

受到政党政治的影响，英国中央政府与地方政府的关系开始复杂化，首要特征呈现为政治化路线。行政关系和政治过程是决定中央地方关系性质的主要原因，[②]从这一视角来看，英国的央地关系走得是政治路线，即通过政党来联系中央与地方的政治途径。第四章已经论述了英国的政党政治。

在英国的政党政治过程中，工党常常将中央政府视为促进经济发展和提供社会福利的主体，忽视地方政策；保守党则强调地方政党组织的自治性；自由民主党既强调中央主义，又强调地方参与，其政策主张具有开放、协商的特征。尽管二战后英国的政党政治在政策方面有趋同的取向，经济上都强调凯恩斯主义，在福利上主张公民从摇篮到坟墓全方位的国家服务，但不同政党上台后，依然会有不同的政策重点，显现出政党体制对其央地关系所产生的影响。

当代英国地方政府的一个主要特征就是政党政治，对英国现代地方政府体制的发展产生了深远的影响。自 1835 年《市政法案》(the 1835 Munici-pal Corporations Act)发布以来，英国地方上就存在趋于地方政府自治管理的群体，主张由地方竞选市政领导，倡导由地方政府为当地居民提供更好的公共服务，而不同政党的政治取向有时会导致中央政府和地方政府间的冲突。

---

① ［英］戴维·威尔逊、克里斯·盖姆：《英国地方政府》，张勇等译，北京：北京大学出版社，2009年，第 180 页。

② ［日］松村岐夫：《地方自治》，孙新译，北京：经济日报出版社，1989 年，第 12 页。

比如由保守党执政的中央政府与许多工党控制的地方政府之间的冲突,尤其是撒切尔政府执政时期,中央政府与工党控制的大伦敦议会和六个大都市郡议会之间的冲突尤为激烈,致使中央政府以精简城市和节约资金为名废除了大伦敦和六个大都市郡政府。在英国,政党已经成为搭建中央与地方桥梁的主要联系渠道。政党在参与地方事务的过程中,能够将地方议题转变为其纲领,此种政党政治一定程度上削减地方活力,强化中央集权趋势,使得中央与地方政府关系不断地变化,以及进一步的复杂化。

(四)地方治理体制使得央地关系碎片化

在英国地方治理体制下,地方政府与公共、私人和志愿等部门共同参与地方治理,地方政府的职能发生了转变,从直接提供公共服务的机构转变为授权服务的权力机构,且逐渐以社区领导为核心和以顾客为取向。尤其是,中央政府将地方政府很多的功能与职责转移给了其指派的代理人——准地方自治政府,但责任与权限之间的模糊使地方政府与准地方自治政府之间的关系复杂化,以及相互竞争引发的利益冲突。这些多元地方治理主体之间形成了横向的网络化伙伴关系,与中央政府之间形成纵向的多层伙伴关系,使得英国央地关系更加复杂化,具有了碎片化的特征。

五、英国央地关系的特征与模型

中央政府与地方政府关系的平衡发展,权力结构的合理分配,对一个国家政治与行政的稳定,以及整个社会的和谐发展至关重要。在梳理英国央地关系的发展阶段,分析影响央地关系因素的基础上,概括英国央地关系的阶段性特征,提炼其模型,有利于辨识央地关系存在的问题,为其平衡发展指明方向。

松村岐夫认为:"现代地方自治受两个条件制约,一是市民要求提高行政水准;二是主要行政资源和法律权限掌握在中央手里,不可能像以前那样脱离中央政府的统制去搞自治。地方的政治化，不仅能增强对中央的影响力，而且也有助于充实自治。现代地方自治中，要与各种政治参入者打交道，政治化是一种必然现象。反之，如果没有这一意义上的政治化，充实自治也是困难的。"①

英国中央政府与地方政府关系的基本特征：一方面，在中央与地方层级都没有建立统一的官僚机构；另一方面，中央对地方当局缺乏严密的法律制约，使其拥有很大的自治空间。因为英国在传统上认为地方政府能增进民主，地方政府既是能够提供政治教育的工具，又是限制中央集权以增进公民自由的手段。这种观点强调民主不单是涉及多数裁定原则、社会与政治平等以及标准的一致，而且是个人和地方能表现自己要求的一个必不可少的手段。②但是这些观点和特征具体到英国治理的不同时期也会发生很大的变化，随着政策的不同而变得超级复杂。

二战以前，英国的央地关系基本上相互独立。二战后，随着福利国家的建构，央地关系复杂化。尤其是英国没有成文宪法明确央地关系，使其关系混乱和模糊，并随着政策变化而超级复杂。20世纪60年代以来，英国央地关系的阶段性特征可概括为咨询（consultation）、合作（corporatism）、对峙（confrontation）、控制（control）和调和（conciliation）（详细内容见表5.1）。③

表5.1　英国央地关系发展的阶段性特征

阶段	时间	特征
咨询	20世纪60年代到70年代中期	此阶段为英国福利国家时期，地方议会公共服务的支出和雇员数量不断增加，中央政府很少干预地方事务，并在财政上支持地方政府。

①　[日]松村岐夫：《地方自治》，孙新译，北京：经济日报出版社，1989年，第119页。

②　[英]约翰·格林伍德、戴维·威尔逊：《英国行政管理》，汪淑钧译，北京：商务印书馆，1991年，第133页。

③　David Wilson，Chris Game，*Local Government in the United Kingdom*（Fifth Edition），Hampshire and New York：Palgrave Macmillan，2011，p.188.

阶段	时间	特征
合作	20世纪70年代中期到晚期	此阶段由于经济发展缓慢与石油价格上升等原因,发生了通货膨胀,福利国家的发展遇到危机,中央政府通过削减地方政府的公共开支与减少拨款来缓和危机。
对峙	20世纪80年代早期	中央政府通过一系列私有化政策与指令进一步控制和削减地方政府的公共开支,地方政府则通过创新地方自治的手段争取更多自治权。
控制	20世纪80年代中期到90年代中期	中央政府通过改变地方税种和实施封顶政策来控制地方财政,试图完全掌控地方政府。
调和	21世纪以来	央地关系局势紧张,中央政府通过权利下放等法案,以及"新地方主义"的口号来缓和紧张局面。

Resource:David Wilson and Chris Game,*Local Government in the United Kingdom*(fifth edition),Hampshire and New York:Palgrave Macmillan,2011,p.188.

　　为了理顺中央政府与地方政府之间的复杂关系,有一些中央与地方关系的模型可以简化这种复杂关系,使我们可以更好地理解这种关系。英国中央-地方关系的模式是,强调中央政府任命的地方官员和职能部门在提供地方公共服务方面要发挥主导作用。地方政府也必须使其行动与这些官员和部门保持一致。

　　研究央地关系的学者通常会用模型法来高度概括央地关系的特征,边晓慧、张成福参考西方府际关系理论与实践,并结合中国府际关系的发展和演变,构建了四种府际关系的发展模式:控制模式、互动模式、合作模式和网络模式。①汤姆·恩特威斯尔等人运用玛丽·道格拉斯(Mary Douglas)的文化理论,通过对来自英格兰、苏格兰和威尔士的 488 个地方政府管理人的调查数据进行分析,发现伙伴型央地关系在英国并没有真正实现,中央政府视地方政府为管制类型机构,但央地关系之间的竞争却很激烈,并认可宿命论;

---

　　①　边晓慧、张成福:《府际关系与国家治理:功能、模型与改革思路》,《中国行政管理》,2016 年第 5 期。

研究还发现,基于不同的服务以及不同的地区,央地关系的类型并不相同。①
戴维·威尔逊和克里斯·盖姆从英国央地关系的历史进程和演变出发,运用
模型法抽象和简化了央地关系的特征,主要包括代理模型(agency model)、权
力依赖模型(power-dependence model)和政策共同体与网络(policy commu-
nities and networks)。这三种模型在一定程度上高度概括了不同时期英国央
地关系的特征,但是每种模型都存在一些缺陷,不能够全面阐释央地关系以
及其新变化,这在一定程度上反映出英国央地关系的复杂化。

代理模型认为,地方政府完全从属于中央政府,如同中央政府的手脚或
代理机构,在执行国家政策时没有或有很少的自由裁量权,目前英国地方政
府权力不断退缩,中央政府控制权不断提升,代理模型是当前英国央地关系
特征的真实反映。②埃德温·查德威克(Edwin Chadwick)和乔治·琼斯教授
(George Jones)都认为,中央政府控制着地方的所有活动,视地方政府为行政
代理人。③但这一模型忽视了英国地方自治的传统,事实上,地方政府利用掌
握的不同资源,实施多样性的政策,拥有一定的自由裁量权。总之,代理模型
并不能全面概括英国央地关系的特征,但中央政府需要注意视地方政府为
代理人的这一发展趋势。

权力依赖模型,是伙伴关系④的另一种表达方式。这一模型认为中央政

<hr>

① Tom Entwistle etc., "Reframing Governance:Competition,Fatalism and Autonomy in Central-Local Relations", *Public Administration*,2016,Vol. 94,No.4,pp.897-914.

② [英]戴维·威尔逊、克里斯·盖姆:《英国地方政府》,张勇等译,北京:北京大学出版社,2009年,第193页。

③ Hartly Owen A., "The Relationship between Central and Local Authorities", *Public Administration*, 1971,Vol.49,No.4,pp.439-456. David Wilson,Chris Game, *Local Government in the United Kingdom*(Fifth Edition),Hampshire and New York:Palgrave Macmillan,2011,p.183.

④ 权力依赖模型表达的是伙伴关系,把中央政府与地方政府看作基本上相互平等的伙伴。但是伙伴关系模型至少存在两个方面的不足:第一,伙伴关系的概念模糊,界定不准确;第二,伙伴关系也忽视了英国作为单一制国家的现实。鉴于用伙伴关系的弊端,学者们更喜用权力依赖模型。参见[英]戴维·威尔逊、克里斯·盖姆:《英国地方政府》(第三版),张勇等译,北京:北京大学出版社,2009年,第197页。

府与地方政府都拥有一定的资源,两者之间可以讨价还价,反映了 20 世纪 80 年代后英国央地关系的特征。权力依赖理论的提出者是罗兹,他成功地运用权力依赖模型来分析政府间关系。但这一模型低估了英国单一制的国家结构形式,以及威斯敏斯特议会拥有的至高无上的权力。而且这一模型需要建立在中央政府与地方政府相互平等的基础上,且中央政府要充分信任地方政府。事实上,中央政府非常不信任地方政府,中央主义发展势头高于地方主义的局面应引起我们的注意。

政策共同体与网络,这一模型更适宜表达治理体制下政府间的复杂关系,以及各级政府如何制定和实施政策。政策优先性的不同会导致央地关系类型的差异,通常认为这一模型是权力依赖模型的延续,更加强调职业兴趣,适用于英国地方政府中以职业为基础的领域。①其实,这一模型是对前两种模型的补充,提醒我们在探讨政府组织间关系时,不能忽视政策共同体和网络的多样性对央地关系的影响。

总之,英国的央地关系经历了王权与地方分权、"二元政体"和"伙伴关系"三个主要发展阶段,受地方政府多样化、部门主义传统、政党政治以及治理体制等因素的影响,两者关系从保持相互独立到复杂化与碎片化。代理模型、权力依赖模型、政策共同体与网络模型可以相互补充并抽象英国的央地关系。在英国这样一个既有深厚地方自治传统,同时中央集权化趋势明显增强的国家,权力重心在中央与地方之间摇摆,推动着央地关系继续向前发展。遵循地方主义与中央主义并存的政治文化传统,英国中央政府与地方政府努力维持关系的平衡发展,但时代政策的不同会不断打破这种平衡,使两者很难成为真正的伙伴关系。即使是伙伴关系,也并不是说中央政府与地方政府之间就没有任何的斗争与冲突,而仅仅是换了一种解决冲突的方式而已。所以在当今不断提倡地方政府现代化的过程中,中央与地方关系也要进

① David Wilson, Chris Game, *Local Government in the United Kingdom*(Fifth Edition), Hampshire and New York: Palgrave Macmillan, 2011, p.205.

行现代化的调整与改革,给予地方政府更多的自治权。

第二节　地方利益诉求与地方自治的发展

英国地方自治在不同的发展时期,代表着地方的不同利益诉求。早期地方自治主要是代表地方上层阶级的利益, 现代地方政府体制下地方服务开始全民化,地方治理下地方服务呈现碎片化现象。

一、早期地方自治的发展与地方上层阶级利益诉求的结合

理解英国地方自治的最好方法就是认识其与主要利益的关系。在封建时期(中世纪以前)的社会关系背景下,郡区地方行政服务于国王和教会。在12世纪和13世纪,贵族和高级教士在其自己的领地上建立自治市,地方行政变得更加复杂。但此时的自治市行政独立性不强,国王仍然能够保持主导地位。王权能够获得大量税收,承担管理社会的主要责任,还会对存在社会不稳定因素的区域进行军事和政治控制。随着自治市行政的发展,自治市开始逐渐独立于王权,转而主要服务于商会(Merchant Guild)和自由民的地方议会(Councils of Burgesses),其次才是工匠(craftsmen)和更低等级的人。教区则是另外一种形式的地方行政,发挥教育和济贫功能。总之,在封建社会时期,国王和贵族在地方上占据主导地位。

从都铎王朝时期开始,英国开始向近代转变,步入资本主义时期。资本主义关系的发展驱动着地方的变革。而此时,地方行政的发展就是为了服务于新统治阶级的利益,即优越的农业、商业和工业阶级的利益。17世纪,拥有土地的贵族和乡绅,收入稳定,社会地位高。由于土地的稳固性,贵族和乡绅只生活在农村。在1640年,英国大约有120个贵族和2万个乡绅,占成年男

子的 1/20。① 1690 年,贵族和乡绅开始向商业投资,开始在城市里居住。城乡的结合,以及大城市的价值观与生活方式,经济流动性与社会变动性影响着人们的思想观念。

斯图亚特王朝时期,国王掌握的资源与金钱非常有限。政府没有常备军和军事力量,缺少强制性力量。在英国,直到詹姆斯二世(James Ⅱ,1685—1688 年)时才出现军队。斯图亚特王朝时期根本没有警察,受害者都是向当地的治安法官提出控告,由治安法官裁决案件。中央的官僚机构也很小,整个英国主要由没有薪金和自愿的官员统治,这是此时英国的一个统治特色。中央政府在 17 世纪 30 年代拥有薪金的官员人数不到两千人,郡这种地方政府在 17 世纪初被三千多个不领薪金和自愿的当地绅士统治,发展到 17 世纪后期人数达到五千人。② 这些绅士都由王室在郡中最富有和声望最高的家族中挑选出来。在当时大约两百个自治市中,权力掌握在由选举产生的自治团体中。直到 17 世纪 80 年代,这种上层人士利用特殊地位在乡村和城市掌握权力的现象才开始受到挑战。

早期地方自治的发展与拥有土地的国王、贵族和乡绅,以及近代新资本主义阶层的利益诉求相结合。这非常符合精英主义的观点。精英主义者认为,地方当局具有寡头政治和内向型机构的特征,通常会向来自于生产者范畴中有限的利益群体授予特权。这种特权的获取,首先来自于地方议员和官员的偏好,其次来自于与特定地方当局发展起来的非正式网络,随后来自于在地方政治范围内发展起来的社团主义。③ 精英主义者其实更多关注地方政府的缺点,认为地方政府理论上是民主的,但是实践中却不是这样。地方自治是地方政府的一种自我服务体制,主要是为了实现政治精英和官僚的利益而不是地方居民的利益。

---

① [英]肯尼思·O.摩根主编:《牛津英国通史》,王觉非等译,北京:商务印书馆,1993 年,第 317 页。

② 同上,第 324 页。

③ Gerry Stoker, *The Politics of Local Government*(Second Edition),Hampshire:Macmillan,1991,p.123.

二、现代地方政府体制下地方服务的全民化

在现代地方政府体制下，地方发展的驱动力仍然是占主导地位的工业资本,但是工人阶级的利益开始体现出来。第二章中已经阐明了19世纪以前的英国地方政府体制一直很混乱,但是面对工业化和城市化的不断挑战,需要创新一种统一的现代政府体制来应对各种挑战。从1832年改革法开始,经过一系列法案的出台,双层现代地方政府体制在大多数地方创建起来。通过现代地方政府体制的建立,英国试图实现地方服务的全民化。

在现代地方政府体制下,地方服务的范围确实有所扩大。1832年的改革法使平民选举权渐进扩大。1834年济贫法修正案使济贫第一次成为英国中央政府的事情。中央政府规定由选举产生的专业人士管理济贫事情,取代原来地方上的贵族和乡绅等执行地方自治的人。1835年市政法案规定纳税3年以上的成年男子都拥有选举权。1884年颁布的《人民代表法》统一了英国城乡公民在议会选举中的选民资格,1885年颁布的《重新分配议席和选区划分法》统一了各地区分配议席的人口比例,此时英国大多数的成年男子获得了选举权,到1918年,所有的成年男子和妇女都拥有了选举权。这样一来,人们在选举中就能表达自己的利益,地方服务的全民化就会有所体现。

但是在地方服务全民化过程中,都是通过国家的一系列法令来规定。在这一过程中,中央政府的权力会不断得以提升。尤其是在二战后,随着福利国家的发展,卫生项目的国有化等,地方政府的一些功能逐渐被减少,英国逐渐走向中央集权道路。一直到20世纪60年代末,工人阶级仍然相对比较贫穷,失业率也不断飙升,一系列非正式的罢工使得英国发生了内乱。主要的商业利益已经不能支撑原有地方政府的结构,英国出现了财政危机,中央对地方政府又进行了改组。重组的基本目标是为了使地方政府更加服务于主要利益的功能,使其利益者能够直接控制地方政府的开支,对地方政府进行干涉。英国地方政府重组的研究就是一项努力对抗主要利益者和国家的

相对自治的研究。

20世纪90年代的改革也是如此,中央政府试图使地方当局符合商业利益。两层或三层体制被视为是政府议程的障碍。保守党政府认为,这些体制在国家开支上浪费和无效,在经济上毁坏英国利益,不仅如此,这些体制对政治也是一种毁坏。中央政府认为,多层以及其中根深蒂固的政治和官僚利益是地方政府充当授权(enabling)作用的障碍。总之,在地方服务全民化的过程中,英国逐渐走向中央集权化的道路。

三、地方治理下地方服务的碎片化现象

从20世纪70年代晚期开始,在市场经济和全球化的推动下,地方政治的一个不断发展的特征就是精英合伙构建政治,商业和地方政府是伙伴关系。[①]在实践中,现代的、复杂的、发达的工业和后工业社会需要专业单位来实现多重功能。[②]在英国地方治理产生以前,在地方上由选举产生的地方政府制定决策,并且直接提供公共服务。地方治理产生后,形势发生了很大的转变,选举产生的地方当局不再处于垄断地位,要与公共部门、私人部门和志愿部门这些组织一起在地方上制定决策和提供服务。尤其是在大都市地区,多功能的、竞争性的和部分重叠的政府与非政府组织为本地区提供服务功能。

在地方治理体制下,地方政治不再等于地方政府政治。地方服务的提供者不再仅仅是地方政府,准地方自治机构、私人部门和志愿部门都参与到地方服务的提供中。随着这些非政府组织的不断增加,由他们提供公共服务似乎已变成常态。而地方政府由划船转变为掌舵,更多发挥授权的作用。中央政府也反对"大"政府的哲学理念,更倾向于分散的公共部门。所以在地方治理体制下,地方服务和地方行政具有了分化型、复杂化和碎片化的特点。

---

① Gerry Stoker, *The New Politics of British Local Governance*, Hampshire: Macmillan, 2000, p.5.

② Allan McConnell, *Scottish Local Government*, Edinburgh: Edinburgh University Press, 2004, p.31.

这种地方治理体制的缺点是非常复杂、缺少透明度、地方责任感不强和具有有限合理性的。事实上，这种体制的碎片化性质使其很难对地方事务产生"联合"反应，但这确是英国地方治理的发展方向。这种体制在地方上形成了复杂的网络关系，各部门的权力相互依赖，且国家机构的划分也不固定，一些功能在中央政府、地方政府和中央创建的一些准地方自治机构之间变动。选举产生的地方政府只是地方治理的一个成分，地方服务提供的民主成分似乎也逐渐变得模糊。①

20世纪80年代后，地方政府具有碎片化的特征，而"赢得的自治"作为一种手段来奖赏所谓"表现最出色的"的地方当局。②也就是在中央政府的标准中，表现最好的地方当局才能获得更多的自由和灵活性。这种赢得的自治使得地方政府的自治确实变了一番味道。中央愿意使用法律制度把其政策强加给地方，对地方政治进行牵制，而且英国的议会主权原则也使得中央政府可以通过议会随意改革地方政府。所以英国地方自治要是真正能够回到拥有更多自由裁量权的年代，英国中央政府的政策和方针也一样要进行改变，并且两者的改变要一样多。这样英国的中央主义和地方主义传统才能共同发展，而不是现在的中央主义一直占据上风。

第三节　对英国地方自治未来发展的预测

如今英国的地方自治与盎格鲁-撒克逊时期的地方自治相比，已经发生了很大的变化，这就需要一些新的标准来重新衡量地方自治，也需要一些新的提法来预测地方自治的未来发展趋势。

---

① Lawrence Pratchett and David Wilson, *Local Democracy and Local Government*, Hampshire: Macmillan, 1996, p.3.

② David Wilson, "Unravelling control freakery: redefining central-local government relations", *British Journal of Politics and International Relations*, Vol.5, No.3, August 2003, p.318.

一、衡量地方自治的新标准

二战后的地方议会都是围绕着技术能力加强自己的。我们在第二章也已经阐述了英国现代地方政府的内部权力结构具有部门主义的传统。这种严格的政治组织使其逐渐与外部环境（无论是地方上的还是国家的外部环境）相隔离。而二战后，随着福利国家的建立，地方政府面临着新的要求和压力，但却不能迅速做出改变来应对这个新世界的要求。市场经济以及全球化的发展都对地方政府是一种巨大的挑战。面对地方政府不能及时地解决问题和应对挑战，中央政府不断通过规章提高地方政府服务的提供，所以地方政府的地位开始不断地被削弱，英国不断走向中央集权的道路。尤其是撒切尔政府执政后，首先减少地方政府的公共开支，传统形式的地方政府遭到极大程度的削弱。新工党执政后，不断追求公共服务质量的提高，传统形式的地方政府状况也并没有改善。人们不禁要问，对于一个有着浓厚地方自治传统的国家，当其传统形式的地方政府遭到极大程度的削弱后，为什么社会的反响并没有那么的怨声载道？

有很多学者认为，由于英国地方自治缺少成文宪法的保护，才使地方自治不断被削弱。在第四章中我们已经分析了地方自治的宪法地位。

但是格里·斯托克和戴维·威尔逊认为有无成文宪法的保护对地方自治的影响并不是很大，对此提出了一些新的分析视角。他们认为，由于占主导地位的政党和专业人才的自满和傲慢，这种意识形态的文化基本上期待着地方公共服务的提供永远属于他们的世界，这种视角的狭隘是地方自治不断削弱的原因。[1]他们还认为："地方政府是政治偶然性的牺牲品。撒切尔和布莱尔作为政治领导人，都由于不同的原因，对地方政府有很少的政治需要。自从 20 世纪 70 年代以来，地方政府的运行和国家政府的运行之间就存

---

[1] Gerry Stoker and David Wilson, *British Local Government into the 21ˢᵗ Century*, Hampshire and New York: Palgrave Macmillan, 2004, p.249.

在着政治鸿沟。"①

格里·斯托克和戴维·威尔逊的分析的确有道理，占主导地位的政党和专业人才的自满和傲慢确实是地方政府自治权不断被削弱的原因。那么为什么他们会有如此的态度呢？用历史制度主义的视角来分析，就是"路径依赖"，就是过去制度遗产对现在带来的影响。一旦地方政府选择了一种运行方式，就不会轻易地去改变。例如在全球化以及市场经济的环境下，英国现代地方政府内部组织结构中的委员会和部门主义已经不再像建立之初那么高效，但是对它们进行改革却没有那么容易。因为路径依赖是一种强大的自我巩固的循环。②一旦选择了某种运行方式，就会越来越熟练，当面临创新和适应环境的挑战时，就越不想做出改变。由此得出英国地方自治不断被削弱，也有其自身不能迅速应对外界挑战的原因。

那么要如何面对地方自治面临的这种发展困境呢？一方面，需要英国地方政府和中央政府都要不断做出改变。中央政府要信任地方政府，赋予其进行自治的权限。另一方面，如果不能解决问题，可以用新的方式定义和重新定义问题。第四章论述了地方治理体制下，英国地方政府的功能、地位已经发展巨大转变，地方政府转变为授权型的权力机构和社区领导，并以顾客为取向。其实在这一过程中，地方自治的概念已被一种新的形式重新定义。地方政府的价值不再是根据它提供的服务来判定，而是根据它是否有能力将社区引向一个社会、经济和政治的发展过程，地方政府成为交流、组织、表达关注和展望的最重要的政治工具，并且有能力解决地方人民的问题。③

在地方层面，民主的实践和习惯曾经是英国民主文化的基础。传统的观点是，选举产生的地方政府最接近居民，在地方提供公共服务和执行一些政

---

① Gerry Stoker and David Wilson, *British Local Government into the 21ˢᵗ Century*, Hampshire and New York: Palgrave Macmillan, 2004, p.249.

② Ibid., p.239.

③ [瑞典]阿姆纳等主编：《趋向地方自治的新理念？》，杨立华等译，北京：北京大学出版社，2005年，第131页。

策时才能体现地方的民主性。事实上，当今社会，民主的概念也被重构，社区代表主要是消费精英的"代表"，代表消费者的利益，而不是政治精英代表公民利益。①民主具有了新概念：近些年来，民主被解释为把公民作为消费者（顾客、用户），而不是一个在政治过程中积极的参与者。②如果公民首先是作为服务使用者而被看待和对待的话，他们将会在协商或者解决冲突的过程中没有任何运用公民权的动机。在这种情况下，地方政府，也许还有地方政党，就没有任何政治意义了。③那么在地方治理体制下，公民权到底是什么呢？这是一个值得深思的问题。所以新的自治理念也会遇到挑战，因为它必须要解决选举产生的地方政府在改善公民权和民主问题时所充当的角色问题。如今，在地方治理体制下，对地方自治水平高低的衡量成为一件非常困难的事情。我们需要从多种角度来思考中央与地方关系，也需要用一些新的标准来衡量地方自治。

二、英国"新地方主义"的特征和路径选择

"新地方主义"是当今英国地方自治的发展趋势，是对英国中央集权体制下地方自治权发展的新的诠释，主张中央政府下放管理权、给予地方政府限制性自由裁量权和"赢得的"自治权，鼓励发展地方公民的参与性治理。"新地方主义"理论和政策融合了英国中央主义和地方主义两种传统，呈现为英国地方自治新的发展趋势。建立更多经直接选举产生的单一目标主体、更强的社区政府和战略型地方政府，成为当今英国"新地方主义"的路径选择。

"新地方主义"概念产生于20世纪80年代末、90年代初的美国。经济全球化带来了资本的高流动性，促使城市管理中更多推行企业化政策，出现了

---

① Allan McConnell, *Scottish Local Government*, Edinburgh: Edinburgh University Press, 2004, p.59.

② Lawrence Pratchett and David Wilson, *Local Democracy and Local Government*, Hampshire: Macmillan, 1996, p.x.

③ ［瑞典］阿姆纳等主编：《趋向地方自治的新理念？》，杨立华等译，北京：北京大学出版社，2005年，第196页。

新城市政治。20世纪80年代,英国保守党政府一直试图在地方政府中构建企业文化,90年代转而构建中央政府、地方政府和企业之间的伙伴关系,倡导合作精神。伴随这一进程,针对此时期出现的中央地方关系问题,英国产生了"新地方主义"(New Localism)理论。① 2001年,英国财政大臣戈登·布朗(Gordon Brown)在地方政府白皮书中明确宣称实施"新地方主义",反映了"新自由主义"(Neoliberalism)理念在英国政治经济领域的进一步传播和渗透。本节将从英国"新地方主义"的理论内涵、"新地方主义"发展的原因、特征和未来路径选择几方面探讨英国新型的中央地方关系和未来英国地方自治和治理的新的走向。

(一)英国"新地方主义"的理论内涵

"新地方主义"在英国的传播源之一是英国人丹·科里(Dan Corry)创办的"新地方政府网络"(New Local Government Network, NLGN)智库。丹·科里和格里·斯托克(Gerry Stoker)认为:"'新地方主义'是一种战略,目的在于远离中央政府的控制,在国家最低标准和政策优先的框架内将下放的权力和资源转移给一线管理者、地方民主实体、地方消费者和社区居民。"②这一阐释表明,"新地方主义"不仅要将权力下放给地方政府,而且要下放到每个公民。英国副首相办公室将"新地方主义"描绘为公民积极参与的地方分权式决策过程,认为这是一种更理想、有助于复兴地方民主和公民社会的地方决策过程。③

可从政治和经济两方面解读"新地方主义"。从政治层面看,"新地方主义"强调治理责任,即通过提高公民参与和复兴公民精神去增强地方民主,

---

① Jonathan S. Davies, *The New Localism*, Contribution to the Oxford Handbook of British Politics, May 2008, p.11.

② David Wilson and Chris Game, *Local Government in the United Kingdom (Fifth Edition)*, Hampshire and New York: Palgrave Macmillan, p.392.

③ Ibid., p.391.

强化地方政府责任和地方管理,在法律的框架下实施自由裁量、提升地方能力、实现地方治理。从经济层面看,"新地方主义"强调小规模治理的组织原则,[1]认为中央政府规模太大,有碍国家经济的健康发展;小规模的地方政府更加透明,更了解公民需求,有利于推动经济的快速发展。

在这一前提下,"新地方主义"赋予地方自治和地方民主新的理论内涵:即地方政府的价值不再依据它所提供的服务加以判定,而是依据它是否有能力引导社区的政治、经济和社会发展。地方政府应该是组织、交流和表达的工具,有能力解决地方居民的问题。[2]传统观念认为,经选举产生的地方政府最接近居民,在提供公共服务和执行相关政策时体现地方民主,实现地方民主是实现整个国家民主的基础。而"新地方主义"则认为,民主的方式多种多样,不仅选举产生的地方政府可以营造,社会组织、民间协会乃至普通公民都可以参与进来,各参与方均应负起责任。

"新地方主义"概念的出现是当代英国复杂的地方治理体制的一种反映,体现为一种新的地方治理原则,主张重塑中央地方关系,重新规范和修订地方自治和地方民主的内涵,构建中央、地方和民众相互协同的多元化、网络化社区治理模式。

(二)英国"新地方主义"发展的原因

当代英国"新地方主义"的出现有多方面原因。首先是基于社会需求的不断增加。20 世纪后期以来,英国地方政府所面临的问题与以往相比有很大变化,不再仅仅是修建道路、学校、医院等基础设施,或者供应水、电、煤气等基本生活设施。相反,越来越需要满足广大民众所需求的软性条件:如环境保护,让人们生活在一个可持续发展的环境中;营造更加健康的社会,确保

---

① Janice Morphet, *Modern Local Government*, Los Angeles:Sage, 2008, p.106.

② [瑞典]阿姆纳等主编:《趋向地方自治的新理念?》,杨立华等译,北京:北京大学出版社,2005 年,第 131 页。

孩子们从小有良好的成长环境、得到正向的鼓励;实现经济增长,以应对全球化的挑战;阻止犯罪,等等。面对地方居民的种种新需求,仅靠选举产生的地方政府予以应对显然难以实现,需要不同层级政府、不同部门和普通民众的共同努力去予以解决,由此而要求形成新型的地方治理体制。在实现地方有效治理的过程中,提供公共服务的主体日益多样和复杂,不同机构间的功能界限也越来越模糊。目的、责任、功能和规模日益复杂化,①因此要求有新的理论和产生新的功能去面对新形势下带来的问题。

其次是基于央地关系的日益紧张。二战结束以来,英国地方政府承担的公共服务职能日益增多,对中央政府的依赖程度也逐渐加深,20世纪70年代末的全球性经济危机使英国地方政府体制中的问题日益凸显。20世纪70年代后出现全球化地方政府改革浪潮,欧美各国的改革均呈现为分权化趋势,如北欧国家的自由市镇试验、法国和日本颁布和实施了地方分权法、美国和德国各州纷纷实行地方分权改革。而同期英国却反其道而行之,呈现为中央集权日益增强的趋势。20世纪70年代末的撒切尔政府改革使英国从以往"统一"和"高度分权"的国家变成了"统一的、高度集权化的国家"。②撒切尔通过多种改革加强中央政府权力,建立以中央集权为特征的地方自治体制,撒切尔政府因而被人们称为"支持地方民主的中央集权政府"③。

第四章已阐明1997年布莱尔政府上台后,推行地方政府现代化项目,旨在通过一系列创新复兴地方民主,核心为加强公民参与,同时实施中央集权化战略,限制地方自治的发展,造成地方自治和地方民主间的紧张关系,又被称为"布莱尔悖论"(Blair Paradox)。2010年卡梅伦任首相的联合政府继

① Gerry Stoker and David Wilson, *British Local Government into the 21ʳ Century*, Hampshire and New York:Palgrave Macmillan,2004,p.254.

② [德]赫尔穆德·沃尔曼、埃克哈特·施罗德编:《比较英德公共部门改革——主要传统与现代化的趋势》,王峰等译,北京:北京大学出版社,2004年,第107页。

③ [英]肯尼斯·哈里斯:《撒切尔首相传》,冯义华、郑芮泽,北京:职工教育出版社,1989年,第213页。

续秉承集权主义,将地方政府视为中央政府的工具。地方政府仅拥有有限权力,其能力受到中央立法、行政目标和财政的严重束缚;地方服务源于中央政府、各单一目标主体和准自治政府多重主体,导致重叠性、分裂性和地方严重的财政依赖,①以至于一些学者称英国是发达国家中最为集权的国家之一。此种情况造成不良后果,因此要求开出新药方使英国地方政府摆脱困境。

最后是基于英国民众对地方事务的冷漠。1996 年布莱尔首相的地方政府顾问罗伯特·希尔(Robert Hill)在《复兴》(Renewal)杂志的一篇文章中提道:"几乎一半的人都不怎么了解地方政府,民众所了解的有关地方政府的知识也比较混乱。"②事实是,英国大部分民众对地方政治不感兴趣,并没有人真正关心地方政府。第一章中我们也已经阐明了长期以来英国地方选举中的选民参选率在西欧国家中都是最低的,几乎是法国和德国的一半。20 世纪 90 年代多数欧洲国家地方选举参选率达到 60%到 80%,而英国仅为 40%左右,并且还在迅速下降。

投票人对地方事务的冷漠成为对地方政府民主价值及合法性的巨大挑战,在新公共管理改革中,公民权的内涵日益淡漠,致使传统的英国地方自治理念受到挑战。在以顾客为取向的改革中,民主概念被重构,将公民视为消费者(顾客或用户)而不是在政治过程中的积极参与者。③社区代表成为"消费精英"的代表,代表着消费者的利益,而不是通过政治精英去代表公民利益。④公民权的淡漠使地方政党失去了政治内涵,因此须解决经选举产生的地方政府在改善公民权和实现民主时所充当的角色问题、以及如何提升

① David Wilson and Chris Game, *Local Government in the United Kingdom(Fifth Edition)*, Hampshire and New York:Palgrave Macmillan),p.401.

② Gerry Stoker, *Transforming Local Governance:From Thatcherism to New Labour*,New York:Palgrave,2004,p.215.

③ Lawrence Pratchett and David Wilson, *Local Democracy and Local Government*,Hampshire:Macmillan,1996,p.x.

④ Allan McConnell, *Scottish Local Government*,Edinburgh:Edinburgh University Press,2004,p.59.

地方居民对地方事务的积极性问题。

种种问题迫使英国政府寻求新的政府治理模式，由此而出现新的发展趋势。

（三）英国"新地方主义"的特征

在寻求解决以上诸种问题的过程中，"新地方主义"应运而生，显现出新的地方自治理念和特征，在保持英国传统中央集权主义文化的同时，给地方政府带来活力。具体体现为以下特征：

（1）下放管理权。戴维·威尔逊（David Wilson）和克里斯·盖姆（Chris Game）认为："新地方主义通常被理解为管理权力的下放"，而传统地方主义则主要是政治权力的下放。[①]传统地方主义也强调地方自治和分权，但所关注的地方自治是"在特定地域范围内"，"试图将本地方独立于其他地方和外部世界，形成自我依赖、自给自足的自治体系。在处理政府间关系上，也往往与中央政府的管理形成直接的对立。中央集权和地方自治的关系处于非此即彼的零和博弈状况下"。[②]传统地方主义强调选举产生的地方议会和议员以及他们的民主责任，关注中央与地方关系的不平衡，批评中央政府的财政控制和政策指导，不满于地方政府服务的碎片化，并试图通过各种形式的伙伴关系—地方服务。[③]"新地方主义"者则认为，传统地方主义的许多理念在当今环境下已没有意义，强调地方当局要"自由和灵活"，而不是奉行纯粹的中央主义制度。尽管"新地方主义"质疑中央政府的管控，但并不排除中央政府的作用；同时认为地方治理不一定以选举产生的地方政府为主，当代地方问题的复杂性要求对"地方"（locality）的定义更加宽泛，而不是仅仅依靠已经建

---

① David Wilson and Chris Game, *Local Government in the United Kingdom*（*Fifth Edition*），Hampshire and New York：Palgrave Macmillan，p.391.

② 孙柏瑛：《当代发达国家地方治理的兴起》，《中国行政管理》，2003 年第 4 期。

③ David Wilson and Chris Game, *Local Government in the United Kingdom*（*Fifth Edition*），Hampshire and New York：Palgrave Macmillan，p.392.

立的民主机构。①

（2）给予地方"限制性自由裁量权"（constrained discretion）。由于地方政府更加了解地方的需要，能够提出更加适合解决本地问题的方案，较之于中央政府能够更好地履行地方事务，因此允许地方政府拥有一定的自由裁量权。诚然，此种自由裁量权具有有限性，前提条件是认可中央政府政策的优先性。"新地方主义"者关注能力和公平，认为相对于地方而言，中央政府的政策更具有公平性，更注重福利政治的理念与实践，而非拘泥于短浅狭隘的个人主义眼界，因此愿意接受中央政府运用其权力对资源进行再分配。劳伦斯·普拉切特（Lawrence Pratchett）说："认可国家标准和优先权作为公共政策的驱动力具有重要性。中央政府在确保区域间平等、公平和在公共物品的提供方面发挥着主要作用，尤其是当中央政府期待特定的政策结果和关注特定的优先权时"更是如此。②格里·斯托克将这一特征概括为指导性的中央集权主义（steering centralism），③即在国家优先框架下的地方分权，同时呈现为多层级治理模式。

（3）给予"赢得的自治"（earned autonomy）。劳伦斯·普拉切特对"赢得的自治"特征的概括是：认可地方政府机构在代表中央提供公共服务时的首要地位，确保地方政府作为地方社区的领导并实施地方政策。"新地方主义"的支持者认为，多样性和选择性是地方政策发展的核心。④ 20 世纪 80 年代以来，地方政府呈现碎片化的状况，2002 年英国中央政府建立了针对地方政府的综合绩效评估（Comprehensive Performance Assessment）机制，以"赢得的自

---

① David Wilson and Chris Game, *Local Government in the United Kingdom（Fifth Edition）*, Hampshire and New York: Palgrave Macmillan, p.393.

②④ Lawrence Pratchett, "Local Autonomy, Local Democracy and the'New Localism'", *Political Studies*, Vol.52, 2004, p.369.

③ Gerry Stoker, *Transforming Local Governance: From Thatcherism to New Labour*, New York: Palgrave, 2004, p.219.

治"去奖励"表现最出色的"的地方当局,①意即表现最好的地方当局能够为地方政府赢得自治,获得更多自由和灵活性。同时也通过这一措施牵制地方政府。

（4）增进全民参与性治理。新地方主义者在倡导将更多权力下放给地方政府的同时,鼓励地方居民积极参与社区治理。戴维·米利班德提出的"双重权力下放"（double devolution）便是对这一特征很好的诠释,意即不仅要把权力从中央政府下放给地方政府,还要把权力从地方政府下放给地方的人民,使每个人都能发挥作用,拥有更多选择,同时承担更多责任。②卡梅伦政府所提倡的"大社会"（Big Society）提案便是这一特征的体现,倡导地方自治、社会治理和参与式预算管理。

增进参与性治理的关键是保持良好的社会资本、建立和维系信任。一方面,鼓励地方居民积极参与地方治理可以有效倾听民众的心声,重建民众对政治机构的信任,减轻民众对地方事务的冷漠态度。另一方面,通过地方居民对地方事务的参与,包括投票式参与和非投票式参与,将社会治理的一部分责任转移到公民个人身上,形成中央政府、地方政府与民众共同参与社区治理的模式。英国中央政府通过采取电子投票或邮寄投票等方式、通过召开各种形式的公共咨询会、疏通协商通道等措施,提升地方民众的责任心和积极性,让公民参与到地方政策的制定过程中。

（四）英国"新地方主义"的路径选择

如今,"新地方主义"成为英国学术界讨论的热点,焦点在于如何重新理解 21 世纪民主运行的方式、增加社会资本、培养公民的信任感和积极性、鼓

---

① David Wilson, "Untravelling Control Freakery: Redefining Central-local Government Relations", *British Journal of Politics and International Relations*, Vol.5, 2003, p.318.

② David Miliband, *Empowerment not abandonment*, Speech to the National Council of Voluntary Organisations Annual Conference, 2006, p.2.

励通过寻求政府以外的资源去解决问题。①"新地方主义"者认为，未来地方政府改革的路径既不是允许地方机构完全独立，能够不受限制地做任何事情，完全的地方自治有可能挑战民族国家的最高统治权；也不要想象中央政府能够掌控整个政府体制。需要一种能够允许所有机构都发挥作用的中央-地方关系结构，需要找到能让更多人参与到解决复杂问题过程的方式，需要一种治理体制，既能根据地方需求提供公共服务，又能满足中央政府的要求。未来地方政府的定位是：不仅能够通过它所提供的服务真正改善人民生活，还要在整个网络治理结构中发挥领导核心作用，而不是成为中央政府在众多伙伴中选择的小伙伴。

学界有关英国"新地方主义"路径选择的探讨主要包括：

（1）"新地方主义"的制度设想。如今，尽管"新地方主义"理论在英国仍受到一些质疑，但已成为一种发展趋势，最终受益者是英国地方政府。这一理论需要相应的制度设计来得以实现。学界中格里·斯托克和戴维·威尔逊设想的几种新的地方政府形式最具有代表性：第一是建立更多直接选举产生的单一目标主体，这些主体与选举产生的地方议会有相同地位，由此使地方居民能够更多地控制地方公共服务的提供，人们在参与地方公共服务运行的过程中不受政党政治的影响。②第二是建立更强的社区政府。英国地方政府的规模较之欧洲其他国家规模大很多，相应覆盖的人口也较多，不能很好地代表社区居民的利益。但英国的乡村地区存在大量教区议会，这些教区议会是英国最基层的地方政府。斯托克和威尔逊认为，有两种建立更强社区政府的选择：一种是取消所有教区议会，在英国所有地区，无论是城市还是乡村地区，建立全新的选举产生的社区议会；另一种是保留乡村地区的教区

---

① Gerry Stoker and David Wilson, *British Local Government into the 21ˢᵗ Century*, Hampshire and New York: Palgrave Macmillan, 2004, p.253.

② Gerry Stoker and David Wilson, *British Local Government into the 21ˢᵗ Century*, Hampshire and New York: Palgrave Macmillan, 2004, p.257.

议会,但这些教区议会要不断地与时俱进,同时在城市地区建立相应组织,①
使地方政府更好地代表地方利益。第三是建立战略型地方政府,由中央政府
赋予地方自治政府相应的自治权。这一设想类似于英国自治市建立之初,国
王颁发特许状赋予自治市相应特权。此种做法需要根据各城市的能力和特
色赋予其更多的财政权和立法权,使之能够更加自由和灵活地发展和创新。

(2)"新地方主义"的政策保障。新地方主义者提出,"新地方主义"不应
仅仅是一种新的分析性制度构想,同时应该是在整个政府政策范围内实施
的现实。未来的地方政府体制不应基于统一的行政蓝图,而应根据地区需求
加以设计,应该给予人们更多权力控制自己社区的公共服务和功能。② 2010
年英国联合政府的《政府项目》(Program for Government)表明:"政府相信是
做出根本改变的时候了,要把权力从威斯敏斯特转移给人民。我们会提倡权
力下放和民主参与,通过给予地方议会、社区、邻里和个人新的权力来结束
这个自上而下治理的时代。"③英国政府通过的《2010 年地方主义法案》(The
Localism Bill 2010)也表明要下放更大的权力,向地方政府分权,包括:给予
地方议会"一般权限"(general power of competence),允许地方议会从事任何
法律许可的活动或商业,给予地方政府和社区群体更大的财政自治权等。④
该法案进一步明确了地方当局的权限范围,尤其在规划和住房政策上,废除
了"区域空间战略"(Regional Spatial Strategies),将更多自主决定权下放给地
方政府和邻里社区。2012 年,联合政府取消了区域发展机构(Regional Devel-
opment Agencies),代之以地方企业伙伴关系(Local Enterprise Partnerships),地
方当局和商业机构联合起来共同促进地方经济发展。

① Gerry Stoker and David Wilson, *British Local Government into the 21ˢᵗ Century*, Hampshire and New York: Palgrave Macmillan, 2004, p.259.

② Ibid., p.262.

③ David Wilson and Chris Game, *Local Government in the United Kingdom(Fifth Edition)*, Hampshire and New York: Palgrave Macmillan, p.395.

④ Ibid., p.396.

(3)新地方主义面临的问题。新地方主义在英国未来发展中面临的主要问题来自中央政府和地方政府两个方面,双方秉承的文化理念有所不同。如今,来自中央政府的压力是传统的中央主义仍占据着上风,中央政府和文官着重政策制定和立法,留给地方政府的是政策的实施。[①]在这种文化理念下,英国地方自治的发展要求中央政府的政策方针有所改变,要求中央政府在注重政策制定的同时关注政策结果,培养地方政府的治理能力,给地方政府一些政策制定权。英国的地方自治要想真正回到拥有更多自由裁量权的年代,中央政府和地方政府双方都需要有所改变,要打破中央主义始终占据上风的趋向,实现中央主义和地方主义传统的共同发展。

迄今,英国地方政府的价值取向依然不清晰,在英国整体政府体制下,地方政府应呈现怎样的特征才能成其为良好的政府体制,仍然是值得思考的问题。"新地方主义"事实上是英国中央政府的一种指导原则,体现为地方自治的有限性,地方始终是主要政党大选的预备战场。尽管中央政府不断表明要给予社区更多民主、确保社区更大的自治性,但实现的目标依然模糊和不确定。

历史上,英国长期呈现为中央集权主义与地方自治性并存的形态,尽管不同时期双方的比重有所不同。在当今地方自治权力扩大和地方利益诉求不断增加的情况下,地方政府不可避免要继续与中央政府保持密切联系。基于悠久的传统,英国人始终尊重地方自治的现实,希望保持此种地方政府体制并切实发挥其功能,在此基础上形成"新地方主义"的理论观点,强调在中央和地方相结合的基础上发展新的地方自治体制,既执行国家标准,又鼓励地方创新,既加强政府行政领导,又提高公众参与,将中央指导与地方自治相结合,实现两者间的平衡。有关"新地方主义"和英国地方自治改革的争论还会继续,中央和地方关系的调整以及新型地方治理模式的建构在英国将

---

① Janice Morphet, *Modern Local Government*, Los Angeles: Sage, 2008, p.115.

是一个长期存在的问题。

小　结

英国早期的地方自治在较大程度上代表地方上层阶级如拥有地产的贵族和乡绅等的利益。伴随着资本主义经济的发展，地方自治逐渐转为代表新兴工业资产阶级的利益。与之同时，随着工人阶级力量的壮大，开始不断争取自己的利益，新兴资产阶级为了巩固自身地位，也给予社会下层民众较以往更多的权益，使地方自治的代表性扩大，逐渐体现出更为广泛的地方公民的利益，为更为广泛的基层民众提供公共服务。在当今英国地方治理的体制下，此种全民性的地方公共服务也呈现碎片化的特征。

在地方自治权力扩大和地方利益诉求加大的过程中，地方政府不可避免地与中央政府保持着密切的联系。有学者认为，研究英国地方自治问题，实际上也是研究英国中央和地方的关系问题。英国中央政府与地方政府在不同历史发展时期呈现为不同的关系结构和特征。从早期王权与地方分权并存到二元政体，发展到现代地方政府体制下的中央集权主义与地方主义并存，再到当代地方治理下中央与地方的新型"伙伴关系"，呈现为中央主义和地方主义同步发展和并存的现实，不同时期双方的比重有所不同。基于英国悠久的地方自治传统，长期以来，英国人始终尊重地方自治的现实，并希望此种地方政府体制能够继续发挥其功能，在此基础上，进而出现了"新地方主义"，即综合中央主义和地方主义二者的新的发展趋势。

结　论

一、英国地方自治的特色

从英国地方政府产生时间上来看,地方先于国家。地方区划同样是自下而上,先有村,再有区,最后形成郡。从英格兰的发展可以看到,郡产生后,逐渐形成了以地域为基础的君权制,国王的权力延伸至全国。基于此种发展路径,英国早期地方政权重于国家,地方掌管自身事务,形成了浓厚的地方自治传统。

从地方自治传统上来看,英国享有"地方自治之母"美誉。盎格鲁-撒克逊时期英国乡村中的人们就已经开始形成地方自治的观念。中世纪晚期,英国人的地方自治传统已经非常清晰,他们广泛参与地方事务管理,使地方事务管理呈现一定的自治性。这种自治传统在之后的发展集中表现为郡内治安法官几乎实现了完全自治。英国人从一开始就认为,地方政府应保持相对独立,保持各自的议会,自行处理行政和司法事务,并以中央立法授权的方式将自治权赋予地方。正是英国的这种地方自治传统,使英国成为最早实行现代地方自治的国家,也是 20 世纪后最早实行地方自治改革的国家,不仅深深影响着英国地方自治的发展与变革,也影响了其他国家的地方自治。

从地方政府结构上来看,地方政府外部结构不断调整,地方政府内部结构相对稳定,保持地方政府结构的相对平衡。外部结构变革是英国地方政府历史中一个持续的主题。英国每年行政边界的变化比欧盟其他国家加在一起的变化还要多。①整个英国,最明显的不同就是结构的不同,并且整个外部结构的变革过程中,多数是中央政府以自上而下的方式进行,主观性非常强,充满着有关价值、意识形态和政治的讨论。尤其是当中央政府意识到自己受到了政治和经济支配的威胁时,它就会对地方政府进行重组。所以地方政府的外部结构重组会是一个无休止的过程。但是地方政府外部结构改革并不能解决根本的问题,除非中央政府的改变要像地方政府的改变一样多,地方政府的改革才能成功。相对来说,地方政府内部结构比较稳定,这在一定程度上保持了地方政府结构的相对平衡。

从影响地方自治因素上来看,政党政治与地方自治问题紧密相连。英国政党于 19 世纪组织起来,在随后的发展中也逐渐参与了地方政府政治。在当代,政党政治是英国地方政府的一个主要特征。实际上,现在的地方议会大约有 90%是按照政党的路线组织。只是政党政治的地位和作用在英国通常被忽视。但是,自从 1974 年英国地方政府被重组后,地方政府的规模比以前大了许多,地方政府的特性也被严重削弱,政党这个组织资源就渗入了地方政治,在发展过程中,英国大部分地方当局都由政党政治所控制。政党政治有时会导致地方政府与中央政府之间的冲突。尤其是当执政党与控制大部分地方政府的政党不一致时,对地方自治是一种严重的挑战。英国地方自治要恢复到一个良好的状态,地方政府需要摆脱政党的控制,并要由本地居民组织起来代表本地区的利益。

从地方自治发展趋势上来看,"新地方主义"是目前的发展趋势,是对英国中央集权单一体制下的地方自治的最好诠释,综合了中央主义和地方主义这两种英国传统。新地方主义既要执行国家的标准,又要鼓励地方创新;既要加强行政领导,又要提高公众参与。地方当局发挥的作用是中央指导和地方自治的融合,但如何达到两者的平衡是地方政府今后发展中的难题。

---

① David Wilson and Chris Game, *Local Government in the United Kingdom*(*Fifth Edition*), Hampshire and New York:Palgrave Macmillan,p.67.

二、英国"中央集权型地方自治"模型的建构

英国的地方自治属于"原生型"或"自发型",起源早,历史悠久,历经一千五百多年,且一以贯之,未曾有过中断。在其发展过程中积累了丰富的经验,培育了独特的文化,形成了独有的地方自治传统。我们需要用历史的视野来真正理解英国的地方自治传统。

本书运用构成地方自治理论的三个方面,即免于中央干涉、自由地产生特定的结果和反映地方身份三个变量,对英国的地方自治加以分析,从而构建出英国独特的"中央集权型地方自治模型"。

首先,运用"免于中央干涉"的传统政治学视角对英国地方自治体制加以分析。这是一个自上而下的视角,主要基于宪法和法律的角度,关注地方政府的宪法地位,将财政自治视为地方自治的关键,并关注英国的中央集权问题。

书中已分析了英国地方政府的宪法地位和地方政府的财政权限问题。英国的地方自治也是一种宪法惯例,并于 19 世纪确立了现代地方自治体制,然而英国自现代地方自治政府建立以来,地方自治问题就一直面临宪法和政治现实二者间的相互矛盾和冲突。在议会主权原则下,议会可以随时取消地方政府,整个英国的地方政府都是"议会的创造物",使地方政府的权力得不到保护。由此而使英国呈现行政一元化和中央集权化的趋势。地方政府只能在议会允许的权力范围内活动,越权原则成为英国地方自治政府宪法地位的突出特色,意即地方政府只能提供议会明确授权的服务。在深受议会主权原则和越权原则影响的国家中,地方自治常常难以生存。然而英国的地方自治却在此种限制中得以生存,并在一定程度上制约了行政一元化与中央集权化的趋势。英国的地方自治始终呈现为传统单一制体制下的地方政府模式:对于中央政府而言,英国的地方政府遵循辅助原则,同时使地方政府具有多样性和灵活性。在中央主义和地方主义之间保持着某种平衡。

英国地方政府的财政自治经历了完全自治和被削弱的过程，体现出英国地方自治的发展过程。英国地方政府的主要收入来源是地方税，经历了财产税、人头税和市政税的改革，其特色是只征收一种地方税。地方政府主要依靠地方税收进行地方自治，但随着地方公共服务的增多以及地方居民的需求增多，地方政府的税收并不能完全支撑地方开支，还要依赖中央政府的拨款。这就需要在地方自治和中央支持之间找到一个平衡点。英国的中央政府利用这一点，通过更改税收权限、国家审计署和经济援助的封顶政策等对地方财政进行限制，扩大自身权力，削弱地方权力。这反映出英国在中央与地方关系中的中央集权趋势，英国也因此成为目前西欧国家中最为集权的国家之一。

其次，运用"自由地产生特定结果"的地方自治理论剖析英国的地方自治体制。如今大多数欧洲国家的地方政府都具有"一般权限"，即除非是法律上特别禁止，地方当局有权代表地方社区。而在英国却缺乏这种"一般权限"，意即英国地方当局从事所有活动都必须得到法律允许，使"自由地产生特定结果"的地方自治理论在英国被归入到第一个理论中，重新回到中央和地方关系结构的分析中。所以在英国，中央政府可以通过一系列手段限制地方自治权力，地方政府也努力延伸自身权力，但总的趋势仍然是不断走向中央集权。

最后，运用"反映地方身份"的地方自治理论来分析英国的地方自治体制。这是一个自下而上的视角，指地方政府在特定法律和其他方面的限制下，通过政治活动来体现地方能力，通过采用各种自治方式来表达诉愿和发展自身。一般认为，地方政府通过地方选举产生是这一理论的体现，在这一过程中，其他地方自治主体也可以参与进来。英国实行地方治理的现实是这一理论的具体体现，即地方政府与准地方自治机构、私人部门、志愿部门，甚至公民共同参与到地方治理中。目前的"新地方主义"也与这一理论相契合，它在认可中央政府的标准以及特定政策优先权的情况下，力求代表社区，表达地方利益,实施地方政策,试图寻求一种能够允许所有机构都发挥作用的中央-地方关系形态,一种既能满足中央政府的要求,又能根据地方需求提供公共服务的治理模式,将中央主义和地方主义相混合。

通过以上的分析发现,英国地方自治体制属于独特的"中央集权型地方自治模型"。对英国地方自治问题的研究,不可避免地要触及中央与地方的关系问题。二战后,英国的中央集权趋势不断加强,地方的自治权力日渐削弱。尽管如此,英国人自盎格鲁-撒克逊时期就形成的深厚的自治传统,使地方政府不断地寻求在新的基础上的自治权力。为了解决中央集权和地方自治二者间的矛盾,如今英国人提出了"新地方主义",以求为地方赢得更多的自由裁量权,即在单一制的中央集权体制下,恢复地方自治,给地方居民更多自我管理的权力,发展和完善英国中央集权制下的地方自治体制。

参考文献

一、中 文

（一）著 作

1.薄贵利：《近现代地方政府比较研究》，光明日报出版社，1988年。

2.曾令发：《探寻政府合作之路——英国布莱尔政府改革研究（1997—2007）》，人民出版社，2010年。

3.陈嘉陵、田穗生主编：《各国地方政府比较研究》，武汉出版社，1991年。

4.陈日华：《中古英格兰地方自治研究》，南京大学出版社，2011年。

5.陈晓律、于文杰、陈日华：《英国发展的历史轨迹》，南京大学出版社，2009年。

6.陈晓律：《英国研究》，南京大学出版社，2009年。

7.程汉大：《英国法制史》，齐鲁书社，2001年。

8.程汉大：《英国政治制度史》，中国社会科学出版社，1995年。

9.储安平：《英国风采录》，东方出版社，2005年。

10.刁田丁、刘德厚主编：《地方政府教程》，高等教育出版社，1994年。

11.龚文婧：《英美地方自治制度比较研究》，人民出版社，2017年。

12.龚祥瑞：《英国行政机构和文官制度》，人民出版社，1983年。

13.郭方：《英国近代国家的形成——16世纪英国国家机构与职能的变革》，商务印书馆，2007年。

14.胡康大:《英国的政治制度》,社会科学文献出版社,1993年。

15.黄伟合:《英国近代自由主义研究——从洛克、边沁到密尔》,北京大学出版社,2005年。

16.蒋孟引:《英国史》,中国社会科学出版社,1988年。

17.李晨菜、谭融:《外国政治制度》,南开大学出版社,1998年。

18.李季山:《走向民主——英国第一次宪政改革》,南京大学出版社,2001年。

19.刘圣中:《历史制度主义:制度变迁的比较历史研究》,上海人民出版社,2010年。

20.马克奎:《英国封建社会研究》(第二版),北京大学出版社,2005年。

21.孟广林:《英国封建王权论稿——从诺曼征服到大宪章》,人民出版社,2002年。

22.牛校风:《自由主义的英国源流——自由的制度空间和文化氛围》,吉林大学出版社,2008年。

23.潘小娟:《发达国家地方政府管理制度》,时事出版社,2001年。

24.钱乘旦、陈晓律:《在传统与变革之间——英国文化模式溯源》,江苏人民出版社,2010年。

25.钱乘旦、高岱:《英国史新探:全球视野与文化转向》,北京大学出版社,2011年。

26.钱乘旦、许洁明:《英国通史》(第二版),上海社会科学院出版社,2007年。

27.任进:《比较地方政府与制度》,北京大学出版社,2008年。

28.沈汉、刘新成:《英国议会政治史》,南京大学出版社,1991年。

29.谭融:《比较政治与比较公共行政》,南开大学出版社,2008年。

30.王建勋:《自治二十讲》,天津人民出版社,2008年。

31.王觉非:《近代英国史》,南京大学出版社,1997年。

32.王乐理:《政治文化导论》,中国人民大学出版社,2000年。

33.王名扬:《英国行政法》,中国政法大学出版社,1987年。

34.王玉亮:《英国中世纪晚期乡村共同体研究》,人民出版社,2011年。

35.王振华、刘绯、陈志瑞主编:《解析英国》,中国社会科学出版社,2003年。

36.王振华等:《变革中的英国》,中国社会科学出版社,1996年。

37.吴爱明:《地方政府学》,武汉大学出版社,2009年。

38.吴大英、沈蕴芳:《西方国家政府制度比较研究》,社会科学文献出版社,1996年。

39.徐勇、高秉雄主编:《地方政府学》,高等教育出版社,2005年。

40.许洁明:《十七世纪的英国社会》,中国社会科学出版社,2003年。

41.阎照祥:《英国政治思想史》,人民出版社,2010年。

42.阎照祥:《英国政治制度史》,人民出版社,1999年。

43.杨雪冬:《地方治理的逻辑》,社会科学文献出版社,2018年。

44.于军:《英国地方行政改革研究》,国家行政学院出版社,1999年。

45.俞可平:《治理与善治》,社会科学文献出版社,2000年。

46.俞可平:《中国地方政府创新案例研究报告(2009—2010)》,北京大学出版社,2010年。

47.张杰:《西方分权理论与实践研究:以英法美三国为例》,中央民族大学出版社,2009年。

48.周威:《英格兰的早期治理——11—13世纪英格兰治理模式的竞争性选择》,北京大学出版社,2008年。

(二)译 著

1.[瑞典]阿姆纳等主编:《趋向地方自治的新理念?》,杨立华等译,北京大学出版社,2005年。

2.[美]安瓦·沙主编:《工业国家的地方治理》,周映华、张建林译,清华大学出版社,2006年。

3.[美]安瓦·沙主编:《发展中国家的地方治理》,刘亚平、周翠霞译,清华大学出版社,2010年。

4.[美]B.盖伊·彼得斯:《政府未来的治理模式》(中文修订版),吴爱明、夏宏图译,中国人民大学出版社,2012年。

5.[美]B.盖伊·彼得斯:《政治科学中的制度理论:"新制度主义"》(第二版),王向民、段红伟译,上海人民出版社,2011年。

6.[英]比尔·考克瑟、林顿·罗宾斯、罗伯特·里奇:《当代英国政治》(第四版),孔新峰、蒋鲲译,北京大学出版社,2009年。

7.[英]大卫·马什、格里·斯托克编:《政治科学的理论与方法》(第二版),景跃进、张小劲、欧阳景根译,中国人民大学出版社,2006年。

8.[英]大卫·休谟:《英国史I,II》,刘仲敬译,吉林出版集团有限责任公司,2012年。

9.[英]戴维·威尔逊、克里斯·盖姆:《英国地方政府》(第三版),张勇等译,北京大学出版社,2009年。

10.[英]戴维·赫尔德:《民主的模式》,燕继荣等译,中央编译出版社,1998年。

11.[美]F.J.古德诺:《政治与行政》,王元译,华夏出版社,1987年。

12.[英]菲利普·诺顿著:《英国议会政治》,严行健译,法律出版社,2016年。

13.[德]赫尔穆德·沃尔曼、埃克哈特·施罗德:《比较英德公共部门改革——主要传统与现代化的趋势》,王峰、林震、方琳译,北京大学出版社,2004年。

14.[英]亨利·斯坦利·贝内特:《英国庄园生活:1150—1400年农民生活状况研究》,龙秀清、孙立田、赵文君译,上海人民出版社,2005年。

15.[美]霍华德·威亚尔达:《全球化时代的欧洲政治》,陈玉刚等译,北京大学出版社,2010年。

16.[日]吉村源太郎:《地方自治》(全二册),朱德权、金慧华译,中国政法大学出版社,2002年。

17.[美]加布里埃尔·A.阿尔蒙德、西德尼·维伯:《公民文化——五个国家的政治态度和民主制》,徐湘林等译,华夏出版社,1989年。

18.[英]肯尼思·O.摩根:《牛津英国通史》,王觉非等译,商务印书馆,1993年。

19.[英]肯尼斯·哈里斯:《撒切尔首相传》,冯义华等译,职工教育出版社,1989年。

20.[美]罗伯特·A.达尔:《多元主义民主的困境——自治与控制》,周军华译,吉林人民出版社,2010年。

21.[英]奈杰尔·福尔曼、道格拉斯·鲍德温:《英国政治通论》,苏淑民译,中国社会科学出版社,2015年。

22.[英]尼古拉斯·菲利普森、昆廷·斯金纳:《近代英国政治话语》,潘兴明、周保巍等译,华东师范大学出版社,2005年。

23.[澳]欧文·E.休斯:《公共管理导论》(第四版),张成福等译,中国人民大学出版社,2015年。

24.[法]皮埃尔·莫内:《自由主义思想文化史》,曹海军译,吉林人民出版社,2004年。

25.[法]让·布隆代尔、[意]毛里齐奥·科塔:《政党与政府:自由民主国家的政府与支持性政党关系探析》,史志钦等译,北京大学出版社,2006年。

26.[日]松村岐夫:《地方自治》,孙新译,经济日报出版社,1989年。

27.[古希腊]亚里士多德:《政治学》,姚仁权编译,北京出版社,2007年。

28.[英]伊夫·梅尼、文森特·赖特:《西欧国家中央与地方的关系》,朱建军等译,春秋出版社,1989年。

29.[英]以赛亚·伯林:《自由论》(修订版),胡传胜译,译林出版社,2011年。

30.[英]约翰·格林伍德、戴维·威尔逊:《英国行政管理》,汪淑钧译,商务印书馆,1991年。

31.[英]约翰·斯图亚特·密尔:《论自由》,赵伯英译,陕西人民出版社,2009年。

32.[英]约翰·斯图亚特·密尔:《代议制政府》,王瑄译,商务印书馆,1997年。

33.[美]詹姆斯·S.费什金:《倾听民意:协商民主与公众咨询》,孙涛,何建宇译,中国社会科学出版社,2015年。

34.[英]威廉·韦德、克里斯托弗·福赛:《行政法》(第十版),骆梅英等译,中国人民大学出版社,2018年。

(三)论　文

1.陈国申:《从传统到现代:英国地方治理变迁》,华中师范大学博士论文,2008年。

2.杨山鸽:《后福利国家背景下的中央与地方关系——英、法、日三国比较研究》,复旦大学博士学位论文,2006年。

3.张海廷:《20世纪末英国地方分权改革研究:英国具有联邦色彩的单一制实践》,北京大学博士论文,2002年。

4.白贵一:《论地方自治与宪政——兼论英国地方自治影响及价值》,《理论与改革》,2005年第4期。

5.常晶、张维娜:《制度变迁视域下的英国地方治理改革研究》,《当代世界与社会主义》,2016年第2期。

6.陈红:《近代中国对英国地方自治的认识》,《河南师范大学学报》,2008年第2期。

7.陈宏彩:《英国地方政府全面绩效考核体系及其借鉴意义》,《国外社会科学》,2007年第2期。

8.陈日华:《宪法的纵向维度:中古晚期英国地方自治制度》,《文史哲》,2011年第2期。

9.陈日华:《中古英格兰的教区行政》,《世界历史》,2007年第1期。

10.陈日华:《中古英国地方主义研究评述》,《东北师大学报》(哲学社会科学版),2009年第1期。

11. 陈绍方:《地方自治的概念、流派与体系》,《求索》,2005年第7期。

12. 陈振明等:《地方政府治理变革与公共服务有效提供的理论探索》,《东南学术》,2007年第2期。

13. 郭冬梅:《国家与社会视角下的地方自治》,《外国问题研究》,2011年第4期。

14. 胡康大:《对英国地方政府的认识》,《西欧研究》,1989年第2期。

15. 胡熙华:《英国地方政府改革的几点启示》,《华中师范大学研究生学报》,2008年第1期。

16. 黄安年:《评撒切尔夫人治理'英国病'》,《世界历史》,1991年第2期。

17. [英]杰瑞·斯托克:《地方治理研究:范式、理论与启示》,《浙江大学学报》,2007年第2期。

18. [英]杰瑞·斯托克:《作为理论的治理:五个论点》,《国际社会科学》,1999年第1期。

19. [英]卡洛林杰瑞·斯托克、安德鲁迈克杰瑞·斯托克、戈登史密斯:《从地方政府管理到地方治理》,《马克思主义与现实》,1999年第5期。

20. 蔺志强:《中古英国政府对地方特权的政策初探》,《中山大学学报》(社会科学版),2010年第3期。

21. 刘绯:《英国的地方政府》,《欧洲》,1993年第3期。

22. 刘骞:《英国式政治民主制度的发展特点及其所受文化影响》,《华中师范大学研究生学报》,2005年第4期。

23. 刘其君:《西方发达国家地方治理的发展及其政治文化背景》,《湖北社会科学》,2008年第10期。

24. 刘淑青:《论17世纪初英国乡绅的地方认同》,《河南社会科学》,2008年第2期。

25. 毛锐、赵万里:《撒切尔政府私有化政策特点分析》,《山东师范大学学报》(人文社会科学版),2008年第6期。

26.毛锐：《撒切尔政府私有化政策的目标分析》，《世界历史》，2004年第6期。

27.钱乘旦：《中国的英国史研究》，《历史研究》，1997年第5期。

28.任进、石世峰：《英国地方自治制度的新发展》，《新视野》，2006年第1期。

29.阮宗泽：《布莱尔的"第三条道路"》，《百年湖》，2002年第8期。

30.生小刚等：《英国大伦敦市政府的组织机构及启示》，《国外城市规划》，2006年第3期。

31.宋雄伟：《英国地方政府治理：中央集权主义的分析视角》，《北京行政学院学报》，2013年第5期。

32.王燕：《政党竞争模式与英国共识政治》，《当代世界与社会主义》，2005年第3期。

33.项焱：《试论11—13世纪英国城市自治权的封建性——兼论英国城市的法律地位》，《武汉大学学报》（人文社会科学版），2000年第1期。

34.谢峰：《困境与前途："后撒切尔主义"时期的英国保守主义》，《国际政治研究》，2007年第2期。

35.谢峰：《英国工党的地方政府改革》，《学习时报》，2006年第5期。

36.徐增阳：《自治：传统与现代的比较》，《经济社会体制比较》（双月刊），2008年第1期。

37.严荣：《大伦敦政府：治理世界城市的创新》，《城市管理》，2005年第3期。

38.杨光斌：《中央集权与大众自治：英国中央–地方的新型关系》，《欧洲》，1995年第4期。

39.杨欣：《论英国地方政府法下中央对地方管制路径的演进》，《国际论坛》，2008年第4期。

40.杨雪冬、托马斯·海贝勒、舒耕德：《地方政治的能动者：一个比较地方治理的分析路径》，《东南学术》，2013年第4期。

41.杨义萍：《撒切尔政府的教育改革政策》，《西欧研究》，1990年第3期。

42.于文杰:《改革开放以来的中国英国史研究》,《史学月刊》,2009年第8期。

43.张锋:《撒切尔政府实行私有化政策的特点及前景》,《新疆师范大学学报》(哲学社会科学版),1987年第4期。

44.张国庆:《英国单一制下中央政府与地方政府的关系及对我国的启示》,《国际经济》,2012年第4期。

45.张日元、王敬敏:《英国中世纪地方自治的历史考察》,《岱宗学刊》,2007年第3期。

46.张永生:《中央与地方的政府间关系:一个理论框架及其应用》,《经济社会体制比较》,2009年第2期。

47.张振海:《试论撒切尔首相的福利制度改革》,《历史教学》,2006年第7期。

48.郑楚宣:《英国中央和地方政府的关系》,《广东行政学院学报》,1995年第2期。

49.周志忍:《英国的行政改革与西方行政管理新趋势》,《北京大学学报》(哲学社会科学版),1994年第5期。

50.朱镇明:《地方治理与地方政府现代化:21世纪英国地方层次的变革》,《行政暨政策学报》,2004年第38期。

51.卓越:《撒切尔行政改革的思想与实践》,《欧洲》,1994年第2期。

二、英　文

(一)著　作

1.Alan,Alexander,*Local Government in Britain since Reorganization*,London:Unwin Hyman,1982.

2.Alan,Alexander,*The Politics of Local Government in the United Kingdom*,New York:Longman Inc.,1982.

3.Arthur,Paul,*Government and Politics of Northern Ireland*(second edition), London and New York: Longman, 1984.

4.Atkinson, Hugh and Wilks-Heeg, Stuart, *Local Government from Thatcher to Blair: the Politics of Creative Autonomy*, Cambridge: Polity, 2000.

5.Bache, Ian, *Europeanization and Multilevel Governance: Cohesion Policy in the European Union and Britain*, Lanham: Rowman & Littlefield Pub., 2008.

6.Bailey, S. J. &Paddison, R., *The Reform of Local Government Finance in Britain*, London and New York: Routledge, 1988.

7.Ball, R. M., *Local Authorities and Regional Policy in the UK: Attitudes, Representations and the Local Economy*, London: Paul Chapman Publishing Ltd, 1995.

8.Berkel, Rik Van et al., *The Governance of Active Welfare States in Europe*, Hampshire: Palgrave Macmillan, 2011.

9.Birch, Anthony H., *The British System of Government*(tenth edition), Oxford: Routledge, 1998.

10.Birrell, Derek, *Comparing Devolved Governance*, Hampshire: Palgrave Macmillan, 2012.

11.Boyne, George A., *Public Choice Theory and Local Government: a Comparative Analysis of the UK and the USA*, Hampshire and New York: Palgrave, 1998.

12.Chandler, J.A., *Explaining Local Government: Local Government in Britain since 1800*, Manchester and New York: Manchester University Press, 2007.

13.Chisholm, Michael, *Structural Reform of British Local Government: Rhetoric and Reality*, Manchester and New York: Manchester University Press, 2000.

14.Cochrane, Allan, *Developing Local Economic Strategies*, Milton Keynes and Philadelphia: Open University Press, 1987.

248

15.Corpus,Colin,*Party Politics and Local Government*,Manchester and New York:Manchester University Press,2004.

16.Duncan,Simon and Goodwin,Mark,*The Local State and Uneven Development:Behind the Local Government Crisis*,Cambridge:Polity Press,1988.

17.Dunleavy,Patrick et al.,*Developments in British politics 6*(rev. ed.), New York:Palgrave,2002.

18.Durose,Catherine et al.,*Changing Local Governance*,Changing Citizens, Bristol:The Policy Press,2009.

19.Elcock,Howard,*Local Government:Policy and Management in Local Authorities*(third edition),London and New York:Routledge,1994.

20.Franklin,Daniel P. and Baun,Michael J.,*Political Culture and Constitutionalism:a Comparative Approach*,New York:M.E. Sharpe,Inc.,1995.

21.Friend,J.K. & Jessop,W.N.,*Local Government and Strategic Choice:an Operational Research Approach to the Processes of Public Planning*(second edition),Oxford and New York:Pergamon Press,1977.

22.Goss,Sue,*Making Local Governance Work:Networks,Relationships,and the Management of Change*,Hampshire and New York:Palgrave,2001.

23.Greenwood,John et al.,*New Public Administration in Britain*(third edition),London and New York:Routledge,2002.

24.Hampton,William,*Local Government and Urban Politics*(second edition),London and New York:Longman,1991.

25.Kavanagh,Dennis,*British Politics:Continuities and Change*(fourth edition),New York:Oxford University Press Inc.,2000.

26.Keen,Linda and Scase,Richard,*Local Government Management:the Rhetoric and Reality of Change*,Buckingham and Philadelphia:Open University Press,1998.

27.Kendle,John,*Federal Britain:a History*,London and New York:Rout-ledge,1997.

28.Kingdom,John,*Local Government and Politics in Britain*,New York and London:Philip Allan,1991.

29.Leach,Steve,*Local Government Reorganisation:the Review and its Af-termath*,London and Portland:Frank Cass,1998.

30.Leigh,Ian,*Law,Politics,and Local Democracy*,Oxford and New York:Oxford University Press,2000.

31.Lyon,Bryce,*A Constitutional and Legal History of Medieval England*(second edition),Manhattan:WW Norton & Co,1980.

32.McConnell,Allan,*Scottish Local Government*,Edinburgh:Edinburgh U-niversity Press,2004.

33.Meny,Yves and Knapp,Andrew,*Government and Politics in Western Europe*(third edition),Oxford and New York:Oxford University Press,1998.

34.Miller,William L. & Dickson,Malcolm & Stoker,Gerry,*Models of Local Governance:Public Opinion and Political Theory in Britain*,Hampshire and New York:Palgrave,2000.

35.Morphet,Janice,*Modern Local Government*,Los Angeles:Sage,2008.

36.Norton,Philip,*The British Polity*(second edition),New York:Longman Publishing Group,1991.

37.Pratchett,Lawrence and Wilson,David,*Local Democracy and Local Government*,Hampshire:Macmillan,1996.

38.Rhodes,R.A.W.,*Beyond Westminster and Whitehall:the Sub-Central Governments of Britain*,London:Unwin Hyman Ltd,1988.

39.Richards,S. G.,*Introduction to British Government*,Brunel:Macmillan Education Ltd,1978.

40.Rose, Richard and Page, Edward, *Fiscal Stress in Cities*, Cambridge: Cambridge University Press, 1982.

41.Seeley, Ivor H., *Local Government Explained*, London: Macmillan, 1978.

42.Sellers, Chris, *New Targets, New Tools, New Rules*, London: Middlesex University Press, 2003.

43.Smith, Ian & Lepine, Eileen & Taylor, Marilyn, *Disadvantaged by Where You Live?: Neighbourhood Governance in Contemporary Urban Policy*, Bristol: The Policy Press, 2007.

44.Stewart, John, *The Nature of British Local Government*, Hampshire: Macmillan, 2000.

45.Stoker, Gerry and Wilson, David, *British Local Government into the 21ᵗ Century*, Hampshire and New York: Palgrave Macmillan, 2004.

46.Stoker, Gerry, *The Politics of Local Government* (second edition), Hampshire: Macmillan, 1991.

47.Trench, Alan, *Devolution and Power in the United Kingdom*, Manchester and New York: Manchester University Press, 2007.

48.Woodbridge, George, *The Reform Bill of 1832*, New York: Thomas Y. Crowell Company, 1970.

49.Young, Ken and Rao, Nirmala, *Local Government since 1945*, Oxford, Malden, Mass: Blackwell Publishers, 1997.

50.Yves, Meny and Andrew, Knapp, *Government and Politics in Western Europe*, London: Oxford University Press, 1998.

(二)论　文

1.Alexander, Alan, "Scotland's Parliament and Scottish Local Government: Conditions for a Stable Relationship," *Scottish Affairs*, No.19, spring1997.

2.Andrew, Caroline and Goldsmith, Michael, "From Local Government to Local Governance:And Beyond?," *International Political Science Review*, Vol. 19, No.2, 1998.

3.Bailey, Stephen J., "Public Choice Theory and the Reform of Local Government in Britain:From Government to Governance," *Public Policy and Administration*, Vol.8, No.2, Summer 1993.

4.Bevir, Mark et al., "Comparative Governance:Prospects and Lessons," *Public Administration*, Vol.81, 2003.

5.Black, Stewart, "Review:Structural Reform of British Local Government," *Scottish Affairs*, No.36, Summer 2001.

6.Bochel, Hugh and Bochel, Catherine, "Local Political Leadership and the Modernisation of Local Government," *Local Government Studies*, Vol.36, No.6, December 2010.

7.Bort, Eberhard, "On the Threshold of Independence? Scotland One Year after the SNP Election Victory," *Romanian Journal of European Affairs*, Vol.8, No.2, 2008.

8.Brooks, J. T., "Labor's Modernization of Local government," *Public Administration*, Vol.78, No.3, 2000.

9.Cairney, Pual, "The New British Policy Style:From a British to a Scottish Political Tradition?," *Political Studies Review*, Vol.9, 2011.

10.Chandler, Jim, "A Rationale for Local Government," *Local Government Studies*, Vol.36, No.1, 2010.

11.Chisholm, Michael and Leach, Steve, "Dishonest Government:Local Government Reorganisation, England 2006–2010," *Local Government Studies*, Vol. 37, No.1, 2011.

12.Clark, Gordon L., "A Theory of Local Autonomy," *Annals of the Associ-*

ation of American Geographers, Vol.74, No.2, 1984.

13.Cochrane, Allan, "Modernisation, Managerialism and the Culture Wars: the Reshaping of the Local Welfare State in England," *Local Government Studies*, Vol.30, No.4, 2004.

14.Darwall, Stephen, "The Value of Autonomy and Autonomy of the Will," *Ethics*, Vol.116, January 2006.

15.Dee, Jay R., et al., "Faculty Autonomy: Perspectives from Taiwan," *Higher Education*, Vol.40, No.2, 2000.

16.Dente, Bruno and Coletti, Paola, "Measuring Governance in Urban Innovation," *Local Government Studies*, Vol.37, No.1, 2011.

17.Dollery, Brian, "Review Notes: Local Government Reform and Local Government Finance," *Commonwealth Journal of Local Governance*, Issue 4, November 2009.

18.Eaton, Amasa M., "The Right to Local Self-Government," *Harvard Law Review* Vol.14, No.2, 1900.

19.Goodnow, Frank J., "Local Government in England," *Political Science Quarterly*, Vol. 2, No. 4, 1887.

20.Laffin, Martin, "Local Government Modernisation in England: A Critical Review of the LGMA Evaluation Studies," *Local Government Studies*, Vol.34, No.1.

21.Libonati, Michael E., "Local Government Autonomy," *Louisiana Law Review*, Vol.62, 2001.

22.Martin, Steve, "Local Government Improvement in England: Policies, Progress and Prospects," *Commonwealth Journal of Local Governance*, Issue 8/9 May-November 2011.

23.McBain, Howard Lee, "The Doctrine of an Inherent Right of Local Self-

Government. I. The Extent of Its Application by American Courts," *Columbia Law Review*, Vol.16, No.3, Mar.1916.

24.McConnell, Allan, "Central-Local Government Relations in Scotland," *International Review of Administrative Sciences*, Vol.72, No.1, 2006.

25.Midwinter, Arthur, "Local Government in a Devolved Scotland," *Scottish Affairs*, No.18, Winter 1997.

26.Ormston, Rachel and Curtice, John, "Attitudes towards a 'British Institution': Comparing Public Views of the NHS in England and Scotland," *Scottish Affairs*, No.61, Autumn 2007.

27.Pratchett, Lawrence, "Local Government: From Modernisation to Consolidation," *Parliamentary Affairs*, Vol.55, 2002.

28.Lowndes, Vivien and Gardner, Alison, "Local Governance under the Conservatives: Super-austerity, Devolution and the 'Smarter State'", *Local Governmenr Studies*, Vol.42, No.3, 2016.

29.Whalen, Hugh, "Ideology, Democracy, and the Foundations of Local Self-Government," *the Canadian Journal of Economics and Political Science*, Vol. XXVI, No.3, 1960.

30.Young, Ken, "Reinventing Local Government? Some Evidence Assessed," *Public Administration*, Vol.74, Autumn 1996.

三、其 他

1.联合国网站：www.un.int

2.欧盟官方网站：www.europa.eu.int

3.西欧联盟网站：www.weu.int

4.英国北爱尔兰事务部网站：www.alexandra14nio.gov.uk

5.英国财政部网站：www.hm-treasury.gov.uk

6.英国地方政府网站：www.local.gov.uk

7.英国地方政府协会网站：www.lga.gov.uk

8.英国地方政府新闻网网站：www.lgcent.com

9.英国副首相办公室网站：www.odpm.gov.uk

10.英国各地方当局地址网站：www.tagish.co.uk/links/localgov.htm

11.英国公共财政网站：www.cipfa.org.gov.uk/publicfinance

12.英国国家统计署网站：www.ons.gov.hk

13.英国教育和技术部网站：www.des.gov.uk

14.英国警方网站：www.police.uk

15.英国内阁办公室网站：www.cabinet-office.gov.uk

16.英国内政部网站：www.homeoffice.gov.uk

17.英国苏格兰地方议会网站：www.cosla.gov.uk/scottish-local-government

18.英国苏格兰地方政府网站：www.scotland.gov.uk

19.英国苏格兰议会网站：www.scottish.parliament.uk/index.aspx

20.英国唐宁街十号网站：www.number-10.gov.uk

21.英国外交部网站：www.fco.gov.uk

22.英国威尔士地方政府网站：www.wales.gov.uk

23.英国威尔士行政院网站：www.cymru.gov.uk

24.英国卫生部网站：www.doh.gov.uk

25.英国宪政改革运动网站：www.charter88.org.uk

26.英国议会网站：www.Parliament.uk

27.英国政党网站：www.conservative-party.org.uk，www.labour.org.uk，www.libdems.org.uk

28.英国政府官方网站：www.open.gov.uk

后 记

此书是在我的博士毕业论文的基础上修改而成的，保留了博士论文原有的结构和框架，但对论文里的一些内容和数据进行了更新，在语言上也进行了较大幅度的修改。

首先，感谢博士研究生三年期间，帮助过我的老师和同学们。

特别感谢我的导师谭融教授，她在学习上和生活上都给予了我莫大的帮助和支持。博士论文的选题、开题和终稿，都经过了谭融教授的严格指导和认真修改。她治学的严谨态度和敬业精神值得我们每一位学生学习。在生活上，谭融教授也给予了我莫大的帮助，她经常打电话来询问我的生活情况。在此，对我敬爱的导师表示深深的谢意和敬意！

同时，还要感谢南开大学周恩来政府管理学院的所有老师给我提供的诸多帮助。感谢柏桦教授、孙晓春教授、于语和教授、程同顺教授和季乃礼教授在开题与预答辩过程中提出的宝贵意见，使我的论文写作能够顺利进行。还要感谢论文的答辩委员们和评阅人，感谢各位的宝贵意见。尤其要感谢柏桦教授，作为中外政治制度专业的老师，在学习和生活方面对我的关心，在您的课堂上我学习到了丰富的知识和做人的道理，非常感谢您！

感谢我所有的博士研究生同学，还有我师门中的兄弟姐妹，是你们让我有了大家庭的感觉，有了一种归属感。我很开心能够认识你们，并和你们一起度过了很多开心的日子。尤其感谢郝丽芳师姐、袁伟杰师兄、游腾飞师兄、罗湘衡师兄，在如何查阅论文资料和撰写论文的过程中给我提供的帮助。

其次，非常感谢我的博士后合作导师孙涛教授，带我进入了城市治理的研究领域。在博士后期间,跟随导师一起做国际合作项目和国家社科基金重大项目,让我增长了很多见识,视野变得更加开阔。在此对帅气的导师深表谢意!感谢孙老师师门的兄弟姐妹,让我在博士后期间过得很愉快!想念和你们在一起的日子。

再次,感谢天津师范大学政治与行政学院的领导和同事们,谢谢你们给我提供了这么好的教学和科研条件,这个大家庭很温暖。尤其感谢我们团队的常士闉教授、高春芽教授、张三南教授、卢宜宜副教授、吕建明、王坚和张鑫,感谢你们在工作坊的交流与指导!

最后,感谢我的爸爸妈妈,感谢你们对女儿的理解和支持。读博和工作期间,由于任务繁重,我回家的次数越来越少,真的很想念你们,同时心中有一种深深的愧疚,我对你们的关心与照顾实在是太少了。同样也要感谢我的公公婆婆,感谢你们对我的支持和鼓励,给予我家的温暖。还要感谢我的丈夫,谢谢你的爱。感谢我三岁多的小女儿对妈妈的体贴,给我带来很多欢乐。

孙宏伟

2018年9月30日

政治文化与政治文明书系书目

1.《多元文化与国家建设》　　　　　　常士闿　高春芽　吕建明◎主编
2.《当代中国政府正义问题研究》　　　　　　　　　史瑞杰　等◎著
3.《社会管理的理论与实践》　　　　　　　　曹海军　李　筠◎著
4.《历史中的公民概念》　　　　　　　　　郭台辉　余慧元◎编译
5.《让权利运用起来
　　　　——公民问责的理论与实践研究》　　　　　韩志明◎著
6.《应为何臣　臣应何为
　　　　——春秋战国时期的臣道思想》　　　　　　刘学斌◎著
7.《社会转型期城市社区组织管理创新研究》　　　　李　璐◎著
8.《党内民主与人民民主》　　　　　　　　　　　　田改伟◎著
9.《当代政治哲学视域中的平等理论》　　　　　　　高景柱◎著
10.《美德与国家
　　　　——西方传统政治思想专题研究》　　　王乐理　等◎著
11.《民主的否定之否定
　　　　——近代西方政治思想的历史与逻辑》　　　佟德志◎著
12.《马克思主义从原创形态向现代形态的发展
　　　　——关于中国特色社会主义基础理论的探索》　余金成◎著
13.《中国传统政治哲学的逻辑演绎》　　　　　　　　张师伟◎著
14.《在理想与现实之间
　　　　——正义实现研究》　　　　　　　　　　　许　超◎著
15.《快速城镇化背景下的群体性突发事件预警与
　　阻断机制研究》　　　　　　　　温志强　郝雅立◎著
16.《中国共产党执政能力建设研究
　　　　——以中国政治现代化为背景》　　　　　　宋林霖◎著
17.《中国公共政策制定的时间成本》　　　　　　　　宋林霖◎著
18.《当代中国政治思潮（改革开放以来）》　　　　　马德普◎主编